怎样做好保密工作

李书明 / 著

中国法治出版社
CHINA LEGAL PUBLISHING HOUSE

怎样做好保密工作

李书明 / 著

中国法治出版社
CHINA LEGAL PUBLISHING HOUSE

怎样做好保密工作

李书明 / 著

中国法治出版社
CHINA LEGAL PUBLISHING HOUSE

前　言

当今世界，百年未有之大变局加速演进，国际斗争、综合国力竞争日趋激烈，传统安全和非传统安全叠加，我国国家安全面临前所未有的挑战。保密工作作为国家安全工作的重要组成部分，要更好地服务党和国家以中国式现代化全面推进强国建设、民族复兴伟业，维护国家安全和利益，促进世界和平发展。面对严峻形势和繁重、艰巨任务，要积极防范、科学防范，精准管理、规范管理。

2024年2月27日修订、5月1日起施行的《中华人民共和国保守国家秘密法》（以下简称《保密法》）第九条规定："国家采取多种形式加强保密宣传教育，将保密教育纳入国民教育体系和公务员教育培训体系，鼓励大众传播媒介面向社会进行保密宣传教育，普及保密知识，宣传保密法治，增强全社会的保密意识。"本书既是关于怎样更好地落实《保密法》的探讨，也是宣传《保密法》的尝试。

本书按照党的保密工作方针政策和保密法律法规，结合新形势下面临的安全保密风险和问题、隐患，探讨如何做好国家机关和涉及国家秘密单位（以下简称机关、单位）的保密工作。有关内容力求具有规范性、实用性和前瞻性，争取就怎样做好新形势下的保密工作提供一些关于认识、理念和方法、思路等方面的建议。本书的重点不是介绍保密法律制度条文和保密工作具体程序，而是探讨在坚持党对保密工作的领导和依法治密中如何提高保密工作能力和保密管理水平。

本书共分六章。第一章论述保密工作的特性，即政治性、专业性和技术性及其对于做好保密工作的重要性。第二章讨论国家秘密及其密级具体范围、动态变化和信息保护，也分析了商业秘密和工作秘密的确定和具体范围变化，及其与国家秘密事项的联系。第三章讨论定密制度执行中的有关问题，如何联系实际依法准确定密、规范解密和强化定密制度落实。第四章是涉密人员保密管理，力求从涉密人员选配、培训、日常监管和奖惩等方面，对涉密人员保密管理进行比较系统的讨论。第五章是信息网络安全保密管理，从网络安全的重要性、安全保密防护理念和策略、改进机构设置和创新工作方法、强化监督管理等方面，探讨怎样构建和强化网络安全防护体系。第六章是涉密资质单位的保密管理，希望从增强责任意识、加强机构队伍建设、构建规范化制度体系、风险管控和隐患排除等方面，可以为涉密资质单位保密管理提供一些参考。本书在章节划分、排序上，力求既有整体逻辑联系，又有各自的独立性，以方便整体阅读或选择阅读；在问题分析和内容叙述上，尽量结合实际、增强可读性，以便无论是专职从事保密管理工作的人员还是涉密人员，或者是非涉密人员，都可以阅读借鉴。

本书主要面向机关、单位负责保密管理工作的人员、担负网络安全保密防护工作的管理人员、技术人员和涉密业务主管人员、承办人员，以及其他涉密人员。可用于机关、单位保密教育培训、日常保密管理和高校保密专业、学院教学参考，以及涉密资质单位保密管理参考、借鉴。希望本书的讨论能够对读者有所启发，引起一些思考，起到抛砖引玉的作用。因作者水平所限，难免有不当之处，谨请批评指正。

目 录
Contents

第一章 保密工作的政治性、专业性、技术性

第一节 政治性是保密工作的灵魂 …………………………………… 3
  一、保密工作及窃密反窃密斗争的鲜明政治性 …………………… 3
  二、保密工作反映国家的政治管理及政治关系 …………………… 9

第二节 保密工作的专业性具有显著特点 …………………………… 12
  一、为党为国为民的忧患意识 ……………………………………… 14
  二、甘于奉献的牺牲精神 …………………………………………… 16
  三、严谨细致的工作作风 …………………………………………… 17
  四、积极进取的职业态度 …………………………………………… 18

第三节 技术性是保密工作的重要属性 ……………………………… 19
  一、技术对于改进管理方法模式的作用 …………………………… 20
  二、技术对于提升认识理念的作用 ………………………………… 21
  三、技术对于确保安全便捷的作用 ………………………………… 24

第二章 国家秘密、商业秘密、工作秘密具体范围和信息保护

第一节 国家秘密及其密级具体范围规定应当与时俱进 ………… 29

一、保密事项范围发展变化的时代特点 …………………… 29

　　二、如何使保密事项范围规定与时俱进 …………………… 37

第二节　经济科技领域国家秘密和商业秘密事项的确定与
　　　　保护 …………………………………………………… 40

　　一、改革开放前经济科技领域国家秘密和商业秘密确定
　　　　评估 …………………………………………………… 40

　　二、改革开放后经济科技领域国家秘密和商业秘密保护遇
　　　　到的问题 ……………………………………………… 41

　　三、新形势下更要加强经济科技领域国家秘密和商业秘密
　　　　保护 …………………………………………………… 46

第三节　新形势下国家秘密和工作秘密变化的现状及工作
　　　　秘密具体范围的确定 ………………………………… 56

　　一、做好工作秘密确定工作的重要性 ……………………… 56

　　二、新形势下影响国家秘密、工作秘密变化的重要因素 …… 57

　　三、关于确定工作秘密事项范围的建议 …………………… 61

第三章　落实定密制度的几个问题

第一节　防止机械定密和随意定密 ……………………………… 69

　　一、联系实际依法定密，防止机械定密 …………………… 70

　　二、依法确定密与非密、国家秘密标志和知悉范围，
　　　　防止随意定密和该定密不定密 ……………………… 73

第二节　推进解密工作规范化 …………………………………… 82

　　一、及时解密的必要性和集中解密难的原因 ……………… 82

　　二、切实开展集中解密工作 ………………………………… 84

　　三、解密工作中需要注意的几个问题 ……………………… 86

第三节　从三个方面发力助推定密制度落实 …………… 90
　一、准确理解和把握定密法律制度 ………………… 90
　二、建立完善定密管理制度机制 …………………… 93
　三、不断提高定密工作人员定密水平 ……………… 96

第四章　涉密人员保密管理

第一节　涉密人员选配中的工作重点 …………………… 101
　一、笔试主要看分析能力 …………………………… 101
　二、面试主要看基本素质 …………………………… 102
　三、审查要重政治 …………………………………… 103
第二节　涉密人员的保密教育培训 ……………………… 105
　一、重要内容 ………………………………………… 105
　二、主要方法 ………………………………………… 107
　三、培训对象 ………………………………………… 111
第三节　涉密人员日常保密管理的几个问题 …………… 119
　一、日常保密管理重在培养遵纪守法的自觉性 …… 119
　二、加强涉密人员出境保密管理 …………………… 121
　三、重视涉密人员复审 ……………………………… 124
　四、脱密期保密管理措施要有针对性 ……………… 130
第四节　进一步做好奖励和处罚工作 …………………… 133
　一、奖励、处罚工作是保密管理的重要内容 ……… 133
　二、做好基础性保密工作，推动涉密人员奖惩制度落实 …… 136
　三、完善奖惩法规制度机制 ………………………… 137

第五章　信息网络安全保密管理

第一节　加强网络安全保密管理的重要性 …………… 143
 一、网络安全关系国家安全和利益 ………………… 143
 二、无纸化办公和互联网普及的安全保密风险 …… 145
 三、我国网络安全保密形势严峻 …………………… 148
第二节　构建网络安全保密防护体系 ………………… 149
 一、主要的网络安全风险和隐患 …………………… 149
 二、不断深化网络安全保密防护认识理念 ………… 158
 三、网络安全保密防护中的几个策略问题 ………… 164
第三节　改进机构设置和创新工作方法 ……………… 180
 一、机构设置应适合网络安全保密的实际需求 …… 180
 二、创新安全保密管理方法 ………………………… 183
第四节　强化信息网络安全保密监督管理 …………… 191
 一、及时监督管理 …………………………………… 192
 二、准确监督管理 …………………………………… 197
 三、外包业务人员的保密监督管理 ………………… 200

第六章　涉密资质单位的保密管理

第一节　取得涉密资质的意义和重要性 ……………… 207
 一、涉密资质及其管理改革的背景 ………………… 207
 二、取得涉密资质的政治意义 ……………………… 208
 三、被授予涉密资质是国家的信任 ………………… 210
 四、涉密资质单位应当全面履行保密责任 ………… 211

第二节　保密机构队伍建设 ………………………………… 212
一、重视保密机构设置和人员选配 …………………………… 212
二、加强涉密人员保密监督管理 ……………………………… 221

第三节　推进保密管理制度建设规范化 …………………… 230
一、保密管理制度建设需要注意的问题 ……………………… 230
二、建立完善保密管理制度的方法和路径 …………………… 233

第四节　风险管控和隐患排除 ……………………………… 235
一、风险和隐患及其关系 ……………………………………… 235
二、风险管控要精准施策 ……………………………………… 240
三、高度重视解决重点难点问题 ……………………………… 248

后　记 …………………………………………………………… 253

第一章

保密工作的政治性、专业性、技术性

保密工作，即保守国家秘密的工作，包括国家秘密产生、使用、保管、复制、销毁中的安全保护工作及其保密监督管理。保密监督管理（也称保密管理），广义地讲是指一切机关、单位依法对于涉密工作的监督管理；狭义地讲是指国家保密行政管理部门、国家机关和涉及国家秘密的单位（以下简称机关、单位）保密工作机构依法履行保密监督管理职责。

政治性、专业性、技术性是保密工作的三大属性。其中，政治性是保密工作的核心属性。随着保密工作的发展和科学技术在保密工作中的广泛应用，保密工作的专业性和技术性不断增强，但政治性始终是保密工作的灵魂。

第一节　政治性是保密工作的灵魂

政治是政府、政党、社会团体和个人在内政及国际关系方面的活动。① 政治具有影响国家发展大局的社会属性，从这个意义上讲，政治具有全局性。凡是关乎国家发展大局，涉及国家安全和利益的行为、事项都具有不同程度的政治属性，任何国家的保密工作无不体现出鲜明的政治烙印。可以说，政治性是保密工作的灵魂。

一、保密工作及窃密反窃密斗争的鲜明政治性

（一）国家秘密范围体现的政治性

《中华人民共和国保守国家秘密法》（以下简称《保密法》）第十三条规定了国家秘密范围，包括七个方面的内容，即国家事务重大决策中的秘密事项，国防建设和武装力量活动中的秘密事项，外交和外事活动中的秘密事项以及对外承担保密义务的秘密事项，国民经济和社会发展中的秘密事项，科学技术中的秘密事项，维护国家安全活动和追查刑事犯罪中的秘密事项，经国家保密行政管理部门确定的其他秘密事项。同时明确，符合国家秘密范围规定的政党的秘密事项属于国家秘密。每一方面的秘密事项泄露后都可能在政治、经济、国防、

---

① 中国社会科学院语言研究所词典编辑室编：《现代汉语词典》，商务印书馆2016年版，第1675页。

外交等领域对国家安全和利益造成损害。同时，根据秘密事项泄露后会使国家安全和利益遭受损害的程度不同，《保密法》第十四条规定了绝密、机密、秘密三个不同密级和各自的原则标准。这充分体现了从国家全局和政治高度出发确定保密范围的立法精神。按照《保密法》规定和授权，由国家保密行政管理部门单独或会同有关中央国家机关规定的国家秘密及其密级的具体范围（以下简称保密事项范围），也应当充分反映《保密法》的立法精神，体现维护国家安全和利益的政治属性。比如，之所以将某一项科学技术或者追查刑事犯罪中的某个具体事项确定为国家秘密，是因为该事项泄露后，可能对国家安全和利益造成一定程度的损害，并且，针对可能损害的不同程度，按照《保密法》第十四条规定，应当确定为绝密、机密或者秘密三个密级中的一个。

（二）涉密人员应当具备政治条件

《保密法》第四十三条规定，涉密人员应当具有良好的政治素质和品行，经过保密教育培训，具备胜任涉密岗位的工作能力和保密知识技能。而"良好的政治素质和品行"，显然是指政治条件，应当包括正确的政治立场、坚定的政治（理想）信念和强烈的政治责任心。长期以来，全国保密战线、各行各业保密工作岗位涌现了一批批优秀人员和先进事迹，有些同志从事涉密业务、坚守保密工作岗位十多年甚至几十年，工作兢兢业业、默默奉献，多次立功受奖，赢得普遍称赞；有些同志虽然在涉密工作岗位时间不长，却能够尽心尽力，留下可喜的成绩和深刻影响。他们的共同特点是，都具有为党和国家保密事业努力奉献的自觉性和坚定的理想信念，把做好保密工作作为自己的政治责任。

保密工作强调人防、物防、技防，人防是第一位的。而人的政治素质、理想信念是人防的重要保障,这也是机关、单位涉密业务岗位和保密工作机构选人用人首先看政治表现、坚持加强涉密人员理想信念教育的原因。

(三) 窃密反窃密斗争中的政治因素

1. 窃密行为的出发点和落脚点。窃取国家秘密的行为,侵犯的客体是国家安全和利益,因此,具有政治性危害。当窃密作为一种国家或政治组织行为时,一般来说,都具有鲜明的政治目的,其出发点和落脚点均指向政治安全或者国家安全和利益,即侵害对方政治安全或国家安全和利益,维护自身的政治安全或国家安全和利益。其中,有的是通过获取对方的国家机密、情报,实施有针对性的破坏活动,给对方国家安全和利益直接造成重大损害,从而维护自身国家安全和利益。比如,交战一方通过窃取对方机密、情报,调整战略战术,从而削弱、消灭对方的有生力量,保护、壮大自身的有生力量。有的则是通过窃密,实施相应的行为,给对方造成直接的经济利益损害和间接的国家安全损害,为自身直接获取经济利益,创造有利于国家安全的条件。比如,通过窃取对方国家经济、科技领域的国家秘密,给对方国家造成巨大经济损失并间接损害其国家安全,为本国直接获取巨大经济利益并为国家安全创造有利条件。

当窃密作为一种个人或者企业等非国家和政治组织行为时,出发点不一定是侵害对方的政治安全或国家安全和利益,可能只是为了获取某种经济利益、物质利益等。比如,一些单纯为了获取经济利益的经济间谍、商业间谍,窃密的出发点不一定具有明显政治意图,窃密目标也会以商业秘密为主。但是,如果其窃密行为给对方国家造成了特别巨大的经济损失,或者导致经济、科技等领域的国家秘密泄露,则其行为至少具有放任政治性危害发生的特征,并且客观上会造成严重侵犯国家经济利益和危害国家安全的政治性后果。

2. 策反、反策反中的政治因素。策反，是间谍机构窃密的重要手段，策反一旦成功，会导致一系列泄密行为，甚至发生被策反者再策反的连锁反应，将给国家安全和利益造成严重危害。因此，策反的政治目的显而易见，策反的政治危害性毋庸置疑。由于策反惯用金钱、美色、高待遇或者抓住重要把柄相要挟等手段，使反策反难度增加，需要高度的政治信念和政治忠诚。反策反斗争的实践证明，凡是反策反成功的案例，都反映了保密工作者在面对各种威逼利诱，以及国家安全和利益遭受威胁的危急关头，政治上的忠诚和理想信念的坚定。下面通过一个案例说明涉密人员政治上可靠的重要性：

1968年春天，我驻南美洲A国商务代表处（当时两国尚未建交）的两名外交人员在回国前夕，收到某特务机关匿名策反信，劝他们"弃暗投明"，并约定在回国途中于南美洲B国首都国际机场接应。他们立即把情况报告组织并决定提前启程回国。当他们乘坐的外航航班经停B国，乘客到候机室休息时，为避免意外，他们以身体不适为由没下飞机。但是，敌特并未善罢甘休。先是一名中年男子上来告诉他们，说有朋友在下面等，再三要他们下飞机；接着是一名态度生硬的空姐上来，以飞机上不能留人为由，要求他们下去；再接着是两名自称B国国际警察的人上来，要检查他们的护照。面对敌特的百般纠缠和威胁，他们机智勇敢地与之斗争，见招拆招，坚决不下飞机、不交护照，一一粉碎了敌特企图强行绑架和以无合法证件为由拘捕他们的阴谋，坚持到乘客返回机舱，顺利回国。① 在这场反策反斗争中，两位同志作为外交官和涉密人员，表现了坚定的政治信念和机智的危机处置能力。尽管历经艰难险阻和物质引诱，但是，他们的政治信念、对

---

① 详见黄志良、刘静言：《出使拉美的岁月》，江苏人民出版社1996年版。

党和国家的政治忠诚丝毫没有动摇。

3. 国际情报战中的政治因素。第二次世界大战以后，发起国际情报战最典型的组织，是由美国、英国、澳大利亚、加拿大和新西兰的情报机构组成的澳加新英美情报联盟，即"五眼联盟"。该联盟旨在进行情报分享，是五国进行国际政治斗争、维护世界霸权的重要工具。在苏联解体之前，"五眼联盟"主要针对苏联及其他"华约"组织国家进行情报搜集、分享。苏联解体后，随着我国综合国力增强，"五眼联盟"把我国作为监听、拦截情报的主要目标，为实现对我国西化分化和遏制战略服务。就在2020年6月30日第十三届全国人民代表大会常务委员会第二十次会议通过《中华人民共和国香港特别行政区维护国家安全法》后，"五眼联盟"还扬言吸收日本、印度加入，图谋对我国进一步强化情报战和全方位围堵。下面，通过几个真实事件看国际情报战中的政治因素。

第一个，2015年4月，《新西兰先驱报》公布了一份来自"棱镜门"爆料人斯诺登的绝密文件，称新西兰通信安全局与美国国家安全局合作，对中国驻新西兰奥克兰的总领事馆进行监控。[①] 中国与新西兰早在2008年就签署了自由贸易协定，并于2014年建立全面战略伙伴关系，新西兰情报机构却协助美国窃取中国情报，并以"与美国订有协议"为由，为其窃密行为"辩护"，表明"五眼联盟"是长期进行情报战的国际政治联盟。

第二个，澳大利亚战略政策研究所成立于2001年7月，是受本国及美英政府资助的情报机构。除国防部出资外，其余预算有三类金主出资：一是国防部承包商，如洛克希德·马丁公司、诺斯罗普·格鲁曼公司等；二是技术公司，如微软、甲骨文等；三是外国或地区政府

---

① 《斯诺登曝新西兰替美监控中国领馆 中方回应》，载新华网，http：//www.xinhuanet.com/mil/2015-04/20/c_127708700.htm，最后访问日期2025年3月25日。

捐赠，其中许多是中国的战略竞争对手。该研究所受到美国国务院、英国外交与英联邦事务部等资助，按照其指示搜集情报，攻击、抹黑中国。该战略政策研究所的公开"成果"有《全球采花，中国酿蜜：中国军方与外国大学的合作》《"绘制"中国新疆的教培中心》等报道。① 据 2021 年 12 月 28 日《人民日报》的报道，该战略政策研究所 2020—2021 "年报"显示，美国政府提供了 98 万澳元、近 60 万澳元两笔资金，分别要求在新疆事务、中国人权等方面设置议题，对中国的人才计划、社交网站舆论和科技产业进行所谓"研究"。② 其实，就是为美国提供情报。由此可见，搜集、提供中国情报，对中国进行攻击、诋毁，维护以美国为首的霸权主义，是该战略政策研究所的重要职能和政治任务。

第三个，香港特别行政区因为经济、政治、历史的原因，成为美国国家民主基金会对华活动的重要平台，而该基金会在香港的活动也成为其整体对华战略的重要组成部分。从 1994 年起，该基金会连续 25 年对在港活动进行资助。其号称私人非营利组织，但其资金来源主要是通过美国国会拨款。在香港，常驻美国"外交人员"上千人，有媒体将此地称为"美国中情局的亚洲分局"。③ 美国开展以我国为重点的全方位情报战，凸显其以我国为战略竞争对手、破坏和遏制我国发展的政治图谋。

因此，增强做好保密工作的政治自觉性，打好反窃密国际情报战，是反击敌对势力对我国西化分化和全面遏制战略的政治任务。

---

① 《澳媒体揭澳大利亚战略政策研究所为何诋毁中国》，载人民网，http：//world.people.com.cn/n1/2020/0302/c1002-31612009.html，最后访问日期 2025 年 3 月 25 日。
② 详见《澳大利亚战略政策研究所长期炮制谎言和虚假信息——"披着学术外衣的反华急先锋"》，载《人民日报》2021 年 12 月 28 日，第 17 版。
③ 《一个驻香港领事馆，美国派了上千人！深扒乱港内幕，居然挖出这个美国基金会……》，载微信公众号"瞭望智库"2019 年 8 月 10 日。

二、保密工作反映国家的政治管理及政治关系

政治管理，指国家对其职权范围内政治生活的协调和控制。政治关系，指人们在政治生活中发生的相互关系。二者对保密工作具有决定性影响。而保密工作的状况既关系国家的稳定发展，也是国家政治管理和政治关系的必然反映。

（一）甲午战争中清军保密工作反映清朝政治没落状况

据日本解密的有关文件和当事人回忆及国内学者研究，在 1894 年的中日甲午战争前和战争中，日本对中国开展全方位情报搜集，由于清朝政府和军队保密管理松懈，大量重要情报被日本间谍窃取。其中，有些重要军事情报就如拱手相送。1894 年 7 月 25 日，由清政府雇佣的英国商船高升号，从塘沽港起航，运送中国士兵前往朝鲜牙山增援在朝中国驻军，在丰岛附近海面被埋伏的日本浪速号巡洋舰击沉。导致高升号被伏击的直接原因就是军事机密泄露。据史料对当时日本间谍在塘沽港活动情景的描述：当高升号运兵船停在塘沽码头时，码头区竟然没有进行警戒，一般闲人可以来往，甚至竟有日本人"来往不绝，凡我船开行，彼即细为查探，非但常在码头逡巡，竟有下船在旁手持铅笔、洋簿，将所载物件逐一记数，竟无委员、巡丁驱逐"[①]。对于如此重要的军事行动，清军竟然没有采取严格保密防护措施。

我们在研究甲午战争时，总会为清军一系列情报泄露导致的重大损失和失败感到悲恨。然而，甲午战争中清朝保密工作失败的根本原因，在于清政府乃至整个社会保密意识普遍淡薄、技术水平落后，而

---

① 尤永斌：《甲午谍报战让日本占尽先机》，载观察者网，https：//www.guancha.cn/youyanruyu/2015_09_30_336103.shtml，最后访问日期 2024 年 10 月 15 日。

关键是清朝政治腐败。清末，由于政治腐败，统治阶层与广大民众的矛盾日益加深，统治者已完全失去民心，因此，对军情机密的安全保护做得一塌糊涂就不足为奇了。

(二) 抗战时期保密工作反映全民民族意识国家意识增强

在抗日战争时期，我国的保密工作取得了显著成绩。在共产党领导的敌后抗战中，保密英雄事迹数不胜数，许多八路军、新四军战士和民兵、群众，为保守抗战的军事机密英勇牺牲。笔者曾听山西老家乡亲讲述，抗战时期，一次八路军破坏日军铁路运输线后，日军逼迫附近村民说出八路军隐蔽处，有六位村民为保守秘密被日军在后背捆上玉米秆，浇汽油残忍烧死。抗战中，中国军民的保密工作，无论在敌后战场，还是在正面战场，都为抗战胜利做出了重要贡献。

抗日战争时期的保密工作之所以能够取得显著成绩，归根到底是国家的政治生态、政治环境发生了深刻变化。1944年9月，美国《时代》杂志记者爱泼斯坦在采访延安和晋西北解放区时，目睹了广大民兵、群众和八路军配合作战以及一举攻入西北重镇汾阳的场面后写道："我经历过两次世界大战，到过欧洲和非洲许多战场，从来没有见过像这样军民合作、英勇作战的情景。"[①]战争以及战争中的保密工作都是政治的集中表现。在全国上下争取民族独立、坚持一致抗战和军民团结的政治环境下，保密工作才会充分发挥保生存、保胜利的重要作用。

(三) 中国共产党领导下的保密工作反映了全新的政治面貌

革命战争年代，党的保密工作为夺取全国胜利做出了重要贡献，涌现了无数可歌可泣的英雄人物和壮烈事迹，反映了党与军民的血肉

---

① 中国国际战略研究基金会编辑：《中国人民抗日战争史录》，中央文献出版社1995年版，第317页。

联系，反映了党的政治路线、军事路线和组织路线的正确性。

新中国成立后，我国保密战线涌现了一批批忠于党和国家保密事业的保密管理干部，造就了一代代优秀涉密人员，为确保党和国家秘密安全做出了骄人的成绩。比如，"两弹一星"、核潜艇等重要武器装备研制中的保密工作就做得非常出色，既有像中国核武器研制工作的开拓者和奠基者邓稼先、核潜艇之父黄旭华等一批著名科学家，为保守国家秘密几十年隐姓埋名的感人事迹，也有无数的普通工作人员、"无名"英雄，尽职尽责，坚守保密工作岗位。

1964年10月16日，我国第一颗原子弹成功试爆后，美国迫切地想知道这颗原子弹的威力以及起爆方式。他们利用兰州某化工厂从英国引进的一套化工设备需要外国专家负责安装调试的机会，派间谍混入专家组来华执行任务。其中，一个叫乔治·瓦特的专家，因对我方人员表现友好，工作积极，1967年，我国外交部批准他夫人来华探亲，并允许他到我国香港地区休假。当年8月的一天，在广州白云机场，我海关工作人员林华敏锐地发现瓦特的行李中有两只可疑的老鼠，立即向上级报告。反间谍专家用两只相似的老鼠将其替换下来送检。经检测，这两只老鼠身上均有不同程度的放射性物质，与我西北核工业基地的放射性数据类同。进一步侦查发现，瓦特及其夫人和外国专家组组长特鲁茨·冯·许林德都是美国派遣的间谍，被我安全机关一举抓捕。① 应该说，林华作为一名普通海关工作人员，保密意识强、警惕性高，表现非同一般。同时，也表明，新中国在党的坚强领导下，保守国家秘密、维护国家安全和利益已经成为广大公务人员的神圣职责和自觉行动。

改革开放以来，随着我国综合国力不断增强和信息技术快速发展，

---

① 《1967年周恩来指挥侦破外国间谍案》，载民主与法制网，http://www.mzyfz.com/news/times/q/20071021/015246.shtml，最后访问日期2024年9月2日。

国际竞争和窃密反窃密斗争形势日趋严峻，我国保密工作进入涉密事项多、涉密人员多、涉密环节多、安全风险多的新常态，面临艰巨、繁重任务。做好新时代的保密工作，更要讲政治、讲全局。我国保密工作最大的政治，就是坚持中国共产党对保密工作的统一领导，新修订的《保密法》规定，坚持中国共产党对保密工作的领导，并明确了组织机构及其职责任务。我国保密工作最大的全局，就是深入贯彻习近平总书记深刻阐述的总体国家安全观，全面维护国家安全和利益，为中国式现代化行稳致远奠定安全保密基础。改革开放四十多年来，特别是党的十八大以来，我国的保密工作在机构队伍建设、法律制度建设和装备技术建设等方面取得全新发展，安全保密防护综合水平和解决疑难复杂问题的能力全方位提升，为国家发展、社会稳定提供了强有力保障。

党和国家保密工作的成就，归根结底是全国各族人民在中国共产党领导下，经历艰苦奋斗、流血牺牲，经过波澜壮阔的社会主义建设，特别是中国特色社会主义新时代的建设实践，民族认同感和国家凝聚力空前增长，全党全国人民把保守国家秘密、维护国家安全和利益当作国家大事和应尽职责的自觉性空前提高。而广大保密工作者和涉密人员，进一步培养了为党和国家保密事业无私奉献的远大理想和高尚情怀。

第二节　保密工作的专业性具有显著特点

保密工作的专业性主要体现在机构队伍建设、理论研究发展、法律制度体系完善等方面。其中，机构队伍专业化建设具有决定性作用，也是保密工作专业性的集中体现。本节仅就涉密人员队伍建设的专业性做些讨论。

随着改革开放深入发展和信息网络的普及，我国保密工作业务范围迅速扩大，任务显著增加，面临的形势更加严峻复杂，保密工作的艰巨性越发凸显，迫切需要提升涉密人员的专业化水平。为适应这一新形势的需要，各级机关、单位逐步建立健全保密工作机构，配备保密专兼职干部，其中，处理国家秘密事项多、密级高的中央国家机关配备保密委员会专职委员，重要涉密单位设置保密总监岗位，推进保密管理队伍专业化建设。与此同时，在职涉密人员队伍经过实践锻炼和业务学习培训，专业化水平得到提升；大批涉密人员通过在职学习获得高等教育学历，又有大批高学历人才不断进入涉密工作岗位，他们将所学各类专业知识与保密管理工作实践有机结合，进一步提升了涉密人员队伍的专业化水平。

2008年3月，北京电子科技学院设立信息管理与信息系统本科专业，面向全国招收培养保密管理方向理工类学生。2008年6月16日，我国第一所保密专业学院——南京大学国家保密学院成立。之后，哈尔滨工程大学国家保密学院、中山大学国家保密学院、西北工业大学国家保密学院、复旦大学国家保密学院、中国海洋大学国家保密学院、北京交通大学国家保密学院、湖南大学国家保密学院、天津大学国家保密学院、四川大学国家保密学院、武汉大学国家保密学院和杭州电子科技大学网络空间安全学院（浙江保密学院）等相继成立。这对于进一步推进保密工作专业化理论研究，培养更多的高学历保密专业人才，促进涉密人员专业化建设，将持续产生深刻的影响。

那么，涉密人员的专业化属性主要有哪些内容呢？概括起来有专业理念、专业操守、专业习惯、专业作风等。简单说，就是具备适应保密工作需要的职业精神和专业素养，主要体现在四个方面。

一、为党为国为民的忧患意识

习近平总书记指出:"我们共产党人的忧患意识,就是忧党、忧国、忧民意识,这是一种责任,更是一种担当。"① 保密工作者应该视野开阔、境界崇高、胸怀大局,不断增强保密工作忧患意识,始终将保密工作忧患意识与忧党、忧国、忧民意识紧密联系,增强做好保密工作的积极性、主动性。忧患意识主要表现为三个清醒认识。

(一) 对保密工作面临的严峻形势有清醒认识

保密工作者应当始终清醒地认识到"树欲静而风不止",在国际政治斗争、竞争中,窃密反窃密从来没有也不会停止。在建设中国特色社会主义现代化,以中国式现代化全面推进强国建设、民族复兴伟业的进程中,必然伴随着激烈的国际政治斗争和竞争,而这种斗争、竞争,必然以各种窃密与反窃密斗争的形式反映到保密工作领域。比如,据新华社 2024 年 7 月 8 日报道的中国国家计算机病毒应急处理中心等部门的调查报告显示,从 2023 年 5 月开始,一年多的时间里,美国政府机构背景的黑客组织对中国政府、高校、科研机构、大型企业和关键基础设施的网络攻击活动总数超过 4500 万次,已被明确攻击的受害单位超过 140 家,从这些受害单位系统中发现的攻击武器样本指向了美国中央情报局、国家安全局和联邦调查局等部门。② 古人言,"生于忧

---

① 习近平:《坚持从严治党落实管党治党责任 把作风建设要求融入党的制度建设》,载中国共产党新闻网, http://cpc.people.com.cn/n/2014/0701/c64094-25221029.html,最后访问日期 2025 年 3 月 25 日。

② 《暗藏阴谋、掩耳盗铃——揭露美国政府机构炮制"伏特台风"内幕》,载新华网, http://www.news.cn/world/20240708/86f5dd3dd0ac445db29a55f34cdf43df/c.html,最后访问日期 2025 年 3 月 25 日。

患死于安乐"。即使在国家发展处于国际形势相对稳定、国际关系相对缓和的情况下,保密工作者也不能丝毫放松警惕。而在国家发展面临国际敌对势力全面遏制、全方位围堵和疯狂打压的严峻形势下,保密工作者更要始终增强敌情观念和忧患意识,不断提高反窃密防泄密、维护国家安全和利益的保密意识。

(二) 对自己担负的保密工作责任有清醒认识

保密工作者应当始终清醒地认识到,党和国家的保密工作既是为党和国家整体事业发展服务的,也是党和国家事业的重要组成部分。个人的作用虽然有限,但是,奉献党和国家保密事业、维护国家安全和利益是无限的,保密工作责任重于泰山。北宋政治家范仲淹有云,"先天下之忧而忧,后天下之乐而乐",南宋爱国诗人陆游曾言,"位卑未敢忘忧国",都表现了古人胸怀天下的责任意识。新时代的保密工作者应当牢固树立更高的理想信念,不断深化认真履职、切实做好保密工作的责任意识,在工作中始终保持高度的责任心和紧迫感,积极创新、努力进取。

(三) 对保密工作存在的困难和风险有清醒认识

保密工作者应当始终清醒地认识到,信息技术的发展,高科技广泛应用于窃密,给保密工作带来的困难和风险。同时,也要充分认识到信息网络的普及、涉密业务增加、对外交流扩大,以及信息公开、信息共享等需求,使保密工作面临繁重任务和严峻挑战。保密无小事,"针鼻大的窟窿能进斗大的风",任何疏忽和懈怠都可能导致不可挽回的损害。因此,要始终保持清醒头脑,对于随时可能发生的各种窃密和违规行为,做到明察秋毫、积极应对、未雨绸缪、主动防范。保密工作者应当直面困难和问题,迎难而上、积极作为,在满足工作需要的情况下,追求国家秘密知悉范围最小化和国家秘密安全系数最大化。

二、甘于奉献的牺牲精神

战争年代,这种牺牲精神的突出表现是为保护党和军队的秘密不惜牺牲自己的生命;和平时期,这种牺牲精神常常表现为,为维护国家安全和利益自愿牺牲个人利益。甘于奉献的牺牲精神主要表现为三个境界。

(一)以大局为重的理想境界

保密工作者应当做到,一事当前,以国家安全和利益的大局为重,个人利益服从国家安全和利益。长期以来,国家保密行政管理部门定期组织开展全国保密工作先进个人评选活动,大批优秀人员受到表彰。这些同志正是在保密工作岗位默默奉献的千百万保密工作者的代表。他们兢兢业业、任劳任怨,不争名不为利,不忘初心、牢记使命,以能够为维护国家安全和利益做贡献为荣。

(二)坚持原则的思想境界

保密工作者应当牢固树立保护国家秘密安全就是维护国家安全和利益的思想,始终把维护国家安全和利益放在首位。日常工作中,在关系国家安全和利益的问题上,应当坚持原则、照章办事,不徇私情、不耍滑头,履职尽责、勇于担当。为了维护国家安全和利益,为了维护保密法律制度权威和尊严,绝不能放弃原则,妥协让步。

(三)功成有我的精神境界

保密工作者应当有"功成不必在我,功成必定有我"的精神、情怀,绝不能图虚名、谋私利,搞那些虚假的政绩项目、面子工程,而要把注意力始终放在维护国家安全和利益上，把奋斗目标始终瞄准促进党和国家保密事业不断发展，踏踏实实、矢志不渝，点点滴滴、久久为功。

三、严谨细致的工作作风

保密工作者严谨细致的工作作风，应该表现为一种自觉行为和工作习惯，是在长期工作实践中学习、锻炼，逐步培养形成的。严谨细致的工作作风主要体现为三个方面的能力。

（一）善于思考的分析能力

保密工作者应当善于对错综复杂的情况进行科学分析，作出准确判断。比如，在调查形形色色的泄密事件时，要善于分析、查明具体泄密事件与相关违规行为之间的因果关系。特别要坚持追根溯源，善于透过那些看似无关紧要、貌似正常的现象，通过周详、严密的分析、推理和深入、充分的调查、取证，发现其与泄密事件之间千丝万缕的联系，找到导致泄密事件发生的直接原因和事实根据。还要在例行保密检查和日常保密监督管理中，善于对听说、看到的各种情况和现象进行认真分析、综合研判，去粗取精、去伪存真，发现潜在的违规行为和安全保密隐患。

（二）认真细致的办事能力

保密工作者在日常保密监督管理中，应做到认真细致、依法办事。比如，在保密监督检查中，要认真贯彻落实上级工作部署和保密制度，精心组织、精密安排、精准检查，严格按照规定内容、程序、方法、步骤开展工作，切忌粗枝大叶，避免百密一疏；在处置涉嫌违规或泄密行为的有关问题上，要慎重严谨、仔细周密，既要具有"眼睛里揉不进一粒沙子"的敏锐、精细，不放过任何安全保密隐患和泄密行为的蛛丝马迹，又不能风声鹤唳、草木皆兵，防止主观片面导致错判误断。

（三）明察秋毫的辨别能力

保密工作者在面对保密意识淡薄和对保密工作不重视、职责不明、态度不端正等潜在的倾向性问题时，要有准确认识、预判能力，具有"一叶落而知天下秋"的直觉，及时采取应对、防范措施，做到防患于未然；在遇到保密管理的复杂疑难问题时，要有善于通过现象看本质的分辨能力，"不畏浮云遮望眼"，在千头万绪的工作里和看似顺理成章的操作中，能够发现潜在的安全保密隐患征兆和问题苗头。比如，善于从网络安全防护体系建设和信息安全保密的总体需求看问题，在流畅、便捷的应用系统演示和内容繁杂的安全保密防护措施中，敏锐地发现某一环节或某个设施、设备存在的安全漏洞和泄密隐患。

四、积极进取的职业态度

保密工作者积极进取的职业态度，基于对保密工作的责任感、使命感。积极进取的职业态度主要应当体现在三个方面。

（一）努力学习保密专业知识和技术

保密工作者要努力学习党的保密工作方针政策、保密法律制度，以及信息化条件下保密管理、信息网络安全防护的新知识、新技术，潜心研究业务，争做保密工作的行家里手。在新形势下，不论是领导干部还是普通工作人员，都应当努力成为懂法律、有技术、会管理的专业人才，以适应保密工作不断发展的需要。

(二）始终保持工作积极性、主动性

保密工作者要时刻以保守国家秘密为己任，自觉落实保密法律制度，切实做到积极预防。要善于发现问题、解决问题，全面管控风险，努力把安全隐患消灭在萌芽状态。在工作中，要把保密监督管理与保密指导、服务相结合，在坚持保密制度原则的同时，也为涉密业务部门、涉密人员的实际困难和需求着想，努力将严格依法管理寓于细致、周到的服务之中，在监督管理中及时提供服务、给予指导，授之以"渔"。

（三）积极解决保密工作中遇到的问题

保密工作者要认清信息化时代保密工作面临的新形势新任务，创新工作方法和理念，不断提高做好新形势下保密工作的能力。要及时熟悉涉密业务发展、信息网络建设和运行的实际情况，准确掌握信息化条件下保密工作的特点和规律，了解涉密业务在信息网络环境下安全、便捷办理、运行的具体需求，及时向有关部门提供具有规范性、指导性、可操作性的意见、建议，并能够根据工作需要采取相应的安全保密防护措施。

第三节 技术性是保密工作的重要属性

保密工作的技术性，应该包含科学技术和管理技术两方面因素。科学技术主要是指自然科学技术的有关内容，管理技术则是指管理方法和管理手段的总称。随着科学技术的发展，以及高科技不断应用于保密管理，保密管理的技术内涵发生着深刻变化。从传统的人工操作和实物管理,到如今信息网络安全保密防护和安全保密技术标准、技术管理规范的制定、实施等,保密管理方法和管理手段的科技含量显著增加。各类保密管理制度、保密管理措施,无不打上科学技术的烙印。与此同时,电子通信技术、计算机技术、信息技术等在涉及国家秘密业务中的应用,大大增加了涉密业务工作的科技含量。科学技术在涉密业务领域和保密管理中广泛应用,以至于在保密工作的某些方面和环节,难以截然区分安全保密防护技术与安全保密管理的界限。比如,在涉密信息网络建设及其安全保密管理方面,像安全防护、实时监控、应急响应等技术、措施的运用,已经呈现安全保密技术防护与安全保密管理办法相互交错,"你中有我、我中有你"的局面。下面,主要从科学技术在保密工作中的作用出发,对保密工作的技术性作简要讨论。

一、技术对于改进管理方法模式的作用

随着科学技术的飞速发展和广泛应用,技术对于改进保密管理方法和管理模式产生着越来越重要的影响。

(一)促进标准化、规范化管理

在机关、单位推进信息化、办公自动化的进程中,越来越多的信息技术、信息设备逐步引入保密工作,这就需要规定和施行相应的安全保密技术标准和管理规范,对应用技术和设备进行定性和规范管理。这种实际应用和管理的需求,不断促进保密管理标准化、制度化、规范化。以保密检查为例,在涉密业务实现网上运行、网上办理以后,为了适应信息网络环境下安全保密管理的需要,有效管控来自网络内外的各种风险,防止和及时发现违规行为,保密检查需要标准化、规

范化，检查内容、方法、手段、步骤、程序，以及发现问题的定性、查处等，都应有具体、明确的规定和要求，符合相关法律法规、制度和技术标准。这种规范化的检查，既是保密工作机构开展保密监督管理的需要，也是涉密业务部门、涉密人员开展自查自评和自我整改工作的需要。

（二）提高保密管理质量和效率

主要表现在涉密信息管理、涉密载体管理、涉密设备管理、涉密场所和涉密人员管理等方面的科技含量增加。特别是随着信息技术发展和机关、单位信息网络普及，信息和网络安全保密检查技术设备在保密工作机构和涉密业务部门大量应用，人工智能技术、自动监控技术在保密管理中逐步推行，信息技术、高科技设备纷纷进入保密管理业务中，极大地提升了保密管理的技术水平，进一步提高了保密管理质量和效率。

（三）推动信息化系统化管理发展

信息网络的安全保密监控系统和保密业务综合管理应用系统的开发、推广应用，将促进保密管理向信息化、网络化发展；将人工智能和大数据技术运用于保密管理中，对相关信息进行采集、加工、使用，包括保密管理对象的各种数据自动生成、汇聚、分析、处理、应用、共享，推动保密管理向智能化发展，可以实现保密管理实时监控，涉密业务全程留痕，促进保密管理工作信息化、系统化。

二、技术对于提升认识理念的作用

随着新技术、新设备不断用于保密领域和保密管理技术发展，保密工作者的科技知识水平不断提高，必将进一步促进保密工作者的认识理念发生深刻变化。

（一）促进对窃密技术手段鉴别力的提升

看一个反面案例。据记载，甲午战争前夕，1894年6月，时任日本外相陆奥宗光设圈套，故意给清廷驻日公使汪凤藻递交一份用汉语书写的政府文书（这件诱饵文即历史上著名的"第一次绝交书"），诱使清驻日使馆以密码加密向国内发报，从而破译清廷公使馆的电信密码，窃取清政府大量机密、情报。[①] 从这个案例看，清朝官员不能及时识别敌方窃密手段、违规操作，是导致密码被破译的重要原因。或许有人会说，现代密码加密技术先进多了，不会有这样的风险。持这种认识观点的人，忘记了现代窃密技术也先进多了。比如，超级计算机最高计算速度和持续计算速度均已达到每秒数亿亿次，且计算速度仍在不断提升。这类高端技术设备必然会用于窃密，只要掌握一定规律，破译电子密码并非难事。又有人说，将来量子密码技术成熟后，密码将不会被破译。这是违反唯物辩证法的观点。按照事物发展的规律，有矛就有盾，但没有攻不破的盾，没有不可破译的密码。只有不断创新、发展保密科学技术，持续推进、严格规范保密管理，才是有效防范窃密的硬道理。新形势下，窃密与反窃密技术日新月异，保密工作者只有不断提高科技知识水平，及时跟踪了解窃密技术发展，学习掌握安全保密技术、措施，才能不断提升认识鉴别各种窃密手段的能力。

（二）促进对泄密隐患发现和防范能力的提升

保密工作者学习掌握安全保密技术知识，对于从技术层面准确分

[①] 《揭秘甲午战争：清军电报密码被破译致损失惨重》，载央广网，http://news.cnr.cn/special/jw120/news/201406/t20140603_515614717.shtml，最后访问日期2024年10月15日。

析，及时发现、防范安全保密隐患必不可少。20世纪80年代，一些机关、单位装配对讲机用于工作通信。当时，有的机关、单位对国外情报机构可能利用对讲机无线信号中转天线进行窃密的问题缺乏应有的注意，没能采取必要的防范措施，这与缺乏相应的安全保密技术知识不无关系。实践中，许多保密工作者积极学习安全保密技术知识，在掌握安全保密设备性能、操作规程和技术特点上狠下功夫，安全保密防范能力显著提升，面对技术设备的功能性安全问题反应极为敏锐，在及时发现泄密隐患、避免重大泄密事件发生方面发挥了重要作用。在信息化条件下，保密工作者掌握相应的信息网络安全保密知识、技术至关重要，有利于促进机关、单位构建信息网络安全保密体系，提升信息网络安全保密防护能力，强化安全保密技术监管，防止违规操作导致过失泄密和隐性泄密[1]。

(三) 促进对于科技应用认识理念的提升

当今世界，国际竞争和情报战日趋激烈，高科技越来越多地用于窃密，保密工作需要及时引入新的先进安全保密技术和设备。比如，信息网络环境下敏感信息汇聚和大数据技术的应用，与情报战中的信息挖掘[2]，使数据泄密的风险与日俱增。面对不断出现的新情况新风险新威胁，机关、单位不同的信息网络，应当采取哪些安全保密技术防护措施，构建什么样的安全防护体系，哪些技术应当更新，哪些技术应当加强，成为需要常态化系统思考、解决的具体问题。网络安全保

---

[1] 隐性泄密，是指泄密现象的隐含性，表现为：一是在一定时间内泄密的一方不知道泄密事件已经发生；二是在一定时间内泄密的一方不掌握泄密后果与其原因之间的因果关系。泄密现象存在隐含性是由信息可共享性决定的。

[2] 信息挖掘作为窃密手段，是指将许多看似互不联系或者无关紧要的信息收集起来进行综合分析，从中获取重要情报和秘密信息。与信息挖掘类似的概念是数据挖掘。随着大数据技术的发展，数据挖掘作为对大数据进行分析应用的方法和技术，日益受到重视。

密需求的发展变化，要求保密工作者具备相应的安全保密技术应用认识理念，而创新认识理念的前提，是学习、理解新技术，掌握新技术的安全保密防护性能和特点。只有学习掌握安全保密防护新技术新策略，才能开阔思路，为不断创新科技应用认识理念厚植理论基础。通过对先进保密技术的学习、应用促进保密管理理念的提升，而先进的保密管理理念又推进科学技术在保密工作中更好地发挥作用，这就是保密管理和科学技术的相互作用与融合。

三、技术对于确保安全便捷的作用

（一）科技应用的目标是安全便捷

如果我们从科学技术成果在保密工作中的应用来理解保密工作的技术性，其根本目的和核心作用主要有两点：一是确保安全保密，二是实现方便快捷。就拿信息传输中的安全保密技术应用来说，从早先的各种密写通信技术，到近代以来各种形态的电子密码加密通信技术，再到现代信息网络环境下的链路层、应用层密码加密技术，以及相关的安全保密防护技术，都是为了在确保安全保密的前提下最大限度实现方便、快捷。不能只顾安全保密，不顾业务工作方便、快捷；更不能一味追求方便、快捷，牺牲安全保密。应该二者兼顾。这就涉及根据涉密业务实际情况和安全保密需求，如何使用技术设备，如何采取安全保密防护措施的问题。其实，无论是科学技术在保密工作中的应用，还是单纯的保密管理，目的都应该是确保安全、便捷。这是保密工作的出发点和落脚点，合乎"既确保国家秘密安全，又便利信息资源合理利用"的法定精神。

(二) 正确认识技术的重要性

在这里，我们引用毛泽东同志关于文化重要性的论断来比喻技术的重要性。1944年10月30日，毛泽东同志在陕甘宁边区文教工作者会议上作了题为《文化工作中的统一战线》的讲演，其中指出："我们的工作首先是战争，其次是生产，其次是文化。没有文化的军队是愚蠢的军队，而愚蠢的军队是不能战胜敌人的。"[①] 毛泽东同志这一思想同样适用于指导我们对保密工作技术性的理解和把握。缺乏技术的保密工作和不懂技术的保密工作者是不能确保国家秘密安全的。在当今科学技术发展日新月异的情况下，掌握保密技术知识尤为重要。但是，在强调技术重要性的同时，也要防止夸大技术的作用，避免片面依赖技术。对于保密工作来说，技术性固然重要，但政治性和专业性更重要。没有技术性保障，政治性专业性就会因为缺乏有效手段难以更好地发挥作用，特别是在信息技术迅速发展，高科技越来越广泛用于窃密的条件下，安全保密技术的应用越来越重要。但是，无论在任何时候任何地方，保密工作离开了政治性和专业性，技术都会成为无本之木、无源之水，迷失服务保障的政治目标，失去理想信念和专业精神的重要依托。

---

① 毛泽东：《文化工作中的统一战线》，载《毛泽东选集》（第三卷），人民出版社1991年版，第1011页。

第二章

国家秘密、商业秘密、工作秘密具体范围和信息保护

《保密法》第十五条规定:"国家秘密及其密级的具体范围(以下简称保密事项范围),由国家保密行政管理部门单独或者会同有关中央国家机关规定。军事方面的保密事项范围,由中央军事委员会规定。保密事项范围的确定应当遵循必要、合理原则,科学论证评估,并根据情况变化及时调整。保密事项范围的规定应当在有关范围内公布。"这一规定的立法精神和目的,是确保关于国家秘密及其密级具体范围的规定(以下简称保密事项范围规定)依法确定、与时俱进,最大限度反映实践中国家秘密事项动态变化的具体情况,更好地适应保密形势发展需要。

第一节　国家秘密及其密级具体范围规定应当与时俱进

一、保密事项范围发展变化的时代特点

实践中，保密事项范围的变化主要受三个方面因素影响：一是敌我双方实力对比发生重大变化；二是国际环境对国家安全的影响；三是国家政治经济社会发展状况及其特点。在不同的历史时期，党和国家保密事项范围具有不同的特点；在同一个历史时期的不同发展阶段，党和国家保密事项范围也发生相应的变化。

（一）战争年代：保密事项范围随着政治环境和军事斗争形势变化

在残酷的政治、军事斗争环境中，党和军队保密事项范围应该非常广泛。但是，在不同阶段、不同区域，因政治、军事环境条件差异和工作需要不同，保密事项范围也有所不同。比如，在井冈山斗争时期，可能连游击战的一些内容和策略都应当保密，因为敌我力量对比非常悬殊，红军生存环境十分恶劣，稍有不慎就会导致重大伤亡。到了抗日战争时期，我党我军的保密事项范围在不同的区域有所不同。在日军占领的沦陷区，保密事项范围非常广泛，为应对恶劣的斗争环境，共产党员完全以隐蔽的身份发动群众，开展对敌斗争，八路军、新四军、游击队和抗日民主政权中的党组织和党员身份都应是秘密的；党组织文件中如有党员人数、组织概况、党的领导人活动等内容，均

视为"绝密"文件；党内刊物不得注明某省委、特委出版等字样，应用代号或假名伪称。在国民党统治区，为有利于形成、巩固和发展抗日民族统一战线，应对国民党的反共防共，除周恩来、董必武等不可能隐蔽党员身份外，其他党员的身份都应是秘密的；党的一切工作，包括党组织和党员的活动、有关信息内容、情报传递人员身份和传递方式等也应是秘密的。党的办事机构则是公开的，比如，设在国统区的八路军、新四军联络办事机构。[①] 在解放战争时期，由于军事斗争形势发展变化迅速，我党我军保密事项范围也迅速发生变化。比如，我东北野战军取得辽沈战役胜利后，主力部队即提前结束休整、奉命入关，以实现对平津的合围。为保守军事行动秘密，防止平津国民党守军傅作义部南逃或西窜，东野主力昼宿夜行、秘密入关。当先头部队已经秘密开入关内，主力部队也逼近山海关，战略主动权已经在握时，部队即取消隐蔽行军，昼夜兼程，加速到达指定位置，配合华北野战军完成了对平津国民党守军的分割包围。这充分展示了军事斗争中的保密事项范围随着战争形势发展瞬息万变，以及保密工作应保尽保、当放则放的原则。

（二）自新中国成立到改革开放前夕：国家保密事项范围非常广泛

1951年6月，政务院颁布《保守国家机密暂行条例》，其中第二条规定了17项国家机密，涵盖内容比较广泛。比如，第二项：一切武装部队的编制、番号、实力、装备、驻防、调动、部署及后勤兵工建设等机密事项；第五项：国家财政计划，国家概算、预算、决算及各种财务机密事项；第十六项：一切未经决定或虽经决定尚未公布的国家

---

① 《血与火的保密印记：抗日战争时期党的保密工作方针策略的调整》，载微信公众号"保密观"2015年9月2日。

事务；第十七项：其他一切应该保守秘密的国家事务。而且，在国家机密具体范围规定上，给予地方政府充分授权，规定："地方如有特殊需要保守机密者，得作补充规定报告上级机关备案。"在实际操作中，保密事项范围会更加广泛，"一切未经决定或虽经决定尚未公布的国家事务"，都属于国家机密。

应该说，《保守国家机密暂行条例》规定的国家机密基本范围和实际操作中制定、执行得更广泛的保密事项范围规定，是与当时新中国成立初期的国内外政治、军事、经济、社会环境，以及我国的政治、经济体制相适应的。一是国内敌对势力尚未肃清，国民党隐藏和派遣的特务大肆窃密、搜集情报，破坏活动猖獗，许多敏感信息需要提升到国家秘密高度进行保护。二是国际敌对势力对新生的共和国实行军事干涉、经济封锁和情报活动，也是保密事项范围广泛的重要原因。三是我国实行社会主义经济体制，许多关系国计民生的经济信息高度敏感，在相当长的时期，一些有关国民经济计划和国家经济运行、企业经营的高度敏感信息都需要严格保密。

《保守国家机密暂行条例》作为我国第一部保密法规，其法律效力一直延续到1989年《保密法》生效。随着形势发展变化，《保守国家机密暂行条例》规定的国家机密基本范围，以及按照其精神确定的保密事项范围也会发生变化。其中，一些具体事项不必再作为国家秘密保护，一些新的事项有必要列入保密事项范围。比如，自20世纪50年代末到70年代初，我国在面临美苏两个超级大国封锁、威胁、核讹诈的恶劣形势下，对于像"两弹一星"研制过程中的高度敏感事项等，必须作为国家最高机密严加保护。

（三）自改革开放到2010年《保密法》修订：我国传统的保密事项范围发生重大变化

1989年5月1日起实施的《保密法》，对于国家秘密范围规定了7

个方面内容：国家事务的重大决策中的秘密事项、国防建设和武装力量活动中的秘密事项、外交和外事活动中的秘密事项以及对外承担保密义务的事项、国民经济和社会发展中的秘密事项、科学技术中的秘密事项、维护国家安全活动和追查刑事犯罪中的秘密事项、其他经国家保密工作部门确定应当保守的国家秘密事项，并明确，"政党的秘密事项中符合本法第二条规定的，属于国家秘密"。与 1951 年《保守国家机密暂行条例》相比，1989 年《保密法》将保密范围由 17 项精简为 7 项，更严谨、规范。但是，基于当时改革开放初期的形势，1989 年《保密法》确定的保密管理制度，仍然延续了传统体制下的工作原则，"以保密为原则，以公开为例外"。这一时期，中央国家机关保密事项范围的规定大多是条文式，而且条文内涵一般比较宽泛，有兜底条款，有的机关的保密事项范围规定甚至明确包含一些工作秘密的条文。

国家改革开放逐步深入，对传统保密事项范围的冲击日益显现。比如，由于中央和地方一些工业管理部门的调整、撤销和国有企业改制，以及市场经济体制的逐步建立，经济建设中有些保密事项或者变为商业秘密，或者变为公开信息。对外交往的扩大和政务公开、信息公开制度施行，也对传统保密事项范围规定的修订和保密管理产生较大影响。在此情况下，一方面，需要将一些不必再确定为国家秘密的事项，从保密事项范围规定中移除；另一方面，一些新的涉密事项出现，需要列入保密事项范围，如关于反恐和社会治理、对外交往等方面的敏感事项，以及经济体制改革和经济、科技创新发展中新出现的一些重要的敏感事项等，有必要确定为国家秘密。同时，随着机关、单位开始建设信息网络，对有些敏感事项也需要作为国家秘密进行保护。总之，一些传统的保密事项范围规定已不能适应改革开放形势发展需要，不利于新形势下的应保尽保，当放则放。应该是鉴于这种现实情况，早在 2000 年左右，国家保密行政管理部门就会同有关中央国家机关，着手研究制定简要条文附加保密事项目录式的保密事项范围规定。2010年修订的《保密法》颁布前后，已经根据新形势新需要修订了部分保密事项范围规定。2010年《保密法》修订后，明确了定密主体，规范了定密权，规定了定密责任制和定密监督制度，以及定密授权制度等，对于新形势下定密需求变化作了有效应对。

（四）自20世纪末以来我国保密事项范围深受信息化发展影响

自20世纪末以来，我国进入信息化全面发展时期。信息化发展对保密事项范围的影响，主要从以下三个方面简要分析。

1. 信息网络的发展对保密事项范围的影响。1994年4月，中国全功能接入国际互联网，成为国际互联网大家庭中的第77个成员。2000年4月至7月，中国三大门户网站——新浪、网易和搜狐在纳斯达克上市。2001年5月，中国互联网协会成立。2001年12月，中国十大骨干互联网签署互联互通协议，使网民可以更便捷地进行跨地区访问。[①] 随之，机关、单位内部信息网络建设进入大规模发展时期。大约到2010年，许多机关、单位的内部信息网络正式投入运行，有的系统甚至实现了县级以上单位全国联网，并陆续延伸到最基层单位。信息网络的发展，迅速改变着保密工作现状，对保密管理提出严峻挑战。应该说，无论是2010年修订的《保密法》，还是2024年修订的《保密法》，抑或在这期间修订的一些保密事项范围规定，在制度设计上都突出体现了信息化条件下保密工作的特点。但是，在世界经济一体化和国际综合国力竞争日趋激烈的形势下，信息网络的迅速发展对保密事项范围规定的内涵和外延产生强烈冲击，有的保密事项范围规定的涉密事项目录，有可能短短数年就会出现不能很好适应保密工作需要的情形。

---

① 《中国接入互联网20年大事记》，载中国发展门户网，http：//cn.chinagate.cn/opinions/2014-04/20/content_32150375.htm，最后访问日期2024年10月15日。

主要体现在以下几方面：

一是机关、单位迅速发展的内部信息网络，其自身建设、运行中不断增加新的保密事项。

二是一些传统形态的保密事项因为需要在内部信息网络运行、处理，面临着是否需要重新定密问题。

三是网络用户激增和大量办公业务上网，很容易形成信息汇聚，由于网络安全防护存在的种种风险和隐患，各类汇聚信息又可能被直接或者间接地扩大知悉范围、被国外情报机构获取，进而导致泄密。因此，信息网络中的信息汇聚导致一些传统的非密敏感信息需要提升保护力度。

四是自媒体与互联网共同发展和国际敌对势力借助互联网搞虚假宣传、误导舆论，致使一些传统的社会治理方面的非密敏感信息一旦泄露，会给社会稳定、国家安全和利益造成重大损害，因此需要定密。

五是国际敌对势力可能实施各种网络攻击破坏，促使保密事项范围发生变化。据2022年4月13日中央电视台综合频道《焦点访谈》播报，上海某IT企业通过互联网与国外一家公司联系业务，被利益诱惑，按照该国外公司布置的任务，收集我高铁运行中的有关信号、数据，通过互联网提供给国外公司。经有关部门技术、密级鉴定和专家分析，该企业向国外公司提供的我高铁运行中的有关信号、数据属于情报，在非常时期，敌方可以用来进行网络攻击，破坏我高铁安全运行。若不是我安全机关侦破此案，可能有关部门还不知相关信息的高度敏感性。

2. 大数据技术发展对保密事项范围的影响。大数据技术的战略意义在于对庞大数据信息进行专业化处理，即提高对数据的加工能力，从而实现数据增值。"大数据是以容量大、类型多、存取速度快、应用价值高为主要特征的数据集合，正快速发展为对数量巨大、来源分散、格式多样的数据进行采集、存储和关联分析，从中发现新知识、创造新价值、提升新能力的新一代信息技术和服务业态。"① 大数据与云计算密不可分，从信息安全保密的角度看大数据技术，其特色在于对海量数据进行分布式数据挖掘，从而获取有价值的情报、秘密信息。大数据技术的发展对保密事项范围的影响主要体现在两个方面：

一是有些原始大数据可能包含国家秘密。在大数据技术迅速发展的情况下，海量原始数据的形成本身可能对保密事项范围形成冲击。信息网络和大数据技术彻底改变了传统的信息采集方式和速度，随着机关、单位信息网络逐步覆盖所有人员和全部业务，机关、单位海量数据的形成非常容易、快捷。在此情况下，有必要对海量原始数据及时进行定性分析，给予必要保护，有的可能需要定为国家秘密加以保护。否则，一旦失控或泄露、被窃，就可能被国外情报机构实施信息挖掘导致泄密，损害国家安全和利益。而在信息网络和大数据技术条件下的信息挖掘，与传统的信息挖掘完全不同，具有简便、快捷、准确、深度等特点，只要掌握相关的数据、信息和处理技术，就很容易获取重要情报或国家机密。

二是大数据加工及其成果的安全保密问题。大数据加工，即数据分析、处理。同一单元的大数据，按照什么目的、意图和标准、方法进行加工、处理，其结果和敏感度会大不相同。比如，对大范围特定人群的血样数据进行加工、处理，如果仅仅是分析所显示的健康指标，则只有医学诊断、治疗和防疫等方面的意义；如果是分析并获取特定人群的基因及其缺陷等，则应防止大数据加工及其成果外泄、失控，导致被敌对势力获取用于研制基因攻击武器。因此，对大数据加工及其成果的定密研究和分类保护非常必要。在大数据技术条件下，保密

---

① 《国务院关于印发促进大数据发展行动纲要的通知》（国发〔2015〕50号）。

事项范围规定修订应该积极应对大数据形成中的信息挖掘，以及大数据加工及其成果使用中可能发生的数据泄密。

3. 5G等先进信息技术的应用对保密事项范围的影响。5G是第五代通信技术的简称，具有高速率、低延时、广连接的特征。2021年世界5G大会"行业应用创新论坛"公布的我国5G十大应用案例，涵盖工业互联网、智慧医疗健康、智慧交通等多个行业。① 2023年世界5G大会公布的我国5G十大应用案例，涉及智慧城市、智慧能源、智慧金融等行业领域。② 国际上，美国、日本、欧盟等经济、科技发达国家和地区，也将发展5G作为确保国家安全、发展的重要国策，加紧5G技术的研发和推广应用，紧锣密鼓布局、实施。激烈的竞争必将推进5G技术迅速发展和普及。可以预计，未来若干年，基于5G技术的万物互联、区块链、人工智能等将迅速发展并在机关、单位广泛运用。

5G技术是一场革命。5G技术普及对传统保密管理模式和理念的冲击，将会超过信息网络普及和大数据技术应用。5G的普及将进一步推进信息采集和数据加工自动化、智能化，进一步促进机关、单位实现无纸化办公，当前为安全保密而延续的一些纸质载体的使用将难以维持，迫使更多涉密信息上网。5G将使信息汇聚更加直接、简便，信息内容更加丰富、海量。与此同时，信息挖掘或者数据挖掘技术的运用将更加便捷，窃密泄密的不确定性进一步增加，信息安全保密将面临新任务新课题。

5G乃至6G、星链（Starlink）及其对标的中国互联网卫星星座计划等信息技术的发展和应用不单纯是一场技术革命，也必然会促进国际综合国力竞争和地缘政治变化，加速世界百年未有之大变局演进，

---

① 《5G十大应用案例（2021年）》，载贵州省大数据发展管理局，http：//dsj.guizhou.gov.cn/xwzx/gnyw/202109/t20210901_69834851.html，最后访问日期2024年10月15日。

② 《2023年5G十大应用案例发布》，载人民网，http：//henan.people.com.cn/n2/2023/1206/c351638-40668409.html，最后访问日期2024年10月15日。

将促使保密事项范围和保密管理发生深刻变化。在政治、经济、科技和社会治理等领域，一些新的保密事项会随时出现，一些原来的保密事项无需再保护或无法保护。因此，5G等信息技术对保密事项范围规定的稳定性势必造成较大冲击。现行的条文附加目录式的保密事项范围规定有利于防止定密扩大化，促进了定密精准化、规范化，但是，其不足是伸缩性小、涵盖范围有限、应变力不强。随着5G等信息技术的广泛应用，当前的条文附加目录式的保密事项范围规定或许要作相应改进，以便更好地适应保密事项范围动态性变化的需要。

二、如何使保密事项范围规定与时俱进

一项好的、比较适应定密工作需要的保密事项范围规定，应该有两个条件：一是起草、制定工作做得扎实、到位，"规定"比较严谨、成熟。比如，有关的保密事项都尽量列入保密事项范围目录，每个保密事项的表述都比较准确等。二是根据实际情况变化和形势发展需要，及时进行修订，以避免形势发展变化使一些规定内容与实际不相适应。为了能够及时做好保密事项范围规定的修订工作，建议注重以下两个方面。

（一）思想认识要到位

主要指应充分认识及时修订保密事项范围规定的重要性和职责任务，增强修订工作的自觉性和主观能动性。

1. 对保密事项范围规定的特殊性认识到位。要防止以法律制度应当稳定、不宜频繁修订为由，延迟修订保密事项范围规定。保密事项范围规定作为一个领域、一个行业机关、单位特有的制度，适用范围相对较小，要求内容具体、针对性强，具有较强的时效性、修订的灵

便性和应对形势变化的机动性，与《保密法》的稳定性不同。《保密法》具有较高的概括性、抽象性和延伸性，因此，稳定性比较强。比如，2024年修订的《保密法》规定的七个方面的基本保密范围，与2010年修订的《保密法》完全相同，甚至与1989年《保密法》规定的基本保密范围在表述上也基本一样，但是内涵已经发生许多变化。这些变化反映了改革开放以来，特别是进入新时代以来，保密事项范围发生的较大变化，应该体现在及时修订的保密事项范围的规定中。所以，保密事项范围规定不具有《保密法》的相对稳定性和较强延伸性，特别是保密事项范围规定实行条文附加目录的形式以来，不允许在条文和目录中设兜底条款和兜底事项，对具体性、时效性和可操作性的要求进一步提高，相应地，其概括性、稳定性比之前的条文式规定进一步降低，更应当根据情况的变化和需要及时修订。因此，2010年、2024年修订的《保密法》都特别对确定保密事项范围以及根据情况变化及时调整等作出了明确规定。

2. 对保密形势和定密工作的重要性认识到位。一方面，是进一步增强敌情观念和危机意识，充分认识到在信息技术迅速发展和国际形势瞬息万变的今天，一些新产生的高度敏感信息一旦泄露，将会给国家安全和利益造成严重损害，应当依法及时纳入保密事项范围，给予妥善保护。另一方面，要充分认识定密是基础性的保密工作，必须对每个敏感事项是否需要定密、如何定密，有准确的分析、鉴别和把握。这样，才能进一步提高制定、修订保密事项范围规定工作的主动性、积极性和准确性。

3. 对保密事项范围规定的重要作用认识到位。主要是充分认识保密事项范围规定在定密工作中的规范、指导作用，及其对于做好其他保密监督管理工作的重要性，从而将制定、修改完善保密事项范围规定作为重要任务，及时提上工作日程加以落实。

（二）职责履行要到位

主要指在日常定密工作中，通过认真落实保密事项范围规定和有关定密工作法规制度，及时发现涉密业务中保密事项变化的新情况、保密事项范围规定存在的问题和不足，以利于及时形成、提出修订保密事项范围规定的意见建议。

1. 认真履行定密责任人职责。认真落实定密责任人制度，确保所有定密责任人履职到位。定密责任人要严把定密审批关，严格审查审批。不仅要审查密级标志是否规范，更要重视审查保密事项具体内容与国家秘密标志是否相符。

2. 认真履行涉密业务部门的定密建议职责。涉密业务承办部门熟悉涉密业务特点和保密事项具体情况，应当自觉担负起定密建议、审核、报批的职责。要把责任落实到具体岗位和人员，严格依法定密，严禁随意拟定定密意见，严防拟定的定密建议失当和不按定密审批程序报批。

3. 认真履行公文办理部门的定密监督职责。办文部门作为机关、单位公文形成的最后一道关口，应当在业务范围内认真履行定密审核职责，对涉密公文的国家秘密标志和知悉范围的确定、标注等履行相应的审核、监督职责，力求把问题发现、解决在公文正式印发之前。

4. 落实保密工作机构的定密监督管理职责。一方面，保密工作机构要不断提高定密监督管理水平，积极主动开展定密监督管理和指导，充分发挥定密监督管理职能。另一方面，有关业务部门要自觉、主动接受保密工作机构的定密监督管理和指导。定密责任人可以视情况将可能存在定密争议的拟定密事项批转保密工作机构审查，提出定密意见、建议；保密事项承办部门也可以就拿不准的定密问题，主动征求保密工作机构的意见，努力确保慎重定密、准确定密。

只有思想认识和职责落实到位，才能确保保密事项范围规定有效执行，而且能够及时发现其中需要修改的不适应实际情况的内容和不足，从而推动"规定"修订完善工作。否则，即使保密事项范围规定内容已经与实际情况有所不相适应，也难以发现；即使发现存在问题，也会因缺少修订的紧迫感，不能及时向有关部门提出修订建议。

第二节 经济科技领域国家秘密和商业秘密事项的确定与保护

经济科技领域国家秘密与商业秘密的准确确定一直都应该是定密管理与商业秘密管理的重要任务。本节探讨如何准确确定经济科技领域国家秘密和商业秘密，以及如何加强商业秘密保护有关问题。

一、改革开放前经济科技领域国家秘密和商业秘密确定评估

（一）国家秘密事项不定密现象较少

改革开放之前，由于依法确定的国家秘密基本范围比较广泛，一些现在看来本应当属于商业秘密的事项，实际上可能被确定为国家秘密。经济、科技领域国家秘密不定密的现象应该比较少。当时，经济科技领域敏感事项的定密、保护一般都由政府有关部门统一管理、指导，加上企业的保密意识和敌情观念要与当时的国内外政治、经济形势相适应，又执行 1951 年《保守国家机密暂行条例》规定的"一切未经决定或虽经决定尚未公布的国家事务"和"其他一切应该保守秘密的国家事务"，都属于国家秘密范围，并且，地方政府有较大的定密权，

"地方如有特殊需要保守机密者，得作补充规定报告上级机关备案"。因此，实践中，将现在看来应该属于商业秘密的事项确定为国家秘密的情形可能会比较多。比如，一些国有企业的经营信息、统计数据等。

(二) 商业秘密及其保护理念和法律制度有待形成

商业秘密是市场经济的产物。改革开放前，我国在很长的时间内实行计划经济体制，商业活动主要围绕国有企业开展，对外商业交往也比较少且在国家统一管理下进行，难以形成市场经济体制下的商业秘密保护理念。1992年10月召开的党的十四大提出建立社会主义市场经济体制的目标，社会主义市场经济理念和政策、机制开始形成，商业秘密法律制度的形成有了现实条件和需要。在1993年《反不正当竞争法》颁布之前，我国尚没有国家层面制定的关于商业秘密保护的法律制度，仅在有关法律、法规中对技术秘密的保护作了零散的规定。[1] 改革开放初期，由于企业关于商业秘密保护的理念普遍淡薄，必要的商业秘密保护法律制度尚未形成，加上企业缺乏商业秘密管理经验，一些商业秘密没能及时确定并加以保护，因此，才出现诸如我国发明的宣纸制造工艺技术被国外窃取等商业秘密泄露事件。

二、改革开放后经济科技领域国家秘密和商业秘密保护遇到的问题

改革开放以后，我国的国有企业改革随着经济体制改革逐步深入。2001年12月11日，我国正式加入世界贸易组织。为了适应"入世"需要和增强国有企业活力，其间，我国企业改革不断深入，国有企业

---

[1] 国家保密局法规处、北京大学《保密法比较研究》课题组编：《国家秘密与商业秘密的关系及其法律保护》，金城出版社1997年版，第35页。

进一步融入市场，实行自主经营、自负盈亏，许多经营方法和管理标准与国际接轨，包括对生产经营中产生的商业秘密的认识及其确定和保护，也少不了借鉴西方资本主义市场经济体制下形成的理念和做法。这一轮围绕企业经营管理的体制改革，对于经济、科技领域国家秘密和商业秘密的确定、保护产生直接影响。

（一）传统的保密事项范围规定需要修订

随着经济体制改革不断深入，经济科技领域的一些传统的保密事项范围规定面临着现实的挑战。比如，20世纪90年代末之前制定的一些关于能源领域的保密事项范围规定，应该会将有关全国能源工业生产的一些统计数据和汇总信息、资料等具体事项确定为国家秘密。可是，随着国家经济体制改革和多种所有制发展，我国一些能源行业实行国有、集体和个人等多种经营，企业自主经营、自负盈亏。全国各地国有、集体所有制能源企业和民营能源企业各自管理有关生产经营的信息和数据，许多企业的相关信息、数据是否定为商业秘密进行保护很难统一把握，对有关国家秘密数据的形成和保护必然产生直接影响。而且，随着20世纪90年代末国家一些主管能源工业的行政管理部门相继撤销、重组、改制，尽管相关行业的保密事项范围规定不会随之失效，但是，保密监督管理条件势必受到影响。与此同时，随着改革开放逐步深入、互联网普及和大数据技术广泛应用，国外情报机构对我国能源工业相关数据的搜集也变得更容易，原有的保密事项范围规定就会遇到困难和挑战。然而，在当今国际综合国力竞争日趋激烈的形势下，国家重要能源工业生产、经营的有关敏感信息、数据对我国经济安全乃至国家安全和利益的重要性有增无减。因此，随着改革开放的进一步深入，有必要及时研究修订完善经济科技领域相关保密事项范围规定。

(二) 现行商业秘密制度下商业秘密和国家秘密保护面临的问题

1. 关于商业秘密范围的规定没能突出反映中国特色，不利于我国商业秘密保护。根据《反不正当竞争法》的规定，商业秘密是指不为公众所知悉、具有商业价值并经权利人采取相应保密措施的技术信息、经营信息等商业信息。关于商业秘密范围，1998 年原国家工商行政管理总局修订印发的《关于禁止侵犯商业秘密行为的若干规定》将作为商业秘密的企业技术信息和经营信息概括为：设计、程序、产品配方、制作工艺、制作方法、管理诀窍、客户名单、货源情报、产销策略、招投标中的标底及标书内容等信息。2025 年 4 月，国家市场监督管理总局发布《商业秘密保护规定（征求意见稿）》，其中关于商业秘密范围的规定，与上述《关于禁止侵犯商业秘密行为的若干规定》相比，虽然增加了不少事项，但仍然是用相同的表述方式进一步列举和细化。2010 年 3 月，国务院国有资产监督管理委员会印发的《中央企业商业秘密保护暂行规定》将中央企业商业秘密的保护范围规定为：企业的战略规划、管理方法、商业模式、改制上市、并购重组、产权交易、财务信息、投融资决策、产购销策略、资源储备、客户信息、招投标事项等经营信息；设计、程序、产品配方、制作工艺、制作方法、技术诀窍等技术信息。总体上看，我国关于商业秘密范围的有关规定，无论是关于中央企业还是非中央企业，都是一般性规定，没能区分一般性商业秘密与重要商业秘密，类似于西方一些发达国家关于商业秘密范围的规定。比如，美国 1979 年制定、1985 年修订的《统一商业秘密法》将商业秘密的范围规定为：商业秘密意为特定信息，包括配方、样式、编辑产品、程序、设计、方法、技术或工艺等；并将商业秘密定义为：具有实际或潜在的独立经济价值，不为公众知悉，采用正当手段不容易获取的，泄露或使用能使他人获取经济利益；同时，采取了合理的努力以保持其秘密性。由此看出，我国关于商业秘密范围的规定有些过于侧重与国际接轨，凸显商业性质，维护单个企业利益，反映中国实际、中国特色社会主义商业秘密的特点不够突出。

我国实行社会主义制度，国有企业特别是许多中央所属的国有企业，甚至一些特别重要的民营企业，在维护国家政治、经济和社会安全、稳定发展中的作用，与西方自由资本主义制度下私有企业的作用有所不同。我国企业经营发展中的一些敏感信息的安全，可能比西方私有制企业较多地关系国家经济、科技安全，甚至关系国家安全和利益。如果我国的企业与西方私有制企业在商业秘密保护上实行完全相同的理念、范围和管理模式，不能有效区分重大商业秘密和一般商业秘密，可能会出现对重大敏感信息保护力度不够导致泄密的情况，从而威胁某个行业的经营、技术安全和国家经济、科技安全，甚至严重损害国家安全和利益。尤其在我国经济、科技发展面临国际敌对势力、竞争对手的种种偏见、多方遏制和破坏的情况下，加大对重大商业秘密的保护力度非常必要。比如，某些发达资本主义国家为实现遏制和阻断我国经济、科技重大创新、发展战略的图谋，千方百计对我国有企业和重要民营企业实施窃密活动，并伺机进行破坏、制裁，或者采取种种歧视性政策、措施。在这样的激烈国际竞争、斗争中，我国相关企业的一些高度敏感信息，有可能不仅仅是关系一个企业的经营发展问题，而是涉及同行业经济技术安全、国家经济科技安全，甚至是涉及国家安全和利益层面的问题，应该作为特殊的商业秘密甚至国家秘密加强保护。因此，我国商业秘密范围的规定应当与国际上一般性规定有所不同，要充分反映我国国情。

2. 缺乏制定商业秘密事项具体范围规定的统一法律依据和要求，不利于商业秘密和国家秘密保护。我国现行的法律缺乏关于制定商业秘密及其等级具体范围规定（以下简称商业秘密事项范围规定）的统一规定和要求，这就使统一的商业秘密事项范围规定难以形成。各企业自行确定商业秘密事项范围，容易导致商业秘密事项范围确定不规范、不具体、不精准，甚至在实际操作中不利于准确区分国家秘密与商业秘密。比如，《中央企业商业秘密保护暂行规定》第十条规定的中央企业商业秘密的保护范围为："战略规划、管理方法、商业模式、改制上市、并购重组、产权交易、财务信息、投融资决策、产购销策略、资源储备、客户信息、招投标事项等经营信息；设计、程序、产品配方、制作工艺、制作方法、技术诀窍等技术信息。"而不同行业的不同企业，在不同情况下，其"战略规划""财务信息""投融资决策""资源储备"等信息的重要性会有很大不同。其中，有的企业的相关信息可能属于或涉及国民经济发展重大"战略规划"，泄露后会给国家安全和利益造成一定程度损害，有的可能应当定为国家秘密。但是，没有统一、规范的商业秘密事项范围规定，企业缺乏具体遵循，就可能导致在实际操作中，将此类重要的企业经营信息与一般商业秘密信息一概而论，不加区别地将那些可能应当属于国家秘密的"战略规划""资源储备"等信息降低为商业秘密。同样的原因，由于缺乏统一的商业秘密事项范围规定，实际操作中可能对具有不同重要性的商业秘密不加区分，一些对全行业经济技术发展、对国家经济科技发展具有重大影响的企业重要"战略规划""财务信息""投融资决策""资源储备"等高度敏感的商业秘密，可能被当作一般性商业秘密，甚至当作普通事项，不能得到应有的安全保护。

3. 在缺乏商业秘密事项范围规定情况下，商业秘密确定完全由企业自行负责，不利于商业秘密和国家秘密保护。《中央企业商业秘密保护暂行规定》第五条规定："中央企业商业秘密保护工作，实行依法规范、企业负责、预防为主、突出重点、便利工作、保障安全的方针。"

实践中，国有企业、集体和民营企业的商业秘密确定、保护工作都由企业自身负责。虽然企业商业秘密保护工作应当"实行依法规范"管理，但由于缺少统一、专门的商业秘密事项范围规定，企业在确定商业秘密时容易从企业利益出发看问题，受特定企业管理制度和安全认识理念等因素影响。这种情况不利于从维护国家安全和利益角度，从全局利益出发对有关事项和信息进行分析、鉴别、定性，有可能将应当确定为国家秘密的事项定为商业秘密，将重大商业秘密事项当作一般商业秘密进行保护；也可能使那些属于国家秘密和重大商业秘密的信息、综合性数据以一般商业秘密甚至以非密形态扩散、流转，或者在非涉密信息网络中存储、处理，从而增加泄密风险。实践中，一些被确定为商业秘密的涉及企业经营的重要数据、信息泄露，不仅对具体企业的经营造成重大损害，也很可能对国家经济利益造成严重损害。究其原因，除了有关管理人员失职、违规操作外，与商业秘密确定、管理法律制度不完善，导致定密不当、保护措施欠缺不无关系。因此，对于那些泄露后会造成超出一般企业经营和经济利益损害，甚至会导致国家重要行业遭受特别重大损害的综合性、高度敏感的经营、科技信息、数据，如果能够作为特殊商业秘密，依法采取强有力的措施给予保护，或者必要时能够依法确定为国家秘密，安全系数就会增加。而做好这样涉及全局、系统性强的商业秘密确定、保护工作，需要进一步健全商业秘密保护法律制度和统一规范企业商业秘密确定、管理工作。

三、新形势下更要加强经济科技领域国家秘密和商业秘密保护

（一）国际竞争加剧使经济科技领域窃密反窃密形势严峻

世界百年未有之大变局加速演进，国际综合国力竞争日趋激烈。

2001年我国加入WTO后，随着改革开放深入和经济加速发展，2010年，我国GDP总量超过日本，成为世界第二大经济体。之后，我国GDP大步甩开日本，迅速向美国逼近。西方一些所谓"精英"，把我国经济、科技迅速发展和综合国力日益增强，视为对其国家霸权地位和特殊利益的威胁和挑战。2000年后，西方一些发达国家就以保护知识产权为由，开始集中对我国发起所谓知识产权诉讼，企图遏制我国科技发展。2008年11月，美国正式宣布加入《跨太平洋战略经济伙伴关系协定》（TPSEP）。在美国主导下，2009年TPSEP更名为《跨太平洋伙伴关系协定》（TPP）。美国积极召集越南、秘鲁、澳大利亚、马来西亚、加拿大、墨西哥、日本等国开展TPP谈判，[①] 企图从经济上孤立我国。2018年起，美国特朗普政府对我国发起大规模贸易战、科技战，并联合其同盟国对华为公司5G技术进行围堵打压。拜登政府上台后，继续特朗普政府对我国的围堵、遏制战略，为此，加紧窃取我国的经济、科技情报。美、英、澳、加、新等"五眼联盟"成员，将窃取并共享经济、科技情报作为21世纪情报合作的重要内容，并将我国作为窃密的重点对象。近年来已公开的窃密、泄密案件表明，国外间谍和情报机构已经把我高校、科研机构和企业等作为渗透和窃密的重要目标。与此同时，我国经济、科技领域商业秘密和国家秘密安全，在国家经济、科技安全以及国家安全和利益中的地位日益凸显。2014年4月15日，习近平总书记在主持召开中央国家安全委员会第一次会议时，深刻阐述总体国家安全观，并将经济安全、科技安全作为国家安全的重要内容。新形势下，必须充分认识我国经济、科技领域存在的日趋激烈的窃密反窃密斗争现实；必须充分认识经济、

[①] 《跨太平洋伙伴关系协定（TPP）：趋势、影响及战略对策》，载商务部，http：//chinawto.mofcom.gov.cn/article/br/bs/201510/20151001148129.shtml，最后访问日期2024年10月15日。

科技领域国家秘密、商业秘密保护所面临的前所未有的严峻形势和挑战。

(二) 美国加强商业秘密保护的启示

美国实行自由资本主义经济制度，高度重视商业秘密保护。但在20世纪中期之前，关于商业秘密保护的法律都散见于各州普通法中，国家层面的法律没有统一的系统性规定。为了加强商业秘密统一保护，适应国际综合国力竞争日益激烈和世界多极化发展的趋势，维护世界霸权地位，遏制竞争对手，美国从20世纪后期开始，明显加大了对商业秘密的立法保护力度。比如，1979年制定的《统一商业秘密法》，将原来商业秘密范畴扩展至：配方、样式、编辑产品、程序、设计、方法、技术或工艺等。1995年的《反不正当竞争法第三版重述》关于商业秘密的定义，则突出了商业秘密的"足够的价值和秘密性"，并拥有"使相对于他人产生现实或潜在的经济优势"。1996年的《反经济间谍法》，首次将侵犯商业秘密的行为列为联邦刑事犯罪，还对商业秘密的保护客体进行更大范围界定：商业秘密是指所有各种形式和种类的财务、经营、科学、技术、经济或工程的信息，包括样式、计划、编辑产品、程序装置、公式、设计、原型、方法、技术、工艺、流程或编码。之后，美国国会对《反经济间谍法》进行两次修订，扩大商业秘密范围，加大对侵犯商业秘密罪的处罚力度。2012年通过《盗窃商业秘密澄清法案》，将服务划归商业秘密保护范畴；2013年通过《外国经济间谍惩罚加重法案》，提高了对经济间谍罪的财产刑罚标准。

随着经济、科技发展在国际综合国力竞争中的重要性日益凸显，西方发达国家关于商业秘密的认识已经发生深刻变化。进入21世纪，美国在对外交往中，越来越多地将经济、科技领域的商业秘密信息，上升到关系国家安全和利益的高度进行保护，对窃取或泄露者加大刑事处罚力度。为加强对中国发展的遏制，美国严格限制对我输出商业技术信息。2011年，美国司法部门以某华裔学者涉嫌向国内某高校转卖一种杀虫剂的所谓"机密"信息为由，对其追究刑事责任。美国司法部负责人就针对此案件表示："经济间谍和窃取商业机密罪是两项重罪。保护商业机密对我们国家取得经济成就至关重要。"① 这一案件暴露出美国抹黑中国、恶意打压华裔学者的政治图谋，也凸显其对商业秘密安全的高度重视。2017年12月8日，特朗普公布了上任之后首份《国际安全战略》报告，报告提出"经济安全就是国家安全"，并强调将优先开展反间谍和执法行动，以减少各种途径的知识产权盗窃。② 显然，报告中讲的"经济安全"，其中就包括商业秘密安全。由此可见，美国关于商业秘密的认识和保护已经超越了传统意义上的关系企业自身经济利益和技术安全，上升到了国家安全和利益的高度，这值得我国高度重视。

美国加强商业秘密保护并借保护商业秘密对我国进行技术封锁和打压，与其通过各种手段疯狂窃取我经济、科技领域的国家秘密和商业秘密异曲同工，目的是维护其世界霸权地位，实现其打断我国经济、科技发展进程，遏制我国发展的战略图谋。美国在商业秘密保护方面的做法提醒我们，必须进一步加强对经济、科技领域国家秘密和商业秘密的保护。我国实行中国特色社会主义市场经济体制，无论是国有企业还是民营企业，其生产经营中的一些商业秘密，都有可能关系企业自身的生产经营安全和利益，某种程度上还可能关系国家经济、科技安全。有些企业或同行业多个企业的经营和科技信息，一旦泄露或汇聚性泄露，可能给国家经济发展和利益造成巨大损害，甚至会威胁

---

① 《美华裔科学家因窃密被判刑》，载《参考消息》2011年12月23日，第16版。
② 《美国政府发布新版〈国家安全战略〉》，载中国科学院科技战略咨询研究院，http://www.casisd.cn/zkcg/ydkb/kjzcyzxkb/2018/201802/201802/t20180208_4945304.html，最后访问日期2025年2月21日。

国家安全。在经济全球化和综合国力竞争激烈的形势下，在保护经济、科技领域的国家秘密安全的同时，也应当加强商业秘密的保护，特别是对重大商业秘密的保护，应放在关系国家经济、科技安全的层面，乃至关系国家安全和利益的高度统筹谋划，加大保护力度。

（三）加强经济科技领域国家秘密和商业秘密保护

1. 准确把握和应对经济科技领域商业秘密和国家秘密的动态转化。世界经济发展与国际政治形势相互作用、相互影响，在核威慑制约大国间爆发大规模热战的情况下，经济、科技领域竞争异常激烈，各种形式的科技战、贸易战将常态化。这种形态的国际竞争不仅导致经济、科技领域的窃密反窃密斗争激烈，而且促使该领域的国家秘密和商业秘密范围发生变化。我国作为紧追美国的世界第二大经济体和在全球具有重大影响的国家，伴随着国家改革开放不断深入和国际竞争日益加剧，经济、科技领域的商业秘密与国家秘密必然发生动态性变化。一些传统的国家秘密会转化为商业秘密或者公开信息，而一些商业秘密在特殊情况下可能有必要上升为国家秘密，或者需要作为重要的商业秘密加大保护力度。比如，一些重要科技公司关于企业重大发展战略和核心经营、技术信息的安全，可能关系国家重要科技产业发展规划实现，关系在新一轮世界科技竞争中抢占技术制高点的国家重大科技战略安全。在面临激烈国际竞争的形势下，这类重要敏感信息仅仅作为企业的一般商业秘密进行保护就会显得非常不够，其中一些信息可能有必要提高安全保护力度。还有，一些中央直属国有企业和地方国有企业生产经营中具有全局性的重大敏感事项，或者一些涉及重要行业领域经营、技术安全的敏感事项，也可能有定为国家秘密的必要。例如，澳大利亚力拓公司澳籍华人胡士泰等人于2003年至2009年，利用职务便利，窃取我国钢铁行业重要"机密信息"，使我国一次性直接遭受特别巨大经济损失，而且，后续的损害恐怕短时间内难以彻底消除。① 这类被窃信息不是涉及某个企业的商业秘密，而是涉及几乎国家整个钢铁行业经营安全的非常重要、高度敏感的信息，泄露后又给国家利益造成了严重损害，有必要确定为国家秘密或重要商业秘密，加大保护力度。再如，国家持续推行军民融合和混合所有制，以及产、学、研、用一体化，承担重大装备及相关重要软硬件研发、生产任务的企事业单位经营、技术研发中的一些高度敏感信息，一旦泄露可能会给国家安全和利益造成重大损害，应当定为国家秘密或者作为重要商业秘密加大保护力度。

针对经济、科技领域国家秘密和商业秘密动态变化的复杂、特殊情况，可以采取如下两方面的制度性措施：

一是统筹规划制度建设。包括商业秘密事项范围规定在内的有关商业秘密管理的法律制度与包括国家秘密保密事项范围规定在内的经济、科技领域国家秘密管理法规制度的制定，可以统一考虑、统筹规划。比如，对于保密事项范围和商业秘密事项范围，可以通过综合分析、比较研究、科学论证评估进行界定，根据形势和实际情况的发展变化，及时制定、修订有关规定。这样，有利于国家秘密和商业秘密确定工作相互联系，防止各自为战。

二是建立完善商业秘密管理分级负责制。对于商业秘密保护工作的监督管理和指导，可以由各级保密行政管理部门、各级市场监督管理部门、有关行业主管部门作为主管部门分级负责；对于具体商业秘密事项的日常确定和管理工作，可以由企业依法自行负责。

实行统筹规划、分级负责制，有关主管部门可以根据企业不同情况对商业秘密保护工作进行分类管理、监督、指导，确保相关企业商

---

① 详见《力拓案胡士泰窃密获刑10年》，载新京报，https://www.bjnews.com.cn/detail/155143373914913.html，最后访问日期2024年9月6日。

业秘密确定、管理能够兼顾国家安全和利益、行业和国家经济科技安全、企业发展和利益。不仅有利于防止将国家秘密定为商业秘密，而且有利于加强对商业秘密的统一管理，更好地适应国家经济、科技安全发展的需要，适应以现代科技为重要支撑的国际商业竞争以及综合国力竞争的需要。

2. 有必要制定统一的商业秘密保护法。关于商业秘密的保护，我国反不正当竞争法、刑法等法律有相关规定，但内容零散、缺乏系统性，可操作性不强。有关部门虽然出台了关于商业秘密管理的规定，可是，由于缺乏法律授权和依据，具体管理规范的制定受到约束。我国作为世界第二大经济体，要有效应对日益激烈的国际经济、技术竞争，商业秘密管理需要有国家层面的系统性法律规范。如果说，在改革开放初期我国经济、科技尚不发达，零散性的商业秘密保护法律规范尚能基本适应实际需要的话，那么，随着现代科技在国际竞争中日益发挥重要作用和国家推行创新、科技强国战略，大力发展新质生产力，以及经济、科技安全在国家安全中的作用不断增强，现行的商业秘密保护法律已难以对新时代商业秘密进行有效保护，有必要制定统一的商业秘密保护法。实际上，国外许多发达经济体，也是在国家经济、科技发展到一定阶段，适应国内外商业竞争和综合国力竞争的需要，制定统一的商业秘密保护法。比如，美国的《统一商业秘密法》就是1979年制定的，并在2016年5月11日又出台了《商业秘密保护法》，进一步增加商业秘密保护规范。早在1993年《反不正当竞争法》颁布后，我国法学界就开始讨论进一步完善商业秘密保护法律规定、制定统一的商业秘密保护法，有关部门也就制定统一的商业秘密保护法进行研究。1996年，国家保密局法规处与北京大学《保密法比较研究》课题组完成了《国家秘密与商业秘密的关系及其法律保护》研究报告，对国家秘密与商业秘密的关系及其保护提出了具体意见和措施。① 2021年全国两会期间，就有全国人大代表就制定统一的商业秘密保护法提出建议。② 应该说，我国统一商业秘密法出台的理论和实际条件已经比较成熟。

我国制定统一商业秘密法的重要意义，在于推动创新和新质生产力发展，保护企业合法权益和维护国家经济、科技安全；可以使我国商业秘密保护在与国际接轨的同时，更具有中国特色；有利于以中国式现代化全面推进强国建设和民族复兴伟业。统一的商业秘密法有必要注重解决以下问题：

一是充分反映新时代中国特色社会主义市场经济体制下商业秘密的特点。主要是对于涉及国计民生，间接或总体涉及国家经济、科技安全的商业秘密，与只涉及单一企业自身经营、技术安全的商业秘密，分别作出相应的法律规定给予保护。

二是明确授权。包括商业秘密保护法实施条例及相关法规制度的制定权；国家有关部门和行业主管部门对商业秘密管理工作的监督、管理权及其职责等。特别是明确有关保密行政管理部门、行业保密管理部门对商业秘密管理工作的监督管理权责。其中，还包括国家保密行政管理部门单独或者会同有关行业主管部门制定商业秘密事项范围规定的授权。

三是对照《保密法》进一步规范商业秘密管理。包括准确界定适应新时代中国特色社会主义建设、发展的商业秘密概念、范围及管理规范，构建系统的商业秘密管理法律制度体系，进一步推进商业秘密规范化管理。

四是规范并加强对侵犯商业秘密行为的处罚。主要是进一步明确、

---

① 国家保密局法规处与北京大学《保密法比较研究》课题组编：《国家秘密与商业秘密的关系及其法律保护》，金城出版社1997年版。
② 《建议制定专门的〈中华人民共和国商业秘密法〉》，载中国青年网，https://news.youth.cn/jsxw/202103/t20210310_12759101.htm，最后访问日期2024年9月6日。

细化侵犯商业秘密行为及其处罚规定，健全、规范和加强对侵犯商业秘密行为的处罚措施。

3. 完善商业秘密保护刑事法律制度，加大打击侵犯商业秘密罪行的力度。我国完善商业秘密保护刑事法律制度，可以适当借鉴西方发达国家保护商业秘密的法律规定，更要立足我国国情和所面临的国际环境，适应国家经济、科技发展战略的需要。我国刑法关于打击侵犯商业秘密的规定，与美国有关法律规定相似度比较高。比如，《刑法》第二百一十九条规定，构成侵犯商业秘密罪，情节特别严重的，处三年以上十年以下有期徒刑，并处罚金；第二百一十九条之一规定，为境外窃取、刺探、收买、非法提供商业秘密，情节严重的，处五年以上有期徒刑，并处罚金。美国1996年的《反经济间谍法》规定了经济间谍罪和侵犯商业秘密罪两个罪名。前者针对为外国的利益犯罪，个人犯罪可处50万美元以下罚金或15年以下监禁，或两者并处；后者针对为自己或第三人的利益窃密，个人犯罪可处罚金或10年以下监禁。2013年的《外国经济间谍惩罚加重法案》，将自然人犯罪的财产刑由"不超过50万美元"的罚金提升至"不超过500万美元"。可见，美国高度重视保护商业秘密，且注重打击涉外经济间谍行为。

相比之下，我国完善打击侵犯商业秘密罪行的法律规定，应当考虑两个特殊情形：一是我国正处在进一步全面深化改革、推进中国式现代化的进程中，并处在百年未有之大变局的国际环境下，经济、科技领域一些高度敏感信息的安全，有可能直接或间接关系国家安全和利益；二是由于法律制度还不够完善、管理上尚有不足，在我国经济、科技领域信息安全保护工作实践中，可能存在某些高度敏感的商业秘密数据、信息泄露，敏感数据、信息汇聚泄露的情况，会导致国家安全和利益遭受重大损害。因此，综合考虑上述因素，我们应当加大对侵犯商业秘密罪行的处罚力度，尤其应当加大对为国外利益犯罪的行为的处罚力度。此外，我国完善商业秘密保护刑事法律规定，应当与制定统一的商业秘密保护法、建立完善商业秘密保护法律体系筹考虑、协调进行。

4. 制定商业秘密事项范围规定，进一步规范商业秘密确定工作。为了更好适应我国社会主义市场经济体制下商业秘密特点及其安全需求，适应国家经济、科技向高质量发展和激烈的国际竞争、严峻的国际政治形势，有必要参照国家秘密保密事项范围的确定办法，制定商业秘密事项范围规定。可以通过法律授权，按照归口管理原则，由国家保密行政管理部门或者市场监督管理部门等行政管理部门单独或会同有关行业主管部门或相关企业主管单位，制定行业、系统商业秘密事项范围规定，并将商业秘密按照一、二、三或甲、乙、丙或者甲、乙确定为不同等级，规范商业秘密标志，必要时标明知悉范围。其中，将那些可能关系国家经济、科技安全和间接关系国家安全和利益的信息确定为较高等级，明确规定应当参照国家秘密管理。通过制定和落实商业秘密事项范围规定，加强国家保密行政管理部门及行业主管部门、单位保密工作机构的监督管理，不仅可以提升商业秘密确定工作的精准性，而且有利于准确区分经济、科技领域国家秘密和商业秘密。

值得注意的是，在确定经济、科技领域商业秘密事项范围时，不仅应当考虑具体事项泄露后是否会直接给国家安全和利益造成损害，而且应当充分考虑到，在信息化条件下云计算、区块链、大数据和人工智能等新技术的推广运用，使信息汇聚泄密和信息挖掘窃密风险增高的现实。在必要的情况下，建议将那些分散时不那么敏感，但容易汇聚成高度敏感且关系国家安全和利益的企业经营、技术信息定为国家秘密，或者定为较高等级商业秘密，加大保护力度。比如，一些国有企业的财务数据、投资信息等，常常动辄数十亿元、上百亿元，甚至更大的资金数据流，涉及国内外重大投资战略、经营业务。如果不按规定采取有效的安全保密措施就在互联网上运行、处理，或者在其他方面安全防护不力，一旦重要信息泄露，或者一般数据形成信息汇聚，导致信息的敏感度升高，有可能就不只是涉及某个企业经营信息安全和利益的一般意义上的商业秘密，相关信息的保护职责和安全保密需求，也会超出一般商业秘密的范畴。

为适应国际经济、技术激烈竞争和维护我国经济、科技安全发展的需要，加强商业秘密分级保护比以往更加重要和紧迫。那种把商业秘密只当作关系企业自身经营信息、科技信息安全的认识已经与形势发展不相适应；那种以避免干扰企业自主经营为由，否定政府、行业主管部门对商业秘密保护实施监督管理必要性的理念，不适合我国社会主义市场经济体制。应当从维护国家经济、科技安全的高度，从维护国家安全和利益的高度看问题、作谋划，制定和实施既有利于商业秘密安全管理，又能确保企业自主经营的法律制度规范。

第三节　新形势下国家秘密和工作秘密变化的现状及工作秘密具体范围的确定

一、做好工作秘密确定工作的重要性

工作秘密虽然不属于国家秘密，但泄露后会妨碍机关、单位正常工作，也可能会对国家安全、公共利益以及机关、单位的形象造成不利影响。因此，做好工作秘密确定和管理工作，是机关、单位的重要任务。《公务员法》在第十四条公务员应当履行的义务中规定：公务员应当"保守国家秘密和工作秘密"。实践中，虽然机关、单位工作秘密

管理制度建设、研究和加强工作秘密管理工作，一直在持续进行，但是，在相当长的时间里，没有系统性的工作秘密管理法律制度出台。2020年，国家保密行政管理部门印发了工作秘密管理的有关规定，之后，有关机关、单位陆续制定、出台工作秘密管理制度。这表明，随着国内外形势发展变化，工作秘密确定、管理工作规范化建设日益受到重视，关于工作秘密管理的法律制度体系逐步形成，对于工作秘密的规范化管理进一步增强。不过，从法律制度建设层面看，一些机关、单位现行的关于工作秘密范围的制度规定，尚不像国家秘密保密事项范围规定那样具体，具有可操作性。

面对实际工作中繁杂具体的工作秘密事项，要做到工作秘密确定准确、规范，还有许多困难需要克服，还需做大量艰苦细致的工作。然而，精准确定工作秘密的必要性和重要意义毋庸置疑，至少体现在三个方面：一是可以防范应该被确定为工作秘密的信息未被确定。二是可以避免工作秘密确定扩大化，即将依法应当公开，以及不必公开但也不必定为工作秘密的信息确定为工作秘密。三是防止将工作秘密确定为国家秘密和将国家秘密定为工作秘密。

二、新形势下影响国家秘密、工作秘密变化的重要因素

确定工作秘密事项，首先面临的问题就是如何准确鉴别国家秘密与工作秘密。实践中，有些国家秘密保密事项与工作秘密事项会随着条件变化而变化，有时二者还会发生相互转化。影响国家秘密保密事项范围和工作秘密事项范围变化的因素有多方面，这里仅就国内外形势变化和互联网发展产生的影响作一些分析、讨论。

（一）国内形势发展变化产生的影响

全面深化改革促使保密事项范围和工作秘密事项范围发生变化。

2019年10月31日，党的十九届四中全会通过《关于坚持和完善中国特色社会主义制度 推进国家治理体系和治理能力现代化若干重大问题的决定》（以下简称《决定》），这是新时代推进国家治理体系和治理能力现代化的重要纲领性文献，全面系统地提出了推进国家治理体系和治理能力现代化的任务。在贯彻《决定》精神、加强国家治理体系和治理能力现代化建设进程中，各级党政机关、政法部门推进国家治理体系和治理能力现代化工作深入开展，会面临信息公开和对新产生的敏感信息确定为国家秘密或工作秘密的任务。比如，在坚持和完善社会主义基本经济制度、推动经济高质量发展过程中，为加快完善社会主义市场经济体制机制，需要进一步加强知识产权和商业秘密保护；在健全现代金融管理体系，有效防范、化解金融风险过程中，相关内部决策、管理工作中的敏感信息需要进行相应的保护。又如，为完善科技创新体制机制，需要强化国家战略科技力量，构建社会主义市场经济条件下关键核心技术攻关新型举国体制，其中，一些关系国家高科技发展战略的敏感信息需要保护，特别是在国际敌对势力对我国技术创新发展进行全面打压、遏制的形势下，更需要加强这方面的国家秘密和工作秘密安全保护。再如，在坚持和完善共建共治共享的社会治理制度，保持社会稳定、维护国家安全中，为完善国家安全体系，需要建立健全国家安全风险研判、管控、化解机制，防范和打击敌对势力渗透、破坏、颠覆、分裂活动，其中，无论是有关工作方法和方案的研究制定，还是总体工作部署和具体事件、案件处置、办理，都会产生新的敏感信息，需要确定为国家秘密或工作秘密。面对新形势新情况，一方面，要防止简单地以新事物、新内容敏感为由，将一些仅属于工作秘密的事项确定为国家秘密；或者将应当公开的信息确定为国家秘密或工作秘密，导致定密扩大化，影响信息公开，不利于信息资源共享。另一方面，要依法加强信息公开保密审查和国家秘密与工作秘密确定管理，防止该定为国家秘密的涉密信息不定密，该定为工作秘密的敏感信息不标注工作秘密标志，导致国家秘密和工作秘密信息公开、泄露，或者混淆国家秘密和工作秘密。

(二) 国际形势发展变化产生的影响

激烈的国际斗争形势使保密事项范围和工作秘密事项范围发生变化。当下，世界百年未有之大变局加速演进，保密工作面临新形势新任务。西方一些国家出于维护其世界霸权、特权的需要，加紧对我国实施分化西化和全面围堵、遏制战略。2016年，美国政府出台了一份报告，提到遏制中国的窗口期是2020年之前。2017年，时任美国白宫首席战略分析师的班农就声称，美国遏制中国崛起的窗口期只有5年，一旦错过这个窗口期，美国将不可避免地被中国超越。[①] 在国际斗争、竞争形势复杂、严峻的情况下，窃密反窃密斗争尖锐、激烈，国家保密事项、工作秘密事项的内涵和外延也会发生相应变化。比如，外交和军事领域的一些信息会变得高度敏感，一旦泄露，可能给我国外交和军事斗争造成不利影响，或者给国家安全和利益造成损害。又如，近年来，境外情报机构的窃密对象瞄准我国种子粮的相关信息、重要能源信息、某些气象数据等，对我国粮食安全、能源安全、军事安全等造成新的威胁。因此，在新形势下，树立国家秘密、工作秘密内涵随着形势发展动态变化的理念，正确认识新产生的敏感信息，根据其敏感程度及时修订有关保密制度，依法准确确定国家秘密或工作秘密，对于全面贯彻落实总体国家安全观，确保机关、单位工作顺利开展，具有重要意义。

---

① 孙劲松、刘悦斌等：《从强国兴衰规律看我国面临的外部挑战》，载求是网，http://www.qstheory.cn/dukan/hqwg/2018-09/28/c_1123496746.htm，最后访问日期2024年9月6日。

（三）互联网广泛应用产生的影响

互联网信息传播促使保密事项范围和工作秘密事项范围发生变化。互联网信息传播的突出特点是速度快、辐射广、不可控。在互联网环境下，自媒体和社交媒体信息传播对于保密事项范围和工作秘密事项范围的冲击，可以从以下两个方面分析：

一是信息不对称效应。经自媒体和社交媒体辐射传播的一些突发事件有关信息，往往第一时间在许多受众心中产生先入为主的较强可信度，而由于信息传播的不对称性和信息孤岛效应，以及有关部门对于突发事件可能存在应急滞后或应急不当等，一定时间内容易在网民中产生被某些"舆论"带节奏的效应，甚至可能被国际敌对势力用来炒作、蛊惑人心，或者借题发挥，对党和政府造谣污蔑，从而使相关工作变得被动，甚至给国家安全和利益造成损害。

二是认识趋同效应。社会多元化和发展不平衡、市场经济环境下的利益冲突和竞争，可能导致一些领域或地方部分群体心理失衡，且在具体问题上利益、认识、情感趋同，一旦同时遇到相关敏感信息刺激和舆论引导，短时间内容易产生共鸣、共振效应，出现某些情绪化的过激言行，甚至采取非理性群体行为。这种情形使一些涉及社会治理方面的内部信息变得敏感。比如，各级党政机关和政法部门为维护社会稳定，依法行政、依法办案的一些内部信息，一旦泄露，便会在互联网公开、迅速传播，被有意无意地炒作、煽动而产生带节奏效应，其整体负面影响可能在较大范围发酵，轻则影响机关工作正常运转，重则对国家安全和利益造成损害。因此，国家秘密和工作秘密的确定、保护，应当同时考虑互联网条件下自媒体、社交媒体对信息敏感度和社会稳定等方面的影响。对于那些从孤立角度看、用传统观念看，似乎敏感度不是很高，但是，一旦泄露并借助互联网在更大范围迅速传播、发酵，会对机关正常工作造成不良影响，或者可能给国家安全和利益造成严重损害的事项，应当依法及时确定为国家秘密或工作秘密，加强保护、严防泄露。

可能有人认为，关于社会治理方面的一些内部信息公开也无妨，并以涉嫌剥夺群众知情权和有违信息公开规定作为公开理由。这样的认识难免带有片面性。负责社会管理、治理工作的有关部门的一些决策、规定，在形成过程中会有各种不同意见和不同方案被提出并进行讨论、研究。其中，一些信息不必公开，在一定时间内也不应当公开。即使有些已经形成统一意见的政策和方案，正式公布前，在许多配套工作包括宣传、解释及相关策略还来不及跟进的情况下，一旦泄露，也可能在社会上引起某些误解或者产生某种负面影响。因此，对这类内部信息进行保护，正是为了维护社会稳定和广大人民群众的共同利益。实践中，哪些信息需要保护、如何保护，哪些信息应该公开、何时公开，对不同情况、不同信息和不同需要应该有不同考虑、不同处置方法和依据。并非泄露后必然立刻就会对政府工作、国家安全和利益造成看得见、摸得着的直接损害后果的信息才不应该公开。有些损害具有间接性、滞后性、隐蔽性；有些损害具有物质、精神等方面的区别。比如，2008年北京奥运会开幕式中李宁点燃主火炬的方式和2022年北京冬奥会开幕式的一些重要细节，如果提前泄露，即刻传遍全国全世界，就会影响开幕式的庄严性和预期效果。因此，这类信息也应以适当方式给予保护，至于定为工作秘密，还是其他，则需要根据有关规定和要求执行。

三、关于确定工作秘密事项范围的建议

（一）制定条文加目录式的工作秘密事项范围规定

与国家秘密事项相比，工作秘密事项范围更广、种类更多，如果

制定条文式的工作秘密事项范围规定或办法，受体例和表述方式等因素影响，容易导致工作秘密事项范围不够具体、全面，可操作性不强。因此，可以参照现行国家秘密保密事项范围规定的格式，制定条文加目录式工作秘密事项范围规定，主要采用目录形式表述工作秘密事项范围。当然，工作秘密事项范围规定目录中的具体事项要避免事无巨细、不分头绪、堆砌罗列，防止眉毛胡子一把抓。工作秘密事项范围规定目录的确定、编制要在整体布局上具有逻辑性和有序排列。每一个具体事项既具有明确的针对性和可操作性，又具有适当的概括性和代表性，在一定范围内可起到举一反三的实际效果。比如，可以按机关、单位内部各部门业务特点和内容进行分类，确定具体事项，按照部门或业务分类确定标准、类别排序；在每一类别事项中，可以根据具体情况和需要，有序区分机关、单位本部和所辖系统各级机关、单位产生的工作秘密事项。努力使每一个工作秘密事项的表述具有适当的代表性、伸缩性与较强针对性、可操作性相结合的特点。在具体使用上，好比查字典那样方便。必要时，可由有关部门根据工作秘密事项范围规定再制定工作秘密事项一览表，以便进一步细化并随时修订。

（二）采取综合性措施确定工作秘密事项

在确定或者鉴别工作秘密事项时，可采取以下方法：

1. 看是否符合工作秘密的概念。关于工作秘密的概念，按照《保密法》第六十四条规定，为机关、单位履行职能过程中产生或者获取的不属于国家秘密但泄露后会造成一定不利影响的事项。也有将工作秘密定义为：机关、单位在公务活动和内部管理中产生的，在一定时间内不宜对外公开，一旦泄露会直接干扰机关、单位正常工作秩序，影响正常行使管理职能的事项或信息。① 定义虽然略有不同，但共同点是，工作秘密一旦泄露，会影响机关、单位公务活动正常开展或者内部管理的正常进行，给机关、单位形象等造成不良影响。从广义上来讲，工作秘密泄露也会直接或间接对国家安全和利益产生一定的不利影响，但通常达不到国家秘密泄露后可能造成的那种损害情形和程度。

2. 对目录中的工作秘密事项进行准确描述。列入目录的工作秘密事项应当显示工作中的具体事项和内容，是看得见、摸得着的工作事项，要防止抽象、模糊、不准确。

3. 运用保密事项范围和公开信息排除法。即在鉴别某一事项是否属于工作秘密时，一是对照国家秘密保密事项范围规定的条文、目录及保密事项一栏表中规定的事项，联系实际，从事项的属性和特征等方面辨别是否应当属于国家秘密，防止将国家秘密确定为工作秘密。二是按照政务公开、信息公开和信息资源共享的有关法规精神，以及服务大众、服务社会的需要，排除泄露后不会妨碍机关、单位正常履行职能，不会给国家安全和公共利益造成不利影响的事项。

4. 运用时空要素排除法。国家秘密的三个要素是：实质要素、程序要素和时空要素；其中，时空要素指在一定时间内只限一定范围人员知悉。国家秘密保护特别强调知悉范围最小化和保密期限要明确。工作秘密则一般不明确要求标注保护期限和知悉范围，往往可以在机关、单位内部较大范围内被知悉。实践中，如果属于只应允许机关、单位内部较小范围人员知悉，且应明确具体保密期限的事项，在考虑划入工作秘密事项范围时需要慎重。如果是相反的情形，即知悉范围可以较广，保护期限要求也不明显的事项，则应考虑列入工作秘密事项范围。假设，某中央国家机关需印发一份具有敏感内容的文件，发

---

① 《工作秘密》，载保密网，https：//www.baomiwang.com/cyjx/content_ 924，最后访问日期2024年10月15日。

送范围是机关内部各单位和所辖系统全国地方各级单位,知悉范围又是全系统业务部门所有工作人员,发送范围和知悉范围都比较大,而且是日常工作中随时可能使用的文件。在这种情况下,就应考虑将该类信息定为工作秘密的必要性。当然,确定国家秘密和工作秘密事项主要看实质内容,但同时,也要看具体印发范围、知悉范围和保护期限要求。对于那些需要立即发至或通知到很大范围的敏感事项,就需要全面、具体分析。如果泄露后不会给国家安全和利益造成损害,就不应确定为国家秘密,以免限制必要的信息共享,造成不必要的工作负担和成本消耗。

（三）保密工作机构和业务部门共同编制工作秘密事项范围目录

工作秘密事项范围目录的编制,需要发挥保密工作机构和业务部门两方面的特长和积极性。可采取保密工作机构与业务部门相互配合、反复和检验等办法。一般来说,保密工作机构比较了解机关、单位涉及国家秘密和工作秘密总体业务工作情况,比较熟悉法律制度关于国家秘密和工作秘密的立法精神。业务部门则具有熟悉本部门具体业务情况和工作秘密事项的特点、用途等优势。具体操作上,可以先由保密工作机构根据有关规定作出总体安排、提出具体要求,各业务部门拟定本部门工作秘密事项名称,然后由保密工作机构汇总、研究。所谓反复,是指在保密工作机构与业务部门之间反复沟通、交换意见;所谓检验,是指在工作秘密范围目录基本形成后,可用目录中规定的事项对照实际工作中的具体内容,进行鉴别、验证,对目录修改完善。

需要指出的是,法律法规没有关于工作秘密应当标注不同等级和确定知悉范围的规定。分析其理由：一是工作秘密主要由机关、单位产生并在机关、单位内部较大范围发送、知悉、使用,如果确定不同等级和标注知悉范围，会给工作带来许多不便。二是机关、单位的保密事项范围规定涵盖事项广泛，许多高度敏感的信息一般都会确定为国家秘密。而且，实践中定密扩大化现象容易发生，使工作秘密的敏感度一般都比较低，不必标注等级和确定知悉范围，以便在维护工作秘密安全的前提下，节省管理资源，促进机关、单位内部信息资源共享。另外，按规定，工作秘密也不必标注保密期限。这并非因为工作秘密可以无限期保护，而是因为工作秘密的敏感期一般比较短，随着有关工作的完成，其敏感度就会降低、消失。而且，随着敏感度降低、消失，其可以不必经过像国家秘密解密那样严格的法定程序解密、公开。这里还是体现保密工作突出重点的指导方针，以确保国家秘密安全为主。同时，也注意平衡成本和效益的关系。

第三章

落实定密制度的几个问题

落实定密制度，应该包括按照《保密法》制定、修订保密事项范围规定等定密制度和依法做好具体定密工作。狭义的定密，是指机关、单位依法将具体事项确定为国家秘密，即确定具体事项密级、保密期限和知悉范围的工作。广义的定密，是指机关、单位依法确定、变更和解除国家秘密的工作。定密管理，是指保密行政管理部门和机关、单位保密工作机构及涉密业务部门对定密工作的组织、指导、授权和监督检查等工作。本章主要讨论依法做好具体定密工作的有关问题，也涉及保密事项范围的确定、调整和国家秘密管理问题。

第一节　防止机械定密和随意定密

现行的由国家保密行政管理部门会同有关中央国家机关制定、修订的保密事项范围规定，基本都有保密事项目录作为附件，这些目录中的保密事项，在不同机关、单位数量不同，一般少则十来项，多则四五十项或者更多。目录中的保密事项尽管比以前的纯条文式规定具体多了，但是，由于法规制度的相对稳定性和滞后性，具体事项的复杂性以及形势、实践动态变化的特点，实际上，目录内容只能是尽量列举，很难做到与实际产生的所有保密事项完全对应。即使按照2024年新修订的《中华人民共和国保守国家秘密法实施条例》（以下简称《保密法实施条例》，2024年9月1日起施行）第十三条规定，有定密权限的机关、单位依据相关行业、领域的保密事项范围，制定了国家秘密事项一览表，也仍然会存在一定的滞后性、局限性，难以完全严丝合缝地与实践中产生的保密事项相对应。因此，执行保密事项范围规定时须明确：一是要按照法规制度规定的保密事项及其一览表定密，这是基本原则。二是要结合实际情况，根据保密事项规定的精神，按照保密事项规定的实质含义和国家秘密法定要素定密，而不仅仅局限于某些表面文字。要防止生搬硬套、机械定密，还要防止不顾保密事项范围规定的条文、目录事项随意定密。值得注意的是，按照要求，保密事项范围规定的目录不设兜底事项，主要是针对实际工作中定密过宽的情况，为了防止定密扩大化。不设兜底事项所产生的缺陷，可用规定中的条文结合相关保密事项弥补，必要时可以依法启动定密争议解决机制。

一、联系实际依法定密，防止机械定密

防止机械定密，要正确处理以下关系。

（一）正确处理有关事项总体内容涉密与某些局部信息不涉密的关系

比如，有些高度敏感的年度或月份统计数据，国家级、省级，甚至地市级的总体数据可能需要确定为国家秘密，单独一个基层单位的数据就不一定需要定密。但是，对于这方面的分散或零星数据，一般也不宜公开，有的应该定为工作秘密或商业秘密，主要做好防止信息汇聚工作。又如，经常有一些内部重要会议文件被定为国家秘密，会后许多会议内容即公开报道，尽管原来定密的会议文件仍然未解密。这样处理的前提条件是，虽然这些定密文件内容整体上涉及国家秘密，但是，其中许多内容可以在会后解密，这些内容在会后已不是文件的密点，不属于国家秘密范围。需要强调的是，解密、公开的依据是《保密法》和有关保密事项范围规定等法律制度，并经过法定审批程序，否则不得以任何方式擅自解密、公开。

（二）正确处理有关事项概括性信息不涉密与某些局部信息、细节涉密的关系

比如，机关、单位处理某一个具体案件或从事某项公务活动，按照信息公开、司法和政务公开的要求，应当依法公开案件办理和公务活动有关进展情况及结果。但一些相关的内部研究情况、讨论意见和细节则不宜公开，其中有的信息可能属于国家秘密。又如，许多武器、装备等军工产品可以公开展示、宣传报道，但有关研发细节、性能、

参数等需要保密。再如，冷战时期，美国和苏联各自的军事力量总体规模和整体水平对对方是不保密的，但是，双方军力具体配置、重要武器具体性能和技术参数等保密。多年来，美国号称研发了高超音速武器，可一小时打遍全球，但是，关于该武器的具体研发技术、数据则保密。有时，美国也故意选择性公开某些尖端武器的相关信息，为的是形成战略威慑。这种做法是以其超级大国经济、军事、科技等绝对优势为前提的。

（三）正确处理已定密事项与其在执行和办理时产生事项的关系

1. 派生国家秘密事项的定密。派生国家秘密事项定密简称派生定密，是指机关、单位对执行或者办理已定密事项（也称原始秘密事项）所产生的国家秘密，依法确定、变更和解除的活动。《保密法》第十八条规定，"机关、单位执行上级确定的国家秘密事项或者办理其他机关、单位确定的国家秘密事项，需要派生定密的，应当根据所执行、办理的国家秘密事项的密级确定"。需要注意的是，《保密法》第十八条规定的机关、单位执行上级确定的国家秘密事项定密的前提是"需要派生定密的"。也就是说，机关、单位执行上级确定的国家秘密事项，还有不需要派生定密的情形。照此逻辑推理，也会有应当确定不同密级的情形，不可以一概而论。国家保密局制定的《派生国家秘密定密管理暂行办法》（2023年2月27日印发，自2023年4月1日起施行）第八条规定："派生国家秘密的密级应当与已定密事项密级保持一致。已定密事项明确密点及其密级的，应当与所涉及密点的最高密级保持一致。"据此，派生秘密事项需要定密的情形一般有两种：

第一种是包含已定密事项主要密点的派生秘密事项的定密。这种情形下，派生秘密没有改变已定密事项密点的基本要素和内容，派生秘密的密级应当与已定密事项的密级相同。

第二种是只包含已定密事项次要密点的派生秘密事项的定密。这种情形下，派生秘密对已定密的基本要素和内容已有所改变，信息敏感度已经有所降低。为定密准确起见，有关机关、单位派生定密时，就不宜简单按照已定密事项的密级定密。否则，从形式上看，虽然与已定密事项密级保持了一致，却是脱离实际，没有具体情况具体对待，没有做到准确定密，既不符合有关定密法规制度的规定精神，有时也会给工作带来不便。从法律制度规定精神和实际需要上讲，这种只包含已定密事项次要密点的情形，应当按照已定密事项明确的次要密点定密。如果已定密事项没有明确标注主要密点、次要密点的，应当按照原始秘密事项产生单位的保密事项范围的规定定密。

2. 非派生国家秘密事项的定密。有的情况下，机关、单位在执行、办理已定密事项时新产生的国家秘密事项，不包含已定密事项的密点，而是属于本机关、单位工作中产生的国家秘密事项，则应当按照本机关、单位保密事项范围的规定确定密级。

3. 既有派生秘密事项又有非派生秘密事项的定密。在这种情况下，如果派生秘密事项与非派生秘密事项的密级不同，则按照就高不就低的原则，以较高密级事项的密级定密，不宜简单地以原始秘密事项的密级定密。

4. 不涉及国家秘密的派生事项不必定密。对于那些既不包含已定密事项密点，又不涉及本单位和其他单位工作中产生的国家秘密的事项，则不必定密。

（四）正确处理涉密文件与相关信息的关系

严格讲，这里的"相关信息"与派生事项有所不同，它不是执行、办理涉密文件时产生的新的事项，而是在涉密文件使用、管理等环节形成的文件标题、事项名称等某些关联性信息。下面分两点具体说明。

1. 有的涉密文件的相关信息应当保密。有的涉密文件不仅正文内容应当定密，而且连标题、事项产生的时间、节点等相关信息也应当保密。有些涉密文件的标题，本身就是对某项重大秘密决策、行动和重大秘密事件的概括表述，标题本身内容就很敏感，一旦泄露会导致涉密文件密点内容及有关涉密事项安全保密受到威胁甚至泄露，给国家安全和利益造成某种损害。因此，有些涉密文件的敏感标题及相关信息可能依法应当保密，既不得在涉密事项知悉范围之外交流，也不得在非涉密网络和非涉密电子设备上登记、存储、传输。即使涉密事项的某些相关信息本身看上去不那么高度敏感，也不应擅自公开或者在非涉密网络和信息设备上登记、存储处理，以防止信息汇聚、信息挖掘导致泄密。

2. 有的涉密文件的相关信息不必保密。有些涉密文件的相关信息并不涉及文件内容的密点。比如，"中国共产党第十九次全国代表大会的报告稿正在党内广泛征求意见"。这样的信息，虽然与高密级的报告征求意见稿相关。但是，一般来说不必要定密。不过，作为媒体或者在公开会议等公众场合发布相关消息，则需要授权，因为涉及纪律问题。实际上，关于党的十九大的报告稿正在一定范围征求意见的正式消息，是十九大召开前夕，2017年9月18日，中央电视台《新闻联播》节目在报道关于中央政治局会议内容时公开发布的。

二、依法确定密与非密、国家秘密标志和知悉范围，防止随意定密和该定密不定密

随意定密，是指不遵守定密法规制度有关规定，不该定密的定密和确定密级过高、过低以及不准确、不规范标注国家秘密标志等。

(一) 防止不该定密而定密

1. 不该定密而定密即定密扩大化。防止定密扩大化须注意避免以下四种情形发生：

一是避免以偏概全定密。比如，一些定期召开的例行会议的纪要，如果并非每次会议都有涉密内容，"纪要"就应区分密与非密，避免不加区别地将每一次会议纪要一概定密。又如，有的定期印发的内部资料、刊物，有时部分刊物含有涉密内容，许多情况下刊载的内容都是国内外报刊、网络信息摘编，也无附加任何分析、评论内容，则应当具体区分每期刊物的密与非密，防止只以刊物名称为标准，每一期都定密。还有，对于领导同志的批示，也应当根据批示内容综合分析是否应当定密和定什么密级，防止不加区别一概定密或定一个密级。

二是避免比照涉密事项将非涉密事项一起定密。比如，有些涉密会议印发的会议文件，可能会包括领导人讲话稿、会议议程、会议参考材料等。应该区别不同内容，该定密的定密，不该定密的则不定密。防止简单比照会议涉密文件，将一些不必定密的文件甚至法规汇编等参考资料定为国家秘密。

三是避免主观武断、不该定密而定密。主要指涉密事项承办单位有关人员和定密责任人，在面对具体事项一时不能准确判断是否应当定密的情况下，要及时请示、报告，不应当主观武断、自作主张，导致错将不该定密的事项定密。

四是避免为局部利益不该定密而定密。定密应该是为了防止国家安全和利益遭受损害，应该从国家安全和利益的全局出发，依法定密。要防止仅仅为了维护某个机关、单位的局部利益，或者仅仅出于机关、单位某项工作上的方便考虑等而定密。

定密扩大化的原因比较复杂，除了上述分析，还有两点值得注意：

一是片面认为定密比不定密好，定了密保险。有的甚至误认为密级越高越安全。这种认识，归根到底还是不能准确辨别密与非密，缺乏相关定密知识与能力的表现。二是误认为定了密显得重要、重视。如果抱着这样的认识去定密，往往会导致定密扩大化。

2. 定密扩大化的危害性至少体现在四个方面：

一是影响社会治理和社会监督。法律法规对机关、单位信息公开作出了明确规定，党中央、国务院三令五申要求机关、单位依法实行信息公开。然而，定密扩大化势必阻碍机关、单位及时公开依法应当公开的信息，影响社会管理效果，使社会各界的知情权、监督权遭受侵蚀。

二是制约信息共享，浪费信息资源。定密扩大化使本应在更大范围共享的信息受到限制，使应当发挥更多社会效应的信息资源不能充分发挥作用。然而，在信息化时代，对必要信息传播的阻塞和信息资源的浪费，会成为物质生产、技术发展的障碍或导致物质资源的浪费，也会导致危机应对、处置时的措施迟滞或策略失当。

三是分散保密力量，浪费保密资源。定密扩大化必然不必要地增加保密工作负担，迫使保密工作机构和有关业务单位在线上线下过多投入人力、物力和时间精力，使本来紧缺的保密资源更加捉襟见肘，也给机关、单位工作带来诸多不便。还有，定密扩大化影响文件转发、贯彻执行的效率，增加文件处理、保管负担等。总之，定密扩大化会从过多占用保密资源和分散保密工作注意力等方面影响国家秘密的保护。

四是可能引发争议、纠纷，浪费行政资源和司法资源。定密扩大化容易引起密与非密的争议、纠纷。一旦产生争议、纠纷，势必启动密级鉴定程序，直至行政诉讼，占用了行政资源和司法资源，导致本无必要的资源浪费。

（二）防止该定密不定密

实践中，虽然该定密不定密现象比定密扩大化要少，但该定密不定密却具有泄密的原发性危险，甚至可以直接导致泄密。尤其在信息网络普及的情况下，机关、单位实行网上办公，一旦出现该定密不定密的现象，容易导致涉密信息在非涉密网络、设备存储处理，甚至泄露到互联网。还有，在机关、单位普遍推行纸质公文、档案电子化过程中，如果纸质涉密文档没有标注国家秘密标志，再遇上保密审查、保密管理出现漏洞，势必会在电子化过程中和电子化以后导致涉密信息失控，造成泄密。因此，须高度重视该定密不定密问题。

1. 增强保密意识，防止该定密不定密。如果涉密人员缺乏保密意识，或者保密意识淡薄，就会对涉密事项的有关特征缺乏那种直觉性的敏感，也会对泄密隐患的危害性认识不足，这往往会成为导致该定密不定密的重要原因。比如，一些依法应当定密的涉密文件、资料，如果在形成、审批、保管、使用等环节，有关岗位人员保密意识淡薄，不去思考、研究和咨询是否应该定密，就可能按非涉密文件、资料使用、保管，从而使涉密事项处在泄密的高风险和隐患之中，甚至导致被公开、泄密。曾有一家国有企业聘请承接外包业务的公司对纸质档案实施电子化，因一些涉密资料没有按规定标注国家秘密标志和管理松懈，导致数千份涉密技术资料的电子文档被承接外包业务的公司人员带走，转卖给另一国有企业。而另一国企管理人员将这批涉密文档存在普通电脑，被在某外国公司就职的自己曾经的同学窃取贩卖到国外，造成严重后果。如果有关岗位承办、使用或管理人员具有较强的保密意识，应该会直觉地发现、注意到这些资料的敏感性，从而对有关事项没有定密产生怀疑，就会问一个是否应当定密的问题，进而查找有关定密依据，或者向有关方面咨询、请示，及时依法定密，对国家秘密给予必要的保护。

2. 掌握保密常识，防止该定密不定密。保密常识，是指一般涉密人员应当共知的最基本、最简单的保密知识和要求。例如，涉密载体、涉密电子文档应当依法及时标注密级、保密期限等国家秘密标志；泄露后可能对国家安全和利益造成损害的敏感信息应当依法定密等。掌握保密常识，是防止发生该定密不定密问题的重要保障。如果缺乏保密常识，就会想当然，容易犯低级错误。比如，某涉密人员起草了一个涉密文件，应该标注国家秘密标志而没有标注，认为暂时由自己保管不会出现信息扩散或泄密的情况。却不知，若时间久了或工作繁忙，便可能忘记了该文件内容涉密，导致管理松懈而造成泄密。又如，某单位在内部传送、使用的涉密文件，不按规定规范标注国家秘密标志，只在正文中的某个地方注明："有关内容高度敏感，不得公开"之类文字。结果，因为标志不规范不醒目，没能引起有关人员注意，从而出现管理松懈，导致该涉密文件在互联网存储、处理。

（三）防止定密过高

一般来说，定密实践中，确定密级过高的情形比确定密级过低的情形要多，须引起注意。

1. 防止片面理解保密事项范围规定中具体事项的含义，过高定密。比如，保密事项1规定：A类甲级事项为机密级；保密事项2规定：A类乙级事项为秘密级。而实践中，当遇到与保密事项1规定的A类甲级事项相关、文字表述也相近，但实质内容不完全相同且敏感度又较低的具体事项时，如何定密呢？应该从具体事项的实质内容和泄露后的危害性等方面进行分析。如果更适用保密事项2的规定，则应据此定为秘密级，不应机械地按照保密事项1规定的文字表述定为机密级。准确定密不应当局限于对保密事项范围规定中某一具体事项的字面解释，忽视对相关事项规定及其精神的综合分析、准确理解。要注意防止机械定密，或者是受密级越高越安全的片面定密认识误导，造成定密过高。

2. 防止依据讲话者职务高低确定讲话稿密级，导致定密过高。对于多位领导人在同一个涉密会议上的讲话稿，如何定密？应该根据讲话具体内容和不同密点，按照保密事项范围规定分别确定密级。要防止按照讲话者职务高低定密，不能看领导人职务高，讲话稿密级就定为高密级，职务低一级则讲话稿密级也相应降低。如果按照这样的"标准"定密，往往导致职务高的领导讲话稿定密过高，甚至出现一些领导的讲话稿不该定密也定密的现象。

3. 防止以上级机关对涉密事项重视、提出意见等为由定密，导致定密过高。比如，上级机关、单位下发了关于某个事件处理问题的通知、意见或领导批示，有关承办单位就以上级机关高度重视并有过意见、指示精神为由，将办理该事件的文件、信息密级定得过高，而不是按照派生定密规定和有关保密事项范围规定定密。也没能考虑因工作需要该文件将在较大范围印发、知悉范围广泛，给工作带来不必要的困难。

（四）准确确定、标注国家秘密标志和知悉范围

《保密法》第十九条规定："机关、单位对所产生的国家秘密事项，应当按照保密事项范围的规定确定密级，同时确定保密期限和知悉范围；有条件的可以标注密点。"《保密法实施条例》第二十一条规定："国家秘密载体以及属于国家秘密的设备、产品（以下简称密品）的明显部位应当作出国家秘密标志。国家秘密标志应当标注密级、保密期限。"据此，作为国家秘密事项的形式标志，应当具有密级、保密期限和知悉范围三个要素。《保密法》第二十条、第二十一条、第二十二条等对国家秘密标志和知悉范围确定作出了明确规定。根据国家秘密定密管理有关规定，国家秘密标志形式为："密级★保密期限""密级★

解密时间""密级★解密条件"。

下面,结合实际工作中可能遇到的问题,就国家秘密标志确定、标注和确定知悉范围进行讨论。

1. 文件合订本的国家秘密标志标注。这里说的文件(包括纸质文件和电子文件,以下同)合订本,包含文件、材料汇编和档案卷宗等。实践中,一些文件合订本中含有多个不同密级的涉密文件和非涉密文件。如果不了解或者不严格执行标注国家秘密标志的有关规定,就会出现各种不规范甚至错误现象。根据国家秘密定密管理有关规定,文件合订本封面上国家秘密的密级标注,应当注意以下四点:

一是应当按照合订本中文件的最高密级和最长保密期限,在封面醒目位置(一般在封面左上角)作出国家秘密标志。严禁不管其中的文件有多种密级、多个保密期限,合订本封面一律标注秘密或机密,甚至标注"内部"。这样做的意图,是防止滥标秘密标志导致保密管理混乱,也为了防止标注密级过低,导致降低合订本中高密级文件的保密管理条件。

二是只要合订本中有一份涉密文件资料,合订本封面就应当标注相应的秘密标志,同时,合订本中涉密文件的国家秘密标志仍然应当保留。不得以合订本是内部管理的、不对外公开或者合订本中有关文件已标注国家秘密标志为由,不在封面标注国家秘密标志。须知,现在不公开,不等于将来不公开,一旦需要公开时,混乱的标志将会增加保密审查困难和泄密危险。再者,不公开不等于不使用、不外借。如果使用、借阅频繁,借阅人员多且成分复杂,又不便每次都对合订本内容进行仔细保密审查,特别是在遇到外单位借阅、调阅的情况下,合订本封面国家秘密标志的混乱,会直接造成保密管理困难,甚至可能成为导致泄密的重要因素。

三是不包含涉密文件的合订本,不得在封面标注国家秘密标志。

四是只含有工作秘密文件的合订本，应当在封面标注"内部"或者"工作秘密"等标志，不应当标注国家秘密标志。

2. 知悉范围和保密期限的确定与标注。

（1）关于涉密文件确定、标注知悉范围。按照《保密法》第十九条、第二十一条规定，国家秘密应当依法确定知悉范围，国家秘密的知悉范围应当根据工作需要限定在最小范围。对于机关、单位印发的需要在多个单位、较大范围执行、办理的涉密文件，应当根据工作需要，按照"最小化"原则，确定并标注知悉范围。不应只有文件抬头的收文单位名称。如果这类涉密文件不确定、标注知悉范围，就会使收文单位在执行、办理时对于知悉范围的把握缺少遵循，势必形成不同单位不同理解，导致知悉范围五花八门。结果是，若过分限制知悉范围，会影响文件贯彻执行；若不当扩大知悉范围，又会增加泄密风险。

（2）涉密文件标注保密期限存在的问题。长期以来，特别是自2010年《保密法》修订以来，在国家保密行政管理部门严格要求和监督指导下，涉密文件保密期限标注工作逐步推进。但是，实现涉密文件保密期限的规范化标注，仍然需要持续努力，尤其是在一些机关、单位内部行文和平行单位之间行文中，涉密文件不标注保密期限，或者保密期限标注不规范现象更容易发生。出现不按规定标注保密期限的原因比较复杂：有的可能是保密事项及其保密期限在保密事项范围规定中找不到相应的明确、具体规定；有的可能是工作人员业务不熟悉或工作不够认真，随意标注；有的可能是某些保密事项在形成初期，难以确定是临时性存在，还是需较长时间使用保存，使确定、标注保密期限比较困难。另外，保密期限一旦标注，会增加随时可能需要审查、变更或解密等任务，这也可能成为一些机关、单位和工作人员不愿意标注的原因。

3. 关于确定知悉范围和保密期限的策略建议。

（1）对于保密事项范围规定没有具体规定知悉范围的事项如何确定知悉范围。有些保密事项范围规定中，关于某一保密事项知悉范围的规定，一般会有"有关人员"之类的内容。实践中，应当根据工作需要，坚持知悉范围最小化原则，具体情况具体分析。可以采取文件印发范围尽量缩小，传达范围适度扩大，或者书面传达和口头传达有别的办法；也可以在确定基本知悉范围的同时，采取特殊情况临时请示或依法授权有关单位根据工作需要确定具体知悉范围等办法。

（2）发文时难以确定具体知悉范围的情况如何处理。实践中，有些涉密文件具体知悉范围的确定有时确实难度比较大。特别是一些涉密文件内容需要一线工作人员贯彻执行，经历环节多，实际情况比较复杂。比如，有的涉密文件征求意见稿征求意见时，收文单位有关部门负责人员、工作人员要对文件进行管理，安排会议讨论；文秘、文印人员要起草、打印回复意见稿等。在这种情况下，文件的知悉范围需要收文单位根据有关通知精神和保密规定，准确掌握、拿捏，重要情况及时请示。尽管如此，涉密文件的知悉范围还是应当按规定在文件印发时尽可能提前具体确定。确实不能具体确定的，应当原则确定并在必要时明确授权。知悉范围能在文件中注明的，在文尾或适当位置注明；不能注明的，就知悉范围有关事项另行通知收文单位或有关人员。特别重要的涉密文件，必要时可以临时召开有关人员参加线上或线下会议，就知悉范围和保密管理进行专题部署、安排。

（3）如何处理一时难以确定保密期限的事项。实践中，会遇到有的涉密事项的保密期限一时难以准确确定的情况，或者是保密事项范围规定中保密期限规定得比较原则、不具体，比如某事项保密期限规定为"长期"，而实践中该事项保密期限不必定为长期；或者某事项规定的保密期限明确具体，而实践中该事项的保密期限难以具体确定；

或者某事项规定的保密期限与实践中该事项的必要保密期限相差较大，比如，一些届时可以公开的阶段性工作计划、业务安排和会议材料等，但又难以确定具体保密期限。对此，可以针对不同情况采取不同处理办法。一是对于可以确定大概保密期限的事项，按照较长期限确定保密期限，之后，再根据情况变化及时作出必要调整；二是对于确实不能判断、预测具体保密期限的，可以按照《保密法》第二十条规定的有关原则，采取规定解密条件和绝密级不超过三十年、机密级不超过二十年、秘密级不超过十年等办法。切忌主观武断、随意拟定保密期限。

（4）坚持从实际出发和依法确定原则。确定知悉范围和保密期限是定密工作的法定重要内容，应当联系实际，严格执行《保密法》《保密法实施条例》和保密事项范围规定，认真履行承办人、定密责任人职责，按照法定标准和程序拟定、标注、审核、审批。

总之，准确确定、标注国家秘密标志和知悉范围，既是贯彻执行《保密法》和保密事项范围规定的要求，也有利于促进保密事项范围规定及时修改完善。

第二节　推进解密工作规范化

一、及时解密的必要性和集中解密难的原因

（一）及时解密的必要性

依法及时解密，是定密管理工作的重要内容。《保密法》第二十四条对解密工作作出了明确规定。机关、单位应当按照法律规定每年审

核所确定的国家秘密，该解密的及时解密；需要延长保密期限的，应当在原保密期限届满前重新确定密级、保密期限和知悉范围。实践中，解密工作可能会受各种因素影响而不能及时进行。如不能做到及时解密，日积月累，就会导致已经积累的解密问题尚未解决，新的解密问题又逐渐累积，以致多年形成的已定密归档的文件、资料没能进行集中清理解密。其中，有的文件、资料可能保密期限届满应当解密；有的虽未到解密期限，但依法应当提前解密；有的可能存在不该定密而定密和定密过高、过低等问题，情况复杂。该解密不及时解密造成的信息资源和保密管理资源浪费与不该定密而定密的危害一样。但是，要做到该解密的及时解密，就需要先做好对长期积累的标密文件、资料的集中清理解密工作。

（二）集中解密难的主要原因

实践中，一些标注国家秘密的事项长期累积，难以集中清理、解密，一般有以下五个方面的原因：

一是没能及时清理解密，日积月累，使集中解密工作量太大、任务繁重、情况复杂，解密工作难度、风险比较大，加上人员紧张，导致积重难返。

二是没有明确哪个机构或部门具体负责集中解密工作。由于需要集中清理、解密的文件、资料比较分散，有的保存在档案管理部门，有的保存在涉密业务部门，甚至有的是个人长期保管。在这种情况下，如果没有统一的机构负责集中解密工作，就会导致各方都在维持、等待。

三是信息公开工作尚未实现规范化。信息公开法律制度有待健全、完善，信息公开监督检查存在不到位、缺少针对性等现象，对及时解密的督促不到位、压力不够大。

四是机关、单位对信息资源的挖掘、共享尚未系统化、制度化；

社会各方面对信息共享的需求不够强烈，或者缺乏相应的制度机制，这也是集中解密的紧迫性不够强的原因。

五是机关、单位解密工作制度机制尚未建立健全，解密工作规范化建设和保密监督管理有待进一步加强等。

二、切实开展集中解密工作

（一）集中解密的意义

完成集中解密的意义有以下几点：

一是规范涉密文件、资料的管理和使用，节省保密管理成本，有利于涉密信息保护和信息资源合理利用。

二是确立新的定密管理规范，纠正不当定密行为，促进定密工作规范化建设。

三是及时解密不必继续加密保护的信息，有利于信息公开制度的进一步落实。

四是可以为机关、单位的纸质档案数字化和涉密、非涉密档案资料上网运行做好准备、创造条件，为网上办公提供方便。

五是在集中解密过程中，建立完善规范的解密制度和操作规程，必将促进动态化及时解密工作机制的形成。

（二）集中解密的方法步骤

集中解密的方法步骤一般可分为以下六个方面：

一是全面清理，突出重点难点。集中解密工作要对所有标密文件、资料进行集中清理、鉴别，把主要精力放在那些没有标注保密期限和法定保密期限届满，以及可能存在定密程序和定密依据不规范的标密文件、档案资料等重点难点问题上。

二是按照标密文件、档案资料形成的时间顺序，由近及远清理、鉴定。因为近期形成的文件、档案资料利用率高，早日鉴定、解密，有利于使用管理。同时，近期形成的文件，有关定密情况比较容易收集、了解，比较容易鉴别。

三是综合考量解密的依据和理由。一个标密文件是否解密，既要考虑当时的定密法规制度和历史条件，也要考虑现行的定密法规制度、现实国内外环境，然后再看法定的保密期限。是否解密，关键看解密后在当前和今后一个时期会不会给国家安全和利益造成损害。

四是处理好相关涉密事项的安全问题。应当注意，对某一标密事项的解密，是否会威胁到其他相关保密事项的安全。若遇到此类可疑情形，应当慎重、全面研究，严格审查、审批，必要时采取限制性解密措施。

五是注意听取有关方面意见。遇到复杂、疑难的解密问题，必要时应征求、听取有关业务部门和专业人员的意见。如有争议，应当依法进行密级鉴定。

六是总结经验、循序渐进。鉴于一些机关、单位及其所属业务管辖系统集中解密工作任务重，情况复杂，工作难度大，可以在其中部分所属机关、单位先行试点，取得经验，再全面推广；也可以由各级机关、单位分别采取循序渐进的办法，先易后难、由少及多，积累经验、逐步推进。

(三) 集中解密的保障措施

鉴于集中解密任务繁重，机关、单位的集中解密工作应当综合研究、统一部署，有计划推进。宜采取以下保障措施：

一是成立专门工作机构。机关、单位成立以保密工作机构定密经验丰富、定密能力强的人员为主,档案管理部门、文秘部门和重要业务部门人员参加的集中解密工作机构。

二是开展学习培训。采取适当形式对承担集中解密工作任务的人员进行专门教育培训,包括法规制度学习、解密业务培训、解密技能训练和解密经验介绍等。

三是形成标准、规范。在对本机关、单位需要集中解密的文件、档案资料进行总体调研、分析、评估基础上,形成解密工作的原则和标准规范,包括解密的依据、理由,重要涉密文件、资料的处理原则、标准,鉴别机制和解密工作、审批程序等。

四是制定工作方案。包括总体和阶段性任务、人员和有关部门职责、任务分工及其权限、工作步骤和时间节点等。集中解密工作方案还应当有动态化及时解密工作机制建设内容,包括业务部门和保密工作机构职责、解密工作定期启动机制、检查评比、考核制度机制、奖惩等,确保至少从集中解密工作开始之日起,能够按照《保密法》规定,对于标密文件、档案资料,每年集中审核、清理、解密的制度正式确立并得到认真落实,防止前脚集中解密、后脚积压的情形出现。

五是提供物质保障。机关、单位应当在人员、设备、资金、场所、培训等方面为做好集中解密工作提供保障,将集中解密经费列入年度预算。

三、解密工作中需要注意的几个问题

(一) 严防擅自解密和擅自公开标密文件信息

严格遵守保密法律制度,加强信息公开保密审查,确保不该解密的不解密。日常工作中,擅自解密的突出表现之一,是公开出版物中的擅自解密。比如，在编辑出版时将保密期限尚未届满、没有进行保密审查并办理解密手续的涉密文件资料，擅自删除密级标志，进而在连接互联网的计算机上编辑。未履行审批手续删除涉密文件密级标志已经形成擅自解密，而在连接互联网的计算机上存储处理擅自删除密级标志的文件，实际上是擅自公开涉密信息，涉嫌泄密。

过失性擅自解密与过失性擅自公开标密文件的共同点：一是应当知道行为错误，而自以为是或者疏忽大意地实施了错误行为；二是应当履行审批手续而不履行，擅自行为。这里有程序错误与实质错误之分。其中，单纯的程序错误是可以解密而没有履行解密手续；实质错误是不应当解密也没有履行解密手续。

过失性擅自解密与过失性擅自公开标密文件的不同是，擅自解密虽然可能导致泄密，但是不一定直接导致泄密；擅自公开标密文件则会直接导致泄密。有的时候，擅自解密成为擅自公开的前提和重要原因。比如，甲擅自删除一份涉密文件的国家秘密标志后，将该文件转送给乙，乙见文件没有国家秘密标志，未经报批即将该文件内容公开，导致泄密。还有，笔记、摘抄涉密信息后，不标注国家秘密标志，随意转发，导致信息公开、泄密等。因此，解密工作中的保密审查和信息公开保密审查同样重要。

（二）严格按照规定程序解密

解密应当依据法律制度规定办理解密手续，履行审核、审批程序。一般可以分为两类情况：

一是对于本机关、单位内部产生的国家秘密事项。按照《保密法》第二十四条规定，如果保密期限未满，但经审核可以提前解密的，应当逐一提出解密理由、依据以及解密意见，按规定履行审批手续。如果保密期限即将届满，经审核认为不宜解密，需要延长保密期限的，应当逐一提出理由、依据和意见，按规定履行审批手续后重新确定相应的密级、保密期限和知悉范围。提前解密或者延长保密期限的，应当根据需要及时书面通知有关单位和人员。值得注意的是，新修订的《保密法》第二十四条特意增加了"机关、单位应当每年审核所确定的国家秘密"的规定。其含义是应当对确定的所有国家秘密进行审核，即对于未到保密期限和已到保密期限的国家秘密都应当进行审核，而不是选择性审核，以防止未经审核"自行解密"。

二是对于其他机关、单位产生的国家秘密事项。如果有关机关、单位已经印发提前解密或延期解密通知，则按照通知执行。如果有关机关、单位没有印发提前解密或延期解密通知，则应当根据具体情况区别对待：对于保密期限未满，经审核需要提前解密的，除非有已知法定和事实依据，在解密前应当征求有关机关、单位意见；对于保密期限届满的，一般不必征求有关机关、单位意见，作必要内部审核、审批解密即可。但是，对于那些保密期限届满但密级很高（如绝密级）的涉密事项，为慎重起见，在解密前应征求有关机关、单位意见，以防不当解密。

（三）准确应用解密技术策略

解密是非常复杂的工作，不但要履行法定程序，而且要根据不同情况采取相应的策略方法，防止处置不当。以下几点建议供参考：

一是将敏感信息稀释后解密。比如，对一些高度敏感统计数据的使用，如果需要引用的某些数据不宜解密或公开，可以将这些数据放在较大范围的非敏感数据中，使该敏感数据在较大范围数据中得到稀释，降低或者消除其敏感性，在某种程度上实现可以解密甚至可以公开的目标。

二是将密点信息删除后解密。有的涉密文件的大部分内容可以解密，只有其中很少一部分内容作为密点尚不宜解密，必要时则可以删除密点内容后解密。比如，一些关于研究、形成重要公共政策的涉密会议纪要，其中大部分内容需要也可以在会后公开宣传报道，只有很少一部分敏感内容不宜公开的，可以将这部分敏感内容删除后解密公开。再如，一些涉密会议上的讲话稿，其基本精神会后需要传达、贯彻，或者供更大范围研究、共享，可以删除其中的密点后解密或者公开。

三是能部分解密的则部分解密。对于一些具有重要使用价值的标密历史文件、档案资料，如果能够部分解密的，可以进行部分解密。比如，视情况对可以解密的文件正文部分进行解密，对不宜解密的附件部分，则不解密。在特定的历史时期，有些为处理具体事件印发的内部重要文件，其"通知"部分的重要内容和精神是阐述党和国家方针政策、进行工作部署的，在当时特定历史条件下不宜公开，随着时间推移和社会发展变化，应当可以公开了。但是，其附件部分，可能涉及一些具体的敏感事项，仍不宜公开，也不必要公开。

四是可以降低密级的应适当降低密级。在解密工作中，有时不应当在解密与否之间简单采取非此即彼的方法，要根据具体情况和规定灵活掌握。如遇不宜解密但可以降低密级的保密事项，应当依法适当降低密级。

五是对于解密后仍然有一定敏感性的信息应限制公开。有些文件、资料虽然可以解密，但是，不宜向社会公开，可以在解密后定为工作秘密，或者采取相应的限制公开措施，在机关、单位内部使用、共享信息。需要注意的是，机关、单位产生的未标注国家秘密标志和工作秘密标志的文件，一般也不能擅自公开，而要遵守工作纪律。

（四）对于特殊涉密信息要慎重解密

比如，在特殊历史条件下产生的，密级很高、至今敏感性仍然很强的，涉及党和国家在特殊历史时期重大政策的保密事项，尽管已经超过法定保密期限，有的仍不宜解密，甚至不宜降低密级。其中理由：一是解密、公开后容易引起不明真相者误解，或者被敌对势力利用，不顾特定历史条件，进行造谣、蛊惑、污蔑，损害党和国家形象；二是如果降低密级，则会降低该保密事项的信息在信息设备、信息网络上存储、处理的门槛，增加通过网络泄密的风险。这类保密事项可以在内部研究、使用上适当放宽范围限制。

第三节　从三个方面发力助推定密制度落实

一、准确理解和把握定密法律制度

（一）更好地理解保密事项范围规定

正确理解保密事项范围规定，准确把握其精神实质，对于做好日常定密工作非常重要。机关、单位应当坚持组织开展保密事项范围规定学习、培训，使涉密人员特别是承办涉密业务、承担定密工作的人员熟悉、掌握规定内容，理解条文和目录的规定精神、立法意图。实践中，一些机关、单位专门组织了专题培训班，一些中层、基层机关、单位还结合实际制定了关于保密事项范围规定的实施细则、实施办法等，对于更好地理解和贯彻执行保密事项范围规定起到了很好的作用。按照《保密法实施条例》规定，有定密权限的机关、单位通过制定、实施国家秘密事项一览表，必将进一步促进对保密事项范围规定的理解和把握。

（二）正确运用定密争议解决机制

定密要充分、准确运用保密事项范围规定。但是，对于保密事项范围规定中确实没有或者规定不明确的事项，或者因定密和密级变更发生争议的情形，应当按照《保密法》第二十五条和《保密法实施条例》第二十五条、第二十六条关于解决定密争议问题的规定执行。无论是按照保密事项范围规定定密，还是按照《保密法》《保密法实施条例》规定解决定密争议问题，都应当在准确理解有关法律制度的基础上采取正确、恰当的工作方法和步骤，避免轻率决策、随意定密。应当按照保密事项范围规定定密的，不应轻易启动定密争议解决程序；确实有必要依法启动定密争议解决程序的，不应强行错误引用保密事项范围规定定密。

（三）准确把握国家秘密要素

《保密法》第二条规定了国家秘密三要素："国家秘密是关系国家安全和利益，依照法定程序确定，在一定时间内只限一定范围的人员知悉的事项。"

1. 实质要素，即国家秘密是关系国家安全和利益的事项。对于具体事项来说，实质要素会随着形势变化而变化。同一事项内容，此时具备国家秘密的实质要素，彼时可能就不具备。比如，"两弹一星"研制期间，几乎任何相关的信息都是国家秘密，一旦试验成功，许多信息则无需再保密；又如，某涉密会议召开前，有关会议文件内容具备国家秘密实质要素，而一旦会议闭幕，有关文件内容可以公开，即不具备国家秘密实质要素。实践中，要结合国内外形势和保密事项泄露后可能造成的危害，具体情况具体分析。准确理解、把握国家秘密实质要素，对于制定、修订保密事项范围规定来说，是确定具体保密事项内容、名称的前提；对于具体定密工作和保密监督管理来说，是准确理解保密事项范围规定、鉴别保密事项的必要条件。

2. 程序要素，即国家秘密是依照法定程序确定的事项。定密必须履行法定的定密审批程序。比如，国家秘密的确定、变更、解除，应当由承办人提出具体意见，经具有相应定密权的定密责任人审核批准。这里有个问题，如果是定密责任人自己起草承办的涉密文件，如何履行定密程序呢？按照法律规定的字面理解，当然可以自己直接审批签发。但是，一般来讲，这种情况下最好报请具有相应定密权的上级负责人审批，或者送请本部门具有相应定密权的其他定密责任人审签或核发。因为，设置定密程序的目的，是经过审批程序，加强定密监督检查，有利于发现和解决问题。类似的现象在公文办理的其他方面也有。比如，机关工作中经常遇到这样的情形，有的负责人将按规定自己具有签发权的重要文件报送上一级负责人审批签发，或者请本部门有关负责人核发、阅后发出等。这样做，一方面，是报告、互通情况；另一方面，也有加强审核、检查，避免出错的作用。

3. 时空要素，即国家秘密是在一定时间内只限一定范围的人员知悉的事项。在时空要素中，虽然时间和范围是两个概念，二者却是不可分割的同一个要素。举个例子：假如某一会议涉密内容的保密期限定为"公开报道前"，就必然会涉及知悉范围，如只限参会人员和会议有关主办人员知悉等。而一旦公开报道，随着原来设定的知悉范围取消，保密期限也不复存在。也就是说，如果某一事项的知悉范围难以控制，规定保密期限也无从谈起；相反，如果某一事项需要立即公开，限定知悉范围也无意义。由此可见，同时确定、标注国家秘密的保密期限和知悉范围多么重要。

确定国家秘密，应当准确把握上述三个要素。某一事项是否属于依法确定的真正的国家秘密，要看是否具备这三个要素，缺一不可。

比如，承办人员自己写了个材料，自行标注为国家秘密。按照法律规定，这个标注不算依法定密，至少不能算完整的依法定密。因为没有依法履行审批手续，程序要素不完备。所以，保密行政管理部门在组织开展国家秘密事项调查活动时，一般都规定，凡是没有履行法定定密审批程序的标密材料，不予登记。理由是这类标密材料缺少程序要素，不合法。而深层次的考虑，应该是这类材料未履行定密程序，许多可能涉嫌定密扩大化。值得注意的是，相对于实质要素和时空要素，程序要素属于形式要素，是为准确实施实质要素和时空要素服务的。实践中，某一事项是否应当确定为国家秘密，主要看是否符合实质要素和时空要素，而程序要素的设定，就是为了作出正确判断。如果某一事项依法应当定为国家秘密，即便未履行法定定密审批程序，一旦泄露仍然要依法追究相关人员的责任。所以，某一事项既然标注了国家秘密标志，只要是工作中的正常行为，尽管尚未履行定密审批程序，甚至是保密事项范围规定中没有明确规定的，在未确定可以公开之前，也应当暂时按照相应的密级管理，不得擅自公开。这也是《保密法实施条例》第二十五条规定的精神。

二、建立完善定密管理制度机制

（一）制定定密管理办法

机关、单位应当依据保密法律规定，结合实际制定定密工作管理办法等定密管理制度。保密事项范围的规定，是从国家秘密的内容、性质、标志等方面规范定密工作；定密工作管理办法等有关制度，则是从定密岗位职责、定密任务和定密程序，以及定密监督管理等方面规范定密工作。定密工作管理办法应当从以下三个方面发挥规范作用。

1. 明确定密岗位职责任务。定密工作管理办法应当根据法规制度授权和实际情况，对本机关、单位和内设机构涉密业务部门的定密岗位职责、任务作出明确规定。比如，涉密业务承办岗位拟定定密建议的职责，业务主管部门和有关职能部门审核、把关、监督管理等职责。各级机构定密职责、任务的确定可以与定密责任人及其职责的确定相结合。《保密法》第十六条规定："机关、单位主要负责人及其指定的人员为定密责任人，负责本机关、本单位的国家秘密确定、变更和解除工作。"据此规定，机关、单位的主要负责人一旦任命，同时就是法定的定密责任人。主要负责人根据工作需要指定的定密责任人，一般是机关、单位分管涉密业务的副职和内设机构涉密业务部门负责人，也可以是其他相关人员。机关、单位指定的定密责任人的定密权，应当根据本机关、单位依法拥有的定密权和工作需要确定，适当区分不同密级的定密权，以便形成层级定密监督机制。指定定密责任人的人数，一般不宜过多，以能够适应定密工作需要为准，以免定密权过于分散，不利于定密工作统一管理。机关、单位明确定密责任人及其定密权，是落实各级机构定密职责、任务的重要举措和保障，是机关、单位定密制度建设的重要组成部分。定密责任人职责、任务应当在定密工作管理办法中明确规定并对定密权限进行规范。机关、单位定密责任人名单最好与定密工作管理办法一同发布。

2. 具体规定定密程序。定密程序也称定密审批程序，与机关、单位公文审批程序有时一致，有时不完全一致。比如，以机关、单位内设机构名义印发的涉密公文，如果拟定密级高于内设机构定密责任人的定密权限，则应当按照定密规定报请具有相应定密权的机关、单位负责人审批。一般来说，一件涉密公文完整的定密程序应当是：在涉密文件形成的同时，由承办人对公文稿提出定密意见，即根据保密事项范围规定和涉密事项一览表拟定密级、保密期限和知悉范围，依照公文审批程序和定密审批程序，报有关负责人和定密责任人审核、审批。

3. 明确规定定密监督管理职责。定密工作管理办法应当对定密责任人、涉密业务承办部门、公文办理部门、保密工作机构等，在各自业务范围内，应当担负的定密监督管理职责作出相应规定；还应当对在发生定密争议的情况下，依法向上级保密行政管理部门请示报告作出具体规定。这样规定，既体现定密监督程序的完整性，也体现定密责任人职责与有关部门定密监督管理职责相结合的精神。

(二) 建设动态化的定密责任人和定密授权制度机制

完善定密责任人制度和定密授权制度是做好定密工作的基础性工作，也是定密管理的重要内容。这里要说的是按照法律制度规定和实际需要指定定密责任人和行使定密授权。

1. 要结合工作实际指定定密责任人，并根据情况变化及时调整。依法指定的机关、单位及承担涉密业务的内设机构定密责任人，应当熟悉涉密业务，具有相应定密工作能力并相对稳定。按照定密管理规定，已经指定的定密责任人，一旦发生以下情形，即定密不当、情节严重的，因离岗离职无法继续履行定密职责的，保密行政管理部门建议调整的，因其他原因不宜从事定密工作的，应当及时调整，指定新的定密责任人并相应变更定密责任人名单，在机关、单位一定范围公布，按规定向有关部门备案。防止出现定密责任人工作岗位已经变化，新的定密责任人迟迟没有指定，或者定密责任人名单不作及时调整、备案的违规现象发生。

2. 定密授权要准确准时。定密授权要根据工作需要依法进行，明确定密权限和授予期限，防止不顾实际情况或者怕麻烦，不管有用没用、有无必要，一授不变。定密授权机关、单位应当有针对性地定期开展定密授权工作调研和检查，确保定密授权恰当适时。一是如果发现定密授权过高、过低或者不必要的情况，应当及时变更定密授权。二是如果限期定密授权的期限未到，但定密工作任务已经完成，则应当及时收回定密权。比如，因一项特殊工作任务临时授予较长时间的定密权，当该任务已经完成而定密授权期限远未届满，则应当及时收回定密权。三是如果授权的定密期限为长期，但被授权单位已经不再承担涉密业务，则应当及时收回定密权。

三、不断提高定密工作人员定密水平

机关、单位的定密工作任务，需要一批熟悉定密业务的人员来完成。除了定密责任人，还涉及许多涉密业务承办、负责人员，办文、机要和保密工作机构人员等。不断提高这些从事定密工作人员的定密水平，对于做好定密工作很重要。

（一）掌握、丰富保密知识

不仅要学习、掌握定密法律制度，还应当学习、掌握其他有关的保密法律制度和保密业务知识，筑牢定密工作的保密知识基础。这一方面需要机关、单位定期开展集中保密教育培训，另一方面需要自学、钻研，日积月累，方能厚积薄发。

（二）熟悉涉密业务及相关情况

作为涉密业务承办人员和负责人员，不但要熟悉本部门的涉密业务，还需掌握本部门相关保密工作情况，特别是有关定密工作情况；作为办文部门的工作人员，要了解本机关、单位及各部门的涉密业务性质和特点；作为保密工作机构的人员，不但要全面熟悉本机关、单位及其各个业务部门的涉密业务性质和特点，以及其与相关机关、单位之间的业务联系，还需掌握本机关、单位及其各个业务部门的保密工作情况和安全保密需求。

（三）增强保密意识和责任心

增强保密意识和责任心是认识和理念问题，往往容易被一些人忽视，却是做好定密工作的重要前提，必须坚持长期培养、不断提高，增强自觉性，养成良好习惯。如果缺乏保密意识和责任心，就少了做好定密工作的主动性和内在需求，对于许多问题就会视而不见、熟视无睹。

（四）提高政治水平和全局观念

定密是基础性的保密工作，关系国家安全和利益，要有大视野、大格局，树立全局观念。做好定密工作要善于从政治上、全局层面分析问题，从国家安全和利益角度思考问题，从国际形势、世界格局发展变化看问题，把具体事项放到特定的国际形势和国家总体安全大局中去分析、研判，看是否应当定密。要善于见微知著，看到具体事项的本质及其影响，防止只见树木不见森林。

（五）加强定密技能学习、交流和培训

通过日常学习、实践、训练和保密教育培训，不断提高涉密人员处理复杂定密问题的能力。比如，在定密业务培训中，开展定密专业知识培训的同时，专门安排定密技能训练。具体做法，可以挑选若干涉密和非涉密文件材料，经审核、报批后，遮盖涉密文件的国家秘密标志，与非涉密文件一并印发学员，让学员自行研判、辨别，拟定定密意见。然后，由学员和授课老师根据自己的分析判断逐一点评，交换意见，应能收到良好效果。又如，涉密业务部门工作中遇到定密疑难问题，及时与保密工作机构联系沟通，共同研究，保密工作机构要积极给予指导。对于保密行政管理部门和上级主管部门关于定密问题的意见、决定，保密工作机构应当根据工作需要及时在一定范围通知、宣传与说明、讲解，以利于正确理解和贯彻执行。

定密工作是一项重要、艰巨和系统性很强的工作，需要通过长期的学习、培养和训练，不断提高定密人员的定密水平和处理复杂定密问题的综合能力。国家秘密具体事项的动态性变化，定密工作的复杂性和定密工作的规范化、精准化要求，使准确定密、及时定密成为保密工作的永恒主题和追求目标。

第四章

涉密人员保密管理

保密工作强调全面加强定密管理和涉密网络、人员、信息、载体、设备等管理，但第一位的是涉密人员管理。通常说的机关、单位涉密人员管理，或者涉密人员保密管理，具有比较丰富的内涵。从管理对象看，应当指机关、单位依法从事和分管涉密业务、知悉涉密信息的人员，以及从事保密管理工作的人员；从管理流程看，包括涉密人员选配、在岗和离岗脱密期保密管理等；从管理方法看，包括保密监督检查、教育培训、关爱奖励、违规查处等；从管理主体看，包括组织人事部门、涉密人员所在业务部门、保密工作机构等。

第一节 涉密人员选配中的工作重点

一、笔试主要看分析能力

机关、单位如果是从外部招聘涉密人员，一般要进行笔试。笔试当然要看基础知识水平，但更要看分析、理解能力。这有利于选配具有一定分析、理解能力，思维清晰、逻辑性强的涉密人员。分析、理解能力强的人员，一般都善于思考，可以很快学习、掌握需要的知识，准确理解和应用有关保密法规、政策；分析、理解能力弱的人员，即使学到保密知识和法规制度，也容易死记硬背、生搬硬套。笔试时，对于一个没有实际从事过保密管理和涉密业务的人员来说，可以不掌握更多的保密专业知识，但是，一定的分析、理解能力却不可缺少。

比如，出一道填空题：《保密法》第五条规定："国家秘密受法律保护。一切（　　）都有保密的义务。"面对这道填空题，如果没有认真学过《保密法》，可能没有几个人能够答得准确。但是，如果变成三选一的选择题："A. 国家机关和武装力量、各政党和各人民团体、企业事业组织和其他社会组织以及公民；B. 国家机关和武装力量、企业事业组织和其他社会组织以及公民；C. 国家机关和武装力量、各政党和各人民团体及其他社会组织和公民。"即使考生没有认真学过《保密法》，只要具有一定分析、理解能力，一般应该能够发现，A项从内涵到外延都是最严谨、周延的选项，从而做出正确的选择；如果考生缺乏分析、理解能力，就可能陷入盲目选择。在从机关、单位内部其他岗位选调涉密人员时，即使不进行笔试，也应当通过其他方式对分析、理解能力进行考察。

二、面试主要看基本素质

某一方面的知识可以在短期内学习弥补，但素质，即便是一个方面的素质，也需要长期修炼甚至从小培养才能形成。而面试是观察、考核面试者素质的重要环节，这也是一般情况下，面试官由多位有关部门负责人或相关专家担任的重要原因。

对于涉密岗位来说，无论是选配领导干部，还是选配一般工作人员，认真、踏实、严谨和有担当、责任心强等素质是非常重要的，是做好日常保密工作所需要的基本条件。真正了解一个人的综合素质，需要经过一定的实践检验。但是，一些基本素质的特征是可以在面试中观察、发现的。比如，有的面试题，通过让面试者回答对于"自重、自省、自警、自励"等"四自"的理解，观察其对于这些道德修养方法的认识、体会和态度；有的面试官，通过聊天的方式，缓解面试者紧张情绪，拉近双方距离，促使面试者尽量展示对所提问题的真实态度、认识和想法，进而对其基本素质进行观察、作出判断。面试切忌只关注面试者"是否愿意在这个岗位工作一辈子"这类问题的回答，以及过多注重背诵法规制度条文和警句，而忽视基本素质的审查。

我们看晚清名臣曾国藩面试选人的故事。据说，有一次，李鸿章带着三个人去请曾国藩面试，碰巧曾国藩出去散步，李鸿章便让三人站在门口，自己进衙内等候。曾国藩回来时，看到门口有三个人，他分别略一观察，什么也没说就进去了。李鸿章一见曾国藩，便要介绍三个人的情况，曾国藩打断他说："不用介绍，我刚才进门时看了。小个子那个可小用；中等个子那个不可用；高个子那个可大用。"李鸿章问其原因。曾国藩说："小个子那个，我看他一眼，他也看我一眼，我再看他一眼，他就不敢再与我对眼神了。这说明他心地善良，但气魄不够展开，所以只可小用，授予营务处副处长足矣。中等个子那个，我看他时，他不敢看我，当我不看他时，他又偷偷看我，显然，这个人心术不正，万万不可用。而高个子那个，我看他一眼，他也看我一眼，我上下扫他一眼，他又堂堂正正打量我一番。说明此人心胸坦荡，气魄宽广，可以大用。"李鸿章照老师意见办。多年后，小个子的始终小心谨慎，但无显著建树。中等个子的违法犯罪，被杀头。高个子的就是被李鸿章重用并成为晚清淮军名将的刘铭传。这个故事或许有虚构的成分，但可以给我们启示：曾国藩面试人才不局限于其外在表现，而是通过面试者面对突发情况的本能反应来观察其内在的基本素质。这值得面试涉密人员时借鉴。

三、审查要重政治

《保密法》第四十三条规定，"任用、聘用涉密人员应当按照国家有关规定进行审查"，并对涉密人员的条件作出了原则规定，"涉密人员应当具有良好的政治素质和品行，经过保密教育培训，具备胜任涉密岗位的工作能力和保密知识技能"。这里首要的条件是"良好的政治素质和品行"。涉密人员只有具备良好的政治素质和品行，才会在国家安全和利益面临威胁的关键时刻，在金钱和物质引诱面前，甚至在面临重大牺牲的紧要关头，作出正确的抉择，不惜牺牲个人利益，甚至自己的生命，确保国家秘密安全，维护国家安全和利益。比如，1999年被授予"两弹一星"功勋奖章的中国科学院力学研究所首任副所长郭永怀（1909—1968）的英雄事迹。1968年12月4日，郭永怀在青海省某基地为我国第一颗导弹热核武器发射做试验前准备工作时发现重要线索，需要立即回北京。他连夜赶到兰州乘飞机，当飞机于5日凌晨在首都机场降落时突然失去平衡坠毁。当郭永怀的遗体被发现时，他身穿的夹克已经烧焦大半，和同机牺牲的警卫员牟方东紧紧地拥抱在一起。人们费力地将他俩分开，发现郭永怀的那只装有绝密资料的公文包安然无损地夹在他们胸前。面对此情此景，现场人员无不流下热泪。① 这种用生命展现的忠诚和担当是涉密人员最高尚最珍贵的品质，永远震撼着一代代后来者的心灵。这样高贵的品质是在长期艰苦实践中培养、磨炼形成的，是以对党的事业、对国家安全和利益绝对忠诚为基础的。这也是涉密人员审查的重点。

涉密人员选配中的审查即岗前审查，也称初审（在岗定期审查即复审，详见下文第三节），目的是确保真正把对党和国家忠诚、政治立场坚定、原则性强、品德高尚的人员选配到涉密岗位。要求不得将有吸毒、赌博、卖淫嫖娼等严重违法行为的人员选任、聘用到涉密岗位等，也是为了防止涉密人员思想行为受到有害影响，避免涉密人员因不具备遵纪守法、严格自律的品格，关键时刻会失去理智，丧失政治立场和坚持理想信念的定力，不能确保国家秘密的绝对安全。

涉密人员审查是非常严肃、重要的工作，一定要讲政治，严格按规定标准、程序、方法进行，防止弄虚作假、疏忽大意和降低标准。比如，要防止以下情形发生：

一是防止有关涉密人员审查的一些证明材料由被审查人员自己去有关单位开具，自己递送转交审查部门。

二是防止涉密人员先上岗后审查，甚至上岗很久以后才审查。

三是防止审查中明知被审查者存在思想意识落后、政治表现消极等现象，仍然迁就通过或者因"特殊"关系给予照顾。

---

① 唐明华：《一心为了祖国和人民的事业》，载《人民日报》2021年11月29日，第20版。

四是防止审查中对于重要涉密岗位的特殊要求没能给予足够重视，也不征求有关部门的意见，同其他一般涉密岗位一概而论等。

严格审查本身既是讲政治的体现，也是坚持政治标准的保障。只有坚持从政治上看问题，胸怀国家安全和利益大局，才能做到及时、严肃、认真审查，避免出现漏洞、留下后患；才能确保把"具有良好的政治素质和品行"的人员选配到涉密岗位。

第二节　涉密人员的保密教育培训

一、重要内容

保密教育培训的重要内容，概括起来就是"两识教育"，即保密意识教育、保密常识教育。二者相互影响相互促进，前者是后者更好发挥作用的思想、认识基础，后者是前者得以充分展现的知识、技术支撑。

(一) 保密意识教育

所谓保密意识，是关于保密工作重要性的自觉思维和认知，是维护国家秘密安全理念的能动反映，是对国家安全和利益忠诚、担当在思想意识中的映现。保密意识淡薄与敌情观念淡薄相联系，通常表现为对泄密风险和隐患视而不见、得过且过，缺乏努力学习保密常识、技能的主观能动性，即使学习了保密常识和技能，也难以积极主动地应用于保密工作实践。因此，必须把提高涉密人员的保密意识，作为保密教育培训的基础性、常态化内容，放在保密教育培训的优先位置，任何时候都不可放松。

保密意识的形成和提高，与世界观、人生观、价值观密切相关。因此，应该将思想政治理论教育列入保密教育培训范围。党的十八大以来，党中央一再要求全国各级学校高度重视思政课的教授和改革创新，保密教育培训更应当高度重视思想政治教育。涉密人员思想政治教育培训内容应当包括理想信念教育、爱国主义和形势教育、党史及党的保密工作史教育、党的方针政策特别是关于国家安全和保密工作方针政策的教育、社会主义核心价值观教育等。通过坚持不懈的思想政治教育培训，培养涉密人员坚定的理想信念以及对党和国家的忠诚，增强涉密人员的政治意识、国家意识，为不断提高保密意识奠定思想政治基础。

（二）保密常识教育

保密常识，即关于保密工作的日常共识，是指一名涉密人员应当具备的基本保密知识。比如，保密事项应当依法确定并按规定标注国家秘密标志；禁止在未按照国家保密规定和标准采取有效保密措施的情况下，在互联网等非涉密网络处理涉密信息；涉密人员应当自觉遵守保密法律制度并接受保密管理；涉密载体应当按照保密规定存放、保管、销毁等。在科学技术日新月异、保密工作任务艰巨繁重的情况下，涉密人员学习掌握保密常识的必要性、紧迫性与日俱增。与保密常识教育相联系的还有保密技能的学习掌握。保密技能是指掌握和运用保密技术的能力。广义地讲，涉密人员日常工作中需要掌握的保密技能也属于保密常识范畴。在信息化条件下，涉密人员掌握必要的保密技能已经成为普遍的基本需要，否则，容易发生违规操作和不利于安全保密技术设备的正常运用。掌握必要的保密技能对于在保密检查和保密自查自评中发现、排除泄密隐患也必不可少。

二、主要方法

(一) 注重保密检查中的宣传教育

保密检查是进行保密宣传教育的重要机会和抓手。保密检查不仅要重视发现、排除安全问题和隐患，还应当针对存在的问题和隐患开展保密宣传教育。对于保密检查中的保密宣传教育应该广义地理解，至少包括以下三方面做法：

一是现场指出存在的问题，面对面开展批评、宣传教育。要求举一反三、限期整改并复查落实。整改和复查落实的过程也是保密宣传教育的过程。

二是根据检查发现的问题，在一定范围进行通报批评或依法依纪对有关责任人员进行处罚，以此进行保密警示教育。

三是针对检查中发现的带有普遍性、倾向性问题，组织开展有针对性的专题保密教育培训。

充分运用保密检查中的这些方法措施开展保密宣传教育培训，往往能够起到针对性强、印象深、效果好的作用。反之，如果保密检查雷声大雨点小，布置检查大张旗鼓，实际检查敷衍了事，就会使保密检查流于形式；如果保密检查中不坚持原则，发现问题照顾情面，不上报不处理，遮遮掩掩，其结果，不仅不能起到对当事人和相关单位的保密教育作用，还会在某种程度上掩盖存在的问题，也不利于在更广的范围举一反三整改和开展保密警示教育。

(二) 充分发挥警示教育作用

1. 及时通报泄密事件，开展警示教育。对于上级保密管理部门通报的泄密案件，应当按照通知精神尽量在较大范围及时向涉密人员通报，并结合案例以适当方式开展保密宣传教育。如果是集中通报，应当有领导讲话；如果是将"情况通报"复印发至有关单位，或者在一定范围传阅，应当有书面通知。讲话、通知要指出保密工作面临的严峻形势和安全风险、可能发生的泄密隐患和问题，强调警示教育的重要性、违规行为的严重危害性，针对机关、单位保密工作实际情况提出具体要求。

2. 结合本机关、单位保密工作实际开展警示教育。不仅要以上级保密管理部门通报的诸如策反、窃密和泄密事件为内容开展警示教育，而且要把发生在身边的失泄密事件、严重违规行为、安全隐患和问题作为警示教育重要内容，甚至可以采取让违法违纪者现身说法的形式开展警示教育，以增强震撼、警示效应。

3. 重要警示教育活动应有专题讨论。在组织涉密人员参观重大泄密案例展览，或者集中通报系列重大泄密案例情况等活动以后，应当采取适当形式组织专门座谈讨论，或者以书面形式进行思想认识交流，结合实际，举一反三，强化警示教育效果。防止水过地皮湿，避免事过境迁、不留印象。

（三）做好集中教育培训

1. 培训内容安排要务实、丰富。集中培训的内容不仅要有利于解决保密管理中发现的普遍性实际问题，提高涉密人员的保密意识，丰富涉密人员的保密知识、保密技能，还需适当安排一些与保密工作有某种联系的、有利于开阔保密管理人员、涉密人员视野，丰富政治、经济、文化、科技等方面知识的培训课程。比如，有的保密干部培训班，培训内容不仅安排定密管理、涉密人员管理、网络安全防护、窃密反窃密斗争形势等，还邀请军事院校教授和外事工作专家，专题讲授我国面临的国际军事斗争和外交关系形势。这样的内容安排有利于增强参训人员的总体国家安全意识，很受大家欢迎。

2. 培训方式方法要灵活适用。根据具体条件和需要，可以办专题讲座、邀请有关专家授课、播放录像教育片、参加保密行政管理部门建设的保密管理实训平台培训，也可以借助有关保密学院的师资力量集中举办专题培训班。集中保密教育培训应该注重学员间、学员与授课专家间的交流，特别是关于保密专业技能的培训内容，应该安排适当课时，采取有效方式开展互动、训练。

3. 培训工作要有特点、有针对性。对于不同岗位、不同经历、不同成分的涉密人员，集中培训应当在内容、时间、方法等方面体现不同特点。比如，针对上岗前涉密人员的培训，应当注重保密意识培训和相关保密法律制度以及岗位涉密业务常识的学习。而且，由于岗前培训时间有限，培训对象大多缺乏保密基础知识，培训内容应当贴近实际、突出重点，培训方法应当通俗易懂、讲究实效。对于不同业务部门涉密人员的培训，应当体现部门涉密业务特点和涉密岗位职责。即使保密形势教育，也应当针对新上岗涉密人员与工作经历丰富的涉密人员、保密管理人员与一般涉密人员等不同对象，在讲授内容和方法上有所区别。这样，才能使保密教育培训内容更贴近实际，更具有针对性，更容易理解，收到良好培训效果。同时，注意培训工作的计划性、连续性，日积月累、持续进行。

（四）加强保密文化建设

1. 保密文化建设的含义。保密文化，广义指保密工作实践中创造、应用的保密物质技术和精神价值追求的总和。狭义指机关、单位在保密管理工作中形成的，对全体人员特别是涉密人员具有一定引导和影响力的保密理念、保密意识和保密行为规范等。保密文化建设在保密宣传教育中起着重要作用，二者既有联系又有区别。保密文化建设是像春雨"润物细无声"式的保密宣传教育。保密宣传教育，也可以理解为保密文化建设的一个重要抓手，起着保密文化建设推进器的作用。比如，保密意识、保密常识教育中确立的保密理念、思想认识和行为规范，有利于丰富、深化保密文化内涵。而通过深入、广泛的保密工作实践活动，形成的保密文化氛围，又产生潜移默化的保密宣传教育效应。

2. 保密文化建设的形式和重点。加强保密文化建设，要防止简单化，不能仅仅将保密文化建设理解为在机关、单位粘贴宣传画、设置电脑屏幕保护字幕。要充分认识保密文化建设方式方法的广泛性、包容性。公共场所、办公设施、个人手机和电脑等都可以成为保密文化建设的载体；培训讲座、举办展览、图书报刊、影视广播、网络和自媒体，甚至文艺演出等都能够成为保密文化建设的平台。加强保密文化建设，要防止功利主义倾向，避免追求一时的轰动效应，忽视长期积累和实效。要坚持不懈，虚功实做，久久为功。加强保密文化建设，要瞄准宣传落实保密法律制度，弘扬以国家安全和利益为重的奉献精神，增强政治意识、全局意识、忧患意识和保密意识，创新保密工作理念，普及保密科学技术常识。

3. 保密文化建设的特性主要有如下几点：

（1）共建性。保密文化建设首先是保密工作机构及其工作人员的职责，同时也是其他部门和人员特别是涉密业务部门和广大涉密人员的共同任务，需要多方面各尽其责、共同努力，互相监督、互相交流、互相促进。

（2）渗透性。保密文化建设相对于保密法律制度贯彻落实来说，一般难有立竿见影之功效，而是在循序渐进、持续渗透中发挥启发、引导和潜移默化作用。尽管保密文化也包括行为规范，但这类行为规范是指那种集体和个人共同守护、自觉遵守、相互影响性质的行为规范，其约束力也不像法律制度中行为规范具有的那种强制性。

（3）物质精神融合性。一方面，保密文化源于保密实践，又对保密实践产生直接影响。不能脱离保密工作实践空谈保密文化建设，也不能忙于具体保密工作而忽视保密文化建设。另一方面，保密文化中的物质因素与精神因素相互依存、相互影响、相互适应、相互融合，不可分割。必要的物资投入和基本建设，包括基础设施建设、装备的配备和高效运用，以及环境创建、氛围营造等，需要基于先进的理念、知识和技术，同时，又催生新的理念、知识和技术，从而形成两者相互适应、相互促进的良性循环。

（4）继承创新性。文化的形成和发展是一种长期积累。保密文化建设要继承、弘扬已经形成的优良保密文化，不断丰富保密文化内涵，使保密文化日益厚重、代代相传。现代科学技术发展日新月异，保密战线窃密反窃密斗争尖锐激烈，保密文化建设必须与之相适应。体现于保密理念、保密意识和保密行为规范的保密文化建设形式和内容，要根据新形势新需要，坚持改革、创新，不断提升，更好地服务于造就大批合格的涉密人员，服务于培养善于驾驭新形势、熟练应用新技术、具有更高综合素质的保密管理干部。

三、培训对象

机关、单位的保密教育培训，应该突出重点、全员覆盖。

（一）注重领导干部的保密教育培训

一般来说，机关、单位的领导干部不仅接触国家秘密多、密级高，而且许多领导干部担负着涉密业务管理、领导职责，应当按规定履行保密工作"一岗双责",即带头遵守保密法规制度的职责、依法履行分管业务中保密管理的职责。因此,加强领导干部的保密教育培训非常重要。

做好领导干部的保密教育培训,要确保时间、注重实效。应该说,大部分领导干部都重视平时的学习、充实、提高,而且参加各种会议、研讨学习的机会也较多。但是,按规定接受保密教育培训的时间却不一定都能够保证,特别是一些不直接分管涉密业务的领导干部,因为忙于日常工作等情况,往往难以保证有足够时间接受保密教育培训。从实际情况看,领导干部的保密教育培训除了上级机关组织进行外,还是应当以上级机关部署、要求,本机关、单位组织进行为主,形式可以多样化。比如,采取主要领导同志给全体党员、干部讲保密党课,举办一定范围领导干部参加的保密教育培训班,组织领导干部集中传达、学习党和国家有关保密工作的方针政策、会议精神,请领导干部带队开展保密检查,以及认真落实将保密教育列入机关党校、干部教育学院和有关业务培训班教学、培训内容的规定等,确保领导干部保密教育培训落到实处。

(二) 注重保密工作人员的保密教育培训

新形势下保密工作的显著特点是:涉密人员流动常态化、涉密业务信息化、涉密载体多样化、保密事项范围动态化、保密管理系统化。保密管理要适应涉密业务工作安全、便捷的需求,对保密工作人员的保密教育培训就必须追求综合素质的提升,培养更多讲政治、懂技术、会管理的复合型人才。

1. 注重保密方针政策和法规制度的学习。保密方针政策一般以重要会议文件、领导讲话和有关决定、通知等形式发布,内容包括党和国家关于保密工作总体形势的分析判断、目标任务和原则、策略,以及工作部署和要求等。其特点是涉及问题的普遍性、紧迫性、重要性和发布、实施的及时性，对保密工作具有及时指引和大力推进的重要意义。保密法律制度则是在实践中形成、依法制定的，具有相对稳定性和普遍适用性的保密工作规范，是进行保密管理、依法治密的遵循和依据。学好、吃透保密方针政策和保密法律制度，是保密管理人员的必修课，是开展保密管理工作的看家本领。只有正确理解保密方针政策，才能正确分析国家和机关、单位保密工作面临的形势和突出问题，把准保密工作方向，明确保密工作任务，更好地贯彻落实党和国家关于保密工作的总体部署；只有系统学好保密法律制度，领会立法精神和立法意图，才能及时发现、准确分析判断保密管理和涉密业务中存在的风险、隐患和问题，才能做到主动、及时采取必要的管控和应对措施，有效防范失泄密事件发生。

2. 注重信息技术知识的学习。学习掌握必要的信息技术知识是信息化条件下保密工作人员的必修课。如果说，在刚进入21世纪第一个十年时，机关、单位有的保密工作人员不系统学习、掌握信息技术知识，还能够应付一些日常保密管理工作的话，那么，在信息网络安全保密管理已经普遍成为各级机关、单位保密管理工作重点的情况下，如果保密工作人员对信息安全保密技术知识缺乏系统深入的学习研究，就不能对信息网络进行有效保密监督管理，在日常保密管理中就会感到很吃力，而且难以达到基本要求。随着信息化发展，信息网络安全保密管理任务日益繁重、复杂，保密工作人员的网络安全保密技术知识要不断丰富、深化。对于信息网络建设、运行、应用扩展、系统研发中的安全防护技术和网络基础设施、设备等相关的安全保密技术知识，都应有系统学习研究，才能适应工作需要。比如，在网络互联和跨网信息交换已经成为普遍需求，而相关的实施技术、方法、策略和设备种类繁多的情况下，面对特定的业务、特定的网络、特定的需求，究竟哪些技术、设备和策略、方法可以采用？如何使用才能确保涉密业务运行既便捷又安全保密？怎样才能优选最佳方案和恰当的技术设备？保密工作人员需要具备相应的技术知识储备，才能进行全面、主动、有效的信息化安全保密监督管理和指导。

3. 注重对涉密业务信息化及其安全保密需求的理解。在机关、单位推进信息化过程中，经常听到这样一句话，"不怕做不到，就怕想不到"。所谓"想不到"，就是指没想到机关、单位业务在信息化中的具体技术需求，没能很好地理解、把握怎样既安全保密又方便快捷地推进涉密业务信息化。推进涉密业务信息化，首先需要准确理解涉密业务基本内容及其运行程序和规律，并按照信息技术及其特点提出具体需求，从而将二者有机结合起来，追求安全和便捷的统一，促进业务内容、流程与信息技术的高度融合。在将涉密业务信息化具体需求与信息技术很好衔接、融合方面，保密工作人员应该也能够发挥独特的协调和促进作用。因为，保密监督管理的职责、任务和工作实践，要求保密工作人员比信息技术人员更多了解涉密业务基本情况、流转程序及安全保密防护需求；比涉密业务人员更加熟悉信息化及其安全保密防护技术和特点。所以，保密工作人员的业务学习和教育培训要注重涉密业务信息化及其安全保密需求的理解和把握。这既是加强信息化条件下涉密业务保密监督管理的需要，也是持续推进涉密业务信息化建设的需要。深入学习、了解涉密业务信息化及其安全保密需求，有利于保密工作人员在涉密业务信息化工作方案的编制、实施中，积极发挥协调、监督、促进作用，使涉密业务信息化和安全保密需求更加具体、合理，使实施方案更具有可操作性，更好地实现安全便捷的目标效果。

4. 注重保密管理综合能力的提高。在保密工作面临任务重、难度大、工作人员紧缺的情况下，保密工作人员教育培训更需要注重保密管理综合能力的提高。

（1）提高保密管理制度建设能力。建设规范性、指导性强，具有前瞻性和可操作性的保密管理制度体系，是保密工作规范化建设的必然需求和前提条件，也是保密工作机构及其工作人员的职责。提高保密工作人员建设保密制度的能力，包括各方面保密管理制度的规划、设计、起草等能力。应当把注重保密教育培训与长期的学习和实践相结合，需要掌握保密政策、法律制度规定及其精神，熟悉保密工作实际情况；需要创新理念，培养与时俱进的进取精神；需要不断提高综合分析能力，以及相应的文字、语言表达水平。

（2）提高保密监督检查能力。保密监督检查包括日常保密监督检查和定期开展集中保密检查。随着保密自查自评工作要求每年定期进行，机关、单位集中保密监督检查要做到常态化、标准化、规范化。保密工作人员教育培训应当把提高集中保密检查能力作为重要内容。保密工作人员需要不断提高组织开展集中保密监督检查能力，包括组织安排自查自评工作能力、法规制度掌握应用能力、保密风险分析评估和管控能力、安全隐患鉴别和排除能力、保密检查技术设备使用能力等，以确保集中保密检查做到及时部署、精心组织，认真自查、严格抽查；确保保密检查突出重点、全面覆盖，举一反三、认真整改；确保违规行为得到及时发现、及时纠正、严肃查处。

（3）提高沟通协调能力。保密工作人员以较低的职级，保密工作机构以较低的规格，要对机关、单位所有涉密业务部门、涉密岗位、工作环节和无论职位高低的所有涉密人员进行保密监督管理。日常工作中，任务的完成和问题的解决，方方面面，不能单凭简单命令和要求，还需要沟通和协调。有的是涉及认识、理念方面问题。比如，有的部门和涉密人员对有关保密规定理解不准确、贯彻不到位，需要沟通协调；又如，有的部门和涉密人员对有关保密风险、隐患不敏感，对应该采取的管控、防范措施不认同不接受，需要沟通协调。有的是关系部门、个人切身利益方面的问题。比如，有的部门和涉密人员对于本部门发生的违规行为，试图大事化小、小事化了。由于立场不同、看法有异，要依法妥善处理、争取最佳效果，也需要沟通协调。善于沟通协调是保密工作人员必备的基本功和有效工作方法。沟通协调能力同时作为一种管理能力和领导能力，虽然不能只靠保密教育培训来提高，却有必要作为重要内容列入保密工作人员保密教育培训计划，长期坚持。沟通协调应当注意以下四点：

一是沟通协调应当坚持原则。在涉及国家安全和利益的重大问题上，在涉及法律制度贯彻落实的原则是非上，绝不让步。坚持原则就是要坚持理想信念，绝不拿国家安全和利益做交易；坚持原则就是要胸怀宽广、意志坚定，不因为被一时的误解、怨恨，甚至妒忌、污蔑而泄气、畏惧、退却。

二是沟通协调需要构建交流平台。保密管理工作更多是"治未病"的防范性工作，经常会遇到违规行为尚未造成损害或者后果尚未完全显现的情形。面对隐蔽的危险和潜在的祸患，以及与管理对象角度不相同、认识不一致的局面，需要建立有效的沟通平台，通过耐心细致的工作，动之以情、晓之以理，将双方的思路、方向和注意力调试到重在预防泄密与维护国家安全和利益的同一"频道"上，才能有效沟通，达成正确、统一的认识。

三是沟通协调需要谦虚平等、坚持不懈。无论是对于提高认识和保密意识等方面的沟通，还是对于像纠正违规行为、排除安全隐患等方面的沟通，保密工作人员都需要保持谦虚、平等的态度，防止居高临下、盛气凌人。沟通协调的过程既是解决实际问题的过程，也是进行保密宣传教育的过程。要善于使用有效方式方法进行宣传引导，忌讳一味灌输、说教。保密工作人员不仅要具备沟通协调的知识、能力和方法，还应当具有自信和耐心，以坚持不懈的努力和点滴的积累，追求遵守保密法律制度在涉密人员队伍中入脑入心。

四是沟通协调要从实际出发、积极冷静。对于一些在讨论中一时意见分歧的工作方案、制度、措施等，不可一厢情愿，简单决策、强行实施，要通过沟通协调尽量达成一致或者形成主流意见。在面对重大复杂、很棘手的问题，心急又难以决断的情况下，恰好出现个别与自己相同的意见并建议当机立断的情形，这时，务必冷静、三思，不可头脑发热、主观武断，否则，可能会因考虑不周或者条件不成熟，产生较大的负面效应。有人说，睡眠不好时不决策、不良情绪没有排除时不决策，是有道理的。办法总比问题多，只是一些问题的解决需要冷静、开拓思路，才能想出上策，采取更好的办法和措施。有些问题的解决则需要等待机会、创造条件。

需要注意的是，对保密工作人员的教育培训，应当从广义的内涵去理解、去实施。除了专业性的集中保密教育培训，特别要注重实践中的保密教育培训、锻炼提高，把平时有针对性的重点、定点培养和集中保密教育培训相结合，包括委以重任，派到相关部门、岗位挂职、轮岗，还要重视自身的理论、实践学习和自我修炼。

（三）注重重要涉密岗位人员的保密教育培训

重要涉密岗位人员主要指保密要害部门、部位涉密人员，或者是确定为核心、重要等级的涉密人员，重大涉密案件、事项承办人员，涉密信息网络重要设施、设备管理和运维人员等。对这些涉密人员的保密教育培训要注重以下两点。

一是保密教育培训要常态化、制度化、规范化。重要涉密岗位涉密人员由于接触、知悉涉密信息机会多、数量大、密级高，保密教育培训应当定期常态化进行，不能局限于一般涉密人员接受保密教育培训的内容、时间和方式要求。保密工作机构和涉密业务主管部门应当制定保密教育培训计划，按照保密法律制度规定和实际需要，对保密教育培训内容、方式方法和期限等作出明确具体规划，把保密教育培训任务、责任明确落实到部门、岗位，并将保密教育培训情况列入绩效考核，认真监督落实。

二是保密教育培训要针对性强。重要涉密岗位的涉密人员大多是直接承担重要涉密业务的人员，保密教育培训应当结合相关涉密业务实际情况进行。保密教育培训内容要联系业务工作实际，体现涉密业务的专业性质，符合岗位特点和保密需求，真正教授急需、实用的保密知识、行为规范和安全保密防护策略、技能。保密教育培训方式方法要适应培训对象，讲究实效。比如，保密形势教育、保密警示教育的内容和形式，要适应教育培训对象的需要和特点，力求愿意听、听得进，听得懂、有收获。又如，保密法律制度教育培训的内容、方法，要联系实际，尽量采取以案说法、举例释义的形式，确保真正收到全面准确理解、吃透立法意图和立法精神的实效。

（四）注重保密教育培训全覆盖

保密教育培训应当覆盖机关、单位的所有公务人员，包括在编、不在编的涉密人员和非涉密人员。《保密法》虽然没有明确规定非涉密人员应当接受保密教育培训，但是，规定了每个公民都有保守国家秘密的义务。机关、单位的非涉密人员接受保密教育培训是遵守保密法律制度、履行保守国家秘密义务的需要。机关、单位的非涉密人员虽然不在涉密岗位工作，却有间接和直接接触涉密人员、涉密岗位甚至国家秘密的机会和条件。首先，按照有关保密规定，只将在一定时间内接触一定数量涉密信息的人员定为涉密人员，对于这些知悉涉密信息较少，但没有定为涉密人员的工作人员，应当加强保密管理和保密宣传教育。其次，在信息化条件下，信息网络广泛应用，信息传播范围、方式发生重大改变，办公信息在内部网络存储、处理，机关、单位的非涉密人员直接或间接接触国家秘密的机会随时随处可有，泄密风险增加，这也使非涉密人员接受保密教育非常必要。机关、单位非涉密人员接受保密教育的必要性还有，实践中不乏机关、单位的非涉密人员泄密的案例，甚至有的非涉密人员被境外情报机构策反，充当间谍。比如，有的非涉密人员偶然接触涉密信息后，因缺乏保密常识，擅自将涉密文件的秘密标志删除、遮盖后在公共网络传输、存储。又如，在某涉密单位宾馆工作的一名服务员，不懂保密规定，缺乏保密意识，轻易被境外情报机构策反，利用为涉密会议服务的机会窃取涉密文件，出卖给境外情报机构，给国家安全和利益造成严重损害。这方面的案例不少、教训深刻。

第三节 涉密人员日常保密管理的几个问题

关于涉密人员日常保密管理的内容，很难有一个绝对清晰的界限，一般是指那些比较常态化的保密管理工作。这里只讨论其中四个方面的问题。

一、日常保密管理重在培养遵纪守法的自觉性

自觉性是成就任何事业的基本素质和必要条件。涉密人员日常保密管理的关键或者说出发点和落脚点，应当是增强遵纪守法的自觉性。涉密人员遵纪守法自觉性的培养、提高，应当来自三个方面：一是强化保密教育培训，增强理想信念；二是个人在实践中的修炼；三是通

过建立完善和落实保密法规制度进行规范。关于保密教育培训，在上一节已经讨论，这里主要讨论后两个方面内容。

（一）遵纪守法的自觉性需在实践中修炼

这里，讲个真实故事来说明问题。20世纪80年代中期，笔者在某中央国家机关工作，一天值夜班，给机关主要负责同志送机要文件。当时，秘书办公室没人，碰巧该负责同志走过来。他问："你是，送文件？""是，秘书不在。""给我吧。"他说着，接过文件包，走进秘书办公室，打开密封，取出文件，在文件夹里的登记本上工工整整签上姓名和日期，再把文件夹装进包递过来，并说了声"谢谢"。回想起来，当时，只感到该同志很随和，身为党的高级干部，没有官架子。今天，在回忆、分享这个故事的时候，更令人关注的，却是该同志作为单位最高领导，身体力行、认真落实机要文件交接应当登记签字的保密管理规定，为机要保密工作者作出的表率。这样的工作作风绝不是一蹴而就或自然形成的。

据笔者了解，该负责同志在西北从事野外工作时，不畏艰难困苦、勤奋努力工作、严格要求自己、坚持刻苦学习。比如，在单调、艰苦的野外调查工作中，每到夜晚，当同事们在帐篷里围着油灯打牌时，他总是坐在一旁整理调查笔记或者看书学习；在因行程艰苦、工作劳累导致身体极度疲乏，甚至身患疾病的情况下，他仍然坚持工作和学习，并坚定地表示，只要一天不倒、一息尚存，就要为人民工作一天。就是这样，他抱着为人民多做贡献的崇高志向和事业心，默默奉献着自己的青春年华，也正是长期的锻炼和自我修养，促使他坚定了理想信念，养成了勤奋刻苦、严格自律的工作作风。

我国保密战线涌现的千千万万优秀保密工作者，他们严格自律、遵纪守法的自觉性，都是在长期的实践锻炼和自我修养中培养形成的。

（二）培养遵纪守法的自觉性需要制度规范

无论任何行业任何群体，遵纪守法的自觉性和较强自律能力的形成，都离不开法律制度的规范。就拿汽车不礼让行人过人行横道来说，几年以前，在国内许多城市中还比较普遍，尽管被社会大众所诟病，却长期得不到有效改善。还有的人一边指责、埋怨他人不礼让，一边自己开车却不礼让。但是，随着各大城市有关交通法规的建立完善和监督管理的规范化，情况很快明显好转。这个问题的有效解决，固然需要相应的科学技术支撑，比如，利用信息技术监控取证等，但是，规范化管理即法律制度的健全和严肃执行至关重要。涉密人员遵纪守法自觉性的培养、形成也离不开规范化管理。比如，经过多年严肃查处和采用多种监管措施，在互联网存储、处理标密信息的违规行为比以前少多了。

实践中，许多机关、单位及其涉密人员，多年如一日，能够严格遵守保密法律制度，高标准完成担负的涉密工作任务，确保国家秘密安全，与机关、单位积极推进保密制度体系建设，高度重视保密法律制度落实和持续加强日常保密监督管理密不可分，也与广大涉密人员培养、形成了自强自律，自觉遵守保密法律制度的优良品格密不可分。

二、加强涉密人员出境保密管理

涉密人员无论因私还是因公出境，都应当加强保密监督管理。

（一）重视涉密人员因公出境保密管理

在日常工作中，机关、单位一般更多强调加强涉密人员因私出境保密监督管理，对于涉密人员因公出境保密监督管理相对强调较少，大概是因为因公出境有严格的审批程序和专门的组织、管理部门。实际上，因公出境，尤其是个人因公出境学习、交流等，有时并不比因私出境面临的泄密风险小，甚至可能因为出境任务的敏感和人员身份、活动容易引起情报机构注意，泄密和遭遇策反的风险会更大，需高度警惕。比如，某涉密科研单位一重要涉密项目技术负责人，在出国考察交流期间，因麻痹大意，被境外间谍机构跟踪、引诱上钩。虽未泄露国家秘密，但因违反纪律受到组织处分。即使涉密人员因公随团出境，也应当加强保密监督管理，因为在住宿、对外交流等情况下，难免有许多独处的机会和场所，加上有的出境活动内容多、时间长、接触对象分散等因素，稍有疏忽就会给境外间谍和情报机构以可乘之机。

对于特别重要涉密人员因公出境的保密监督管理，应当包括必要的人身安全保护和防策反，防窃密、泄密。不仅知悉的涉密信息要严格保密，个人涉密身份、敏感信息也应当按规定保密。今天，在我国综合国力和国际地位大大增强的情况下，国外敌对势力一般不会也不敢对我重要涉密人员采取暗杀手段，更多的是策反、窃密。但是，防范之心和必要的保护措施不可缺少。当今的策反、窃密几乎无处不在，技术、手段花样翻新，防范、保护措施应当及时跟进。无论是核心、重要涉密人员，还是一般涉密人员，因公出境期间的保密监督管理都不可忽视。要按规定进行保密监督管理，包括保密审查、保密教育提醒，采取相应的安全保密防护措施，不能以为因公出境就想当然的相对安全。

（二）涉密人员因私出境保密管理中的两个问题

1. 准确贯彻执行《保密法》第四十五条规定。《保密法》第四十五条规定："涉密人员出境应当经有关部门批准，有关机关认为涉密人员出境将对国家安全造成危害或者对国家利益造成重大损失的，不得批准出境。"这项规定比较原则，在执行中，要切实做到准确把握"涉密人员出境将对国家安全造成危害或者对国家利益造成重大损失的"，尚需具体情况具体分析、对待。建议慎重做好以下几方面工作。

一是对于改变涉密等级的申请须慎重处理。对于申请将自己的涉密等级由高密级降为低密级，以达到符合因私出境条件的情况，应当严格审查，根据实际情况依法审批，确实不符合降低涉密等级规定的，不予批准。

二是有关主管部门应当勇于负责。涉密业务主管部门，对于申请因私出境的涉密人员及其涉密程度应有具体、直接的了解，要认真负责，切实履行保密工作一线的保密审查职责，慎重提出意见建议。按照《保密法实施条例》第五十二条规定，保密工作机构要发挥熟悉保密法律制度规定，掌握机关、单位保密工作总体情况，以及比较了解保密工作形势、风险的优势，切实履行保密监督管理职责；组织人事部门应当从人事管理的角度，对因私出境涉密人员进行综合审查。既不能随意提出限制因私出境的意见，也不能有欠担当、怕得罪人的思想行为，防止不加区别地一概同意通过。

三是要特殊情况特殊处理。对于确有特殊实际情况需要因私出境的特别重要岗位涉密人员，可以研究采取比较稳妥的变通办法。比如，视情况在不违反法律规定原则精神的前提下，或者请示有关主管部门同意后，允许其因私出境，但应当根据具体情况，采取由单位同意或指派的亲友或相关人员陪同、限定活动范围和行动路线、限制接触人员和出境时间等措施。对于一些特殊涉密岗位的重要涉密人员和一般涉密人员因私出境，必要时也应当采取相应的安全防护措施，不能局限于一般的保密提醒谈话和保密承诺措施。

四是对于涉密等级较低的人员必要时也应限制因私出境。对于一些当时确实不宜因私出境的重要涉密人员，甚至有的一般涉密人员，应当视情况延迟或暂不批准因私出境。比如，因接触、知悉某个特殊国家秘密事项，或者因个人思想、工作表现不好等，不宜因私出境的重要或一般等级的涉密人员，可以采取延期或暂不予以批准等限制措施，等经过一段脱密期后再予批准。

2. 提高涉密人员对因私出境面临泄密风险的认识。在国际政治斗争、综合国力竞争尖锐激烈的形势下，在信息化条件下，涉密人员因私出境很容易成为境外情报机构重点围猎策反的对象。作为涉密人员，又是单独身处境外，间谍、情报机构的围猎、跟踪可能随处都有，一旦被盯上，定然遭到死缠烂打、不择手段的策反。与此同时，泄密风险增加，在一些场合，言谈举止稍有不慎就会造成直接或者间接泄密。因此，机关、单位应当建立完善涉密人员出境保密管理制度，广泛开展深入持久的保密宣传教育和警示教育，进一步提高涉密人员保密意识，提高涉密人员对因私出境面临泄密风险的认识。保密工作机构要注意利用涉密人员因私出境保密提醒谈话的机会，加强保密宣传教育。对于那些在保密提醒谈话时心不在焉、敷衍应付，认为不带涉密文件、材料不必担心泄密的人员，要严肃提醒，认真讲解有关法律制度规定，分析面临的风险，务必使其有清醒的认识；对于那些对出境面临的被策反风险不以为然，对防策反的保密提醒和要求大大咧咧、满不在乎的人员，要严肃警告，充分阐明保密形势的严峻、复杂性，以及保密意识和敌情观念淡薄的严重危险性，务必使其从浑浑噩噩中清醒，回到现实中来，提高保密意识，树立敌情观念。

三、重视涉密人员复审

复审，是指对在岗涉密人员依法定期进行保密审查，是保密管理的重要内容，是防微杜渐，及时发现问题、隐患和预防泄密事件发生的重要举措。复审与初审即岗前审查一样要注重政治审查，但复审内容与初审有所不同。

(一) 复审要重视日常工作表现和思想行为状况

1. 复审与初审的关注点应该有所不同。按照保密法律制度规定，涉密人员复审内容与初审基本相同。但是，复审时，审查对象的情况以及机关、单位对审查对象的了解已经与初审时有以下不同：

一是复审对象已在本机关、单位涉密岗位工作至少一年或数年时间，具有实际的涉密工作履历，已经掌握一定程度的国家秘密，并且随时可能面临窃密者各种形式的跟踪、围猎、策反、拉拢、腐蚀等考验和泄密风险。

二是机关、单位对复审对象在日常工作、对外交往中是否存在不利于保守国家秘密的思想行为和不利于保密工作的疑点问题应该有一定实际了解；经过复审，对于复审对象是否适合继续在涉密岗位工作，应该能作出一个基本的判断。

因此，复审在全面审查的同时，应当明确加大对涉密人员在涉密岗位的工作表现和日常思想、行为的审查力度，务求及时发现存在的问题和隐患。要注重从工作表现和日常思想、行为方面审查涉密人员是否确实符合《保密法》规定的标准，即具有良好的政治素质和品行，具备胜任涉密岗位的工作能力和保密知识技能，能够严格遵守国家保密规定、承担应负的保密职责。对于那些工作消极，在一定时间段绩效考核不合格的；无故迟到早退或缺勤，年度达一定次数的；习惯性粗心大意，多次违规操作、工作失误的；思想颓废、自由散漫，社会交往不受必要约束的，以及有严重违规违纪行为的等，应当视情况及时采取相应措施，消除隐患，防止泄密事件发生。比如，涉密人员个人行为方面的弱点、缺点，像在男女关系方面自律性不强、行为不检点，贪图不义之财和荣华富贵，社会交往随意而为、良莠不分等，是涉密人员的大忌。一旦这些缺点比较突出，形成习惯、顽疾，往往会成为境外情报机构实施策反的突破口。因此，复审应该高度重视对涉密人员工作表现和日常思想、行为的审查。

2. 复审关于工作表现和思想行为的审查内容应该全面具体。人们总要受到各种复杂的社会环境和思想意识等因素的影响，自身的正、负能量总是在此消彼长，这种微妙变化的日积月累，由量变到质变，逐渐影响人的思想意识和行为，必然反映在工作表现、思想观点、政治主张和社会交往中。对于涉密人员来讲，正能量的积累有利于坚定理想信念，培养忠诚担当，关键时刻是有效应对策反、自觉防止泄密事件发生的重要思想保障。而负能量的积累如不能及时排除、化解，一旦养成不良习惯、积重难返，就会丧失保守国家秘密的警惕性、自觉性，甚至丧失理想信念，关键时刻缺乏应有的定力，容易滑向违纪、违法、犯罪的深渊。因此，复审对涉密人员的工作表现和思想行为的审查应当全面、具体，以利于及时发现问题和隐患，加强防范。

我们看美国关于涉密人员保密审查的内容。美国在《确定接触秘密信息资格的裁判原则》中，把涉密人员审查原则规定为13项：效忠美国、涉外因素、亲外倾向、性行为、个人表现、理财、酗酒、涉毒、精神错乱、犯罪行为、违反安全规定、涉外活动和不当使用信息技术系统的情况等。而且，在每项原则中又有具体审查内容，并规定了可能影响并导致丧失接触秘密信息资格的情形和可能减轻影响的情形。以"效忠美国"的原则为例，审查的具体内容是：被审查人是否确定无疑地效忠美国，如有理由对其效忠美国产生怀疑，则可能对其获得接触秘密信息资格产生影响。同时，对于可能影响并导致丧失接触秘密信息资格的情形，以及可能减轻影响的情形各规定了4种。比如，可能影响并导致丧失接触秘密信息资格的情形中的第1种情形为参与阴谋破坏、间谍、叛国、恐怖、煽动暴乱及其他以违宪手段颠覆美国政府或改变政府形式的活动;与此对应的可能减轻影响的情形中的第1种情形为没有意识到行为人或组织的非法目的,而在知道后,就停止与其联系。① 由此可见,美国对涉密人员的审查是比较全面、具体的,值得借鉴。

(二) 准确掌握涉密人员工作表现和思想行为状况

复审虽然是按规定定期进行,但是,要确保及时准确掌握涉密人员工作表现和思想行为状况,复审工作就必须与对涉密人员的日常保密监督管理相结合。这里包含两层意思:一是负责组织和参与复审的有关部门,平时应当注意掌握涉密人员的日常表现;二是负责组织复审的部门在平时和到期复审时,要注意及时、全面收集、了解、审查涉密人员的日常表现情况。按照《保密法实施条例》第五十条规定,机关、单位组织人事部门应当定期组织复审。为了及时准确掌握涉密人员工作表现和思想行为状况,应当明确涉密人员所属的业务主管部门参与复审的具体方式方法和程序、职责。因为,涉密人员工作表现和思想行为状况的微妙变化、渐进式发展,需要在实际工作、直接接触中具体观察、了解,不像婚姻状况、主要社会关系中的有关情况等,通过组织人事部门发函调就可以搞清楚。而涉密人员主管部门最贴近涉密人员,最应当也容易了解涉密人员的日常工作表现和思想行为状况。在复审中,保密工作机构还应当充分发挥通过日常保密监督管理对涉密人员思想行为和工作表现进行观察、了解的优势。

有关部门应在复审中各司其职、相互配合,充分发挥职能作用。组织人事部门结合日常人事管理和担负人事关系审查职责的优势,履

---

① 彭浩:《美国运用法律手段严防窃密泄密》,载《保密工作》2009年第7期。

行复审职责；保密工作机构结合日常保密检查、保密自查自评和复审需求，履行复审中的保密监督管理职责；涉密人员主管部门则负责对涉密人员的日常观察、了解，包括具体掌握思想政治、工作表现情况及其情绪、心态，业余时间社会活动等情况，将平时的积累和复审时掌握的情况一并向有关部门汇总、反馈。

需要注意的是，要具体明确复审的程序和启动、开展复审的部门、岗位、人员职责。保密工作机构要充分发挥在启动、开展复审工作中的保密监督管理作用，认真履行保密审核职责。要把定期复审与日常保密监督管理和每年的保密自查自评相结合；要制定复审具体的操作办法和规范，比如，制作一些通用的表格，列明审查事项和具体表现，可以起到规范和督促作用，也便于汇总情况、分析判断。还可以利用信息网络、数字技术等建设相关工作平台辅助开展复审。

（三）对复审发现的情况要准确判断和恰当处置

对复审结果的判断和处置，最重要最困难的就是准确确定不适宜继续从事涉密业务的人员并尽快将其调离涉密岗位，以及尽早发现泄密的蛛丝马迹，及时阻断泄密行为。复审既要防止草木皆兵、无中生有，看着哪里都是问题、谁都有嫌疑；又要防止粗枝大叶、得过且过，只认森林不见草木，使复审流于形式，失去了保密监督管理、防范泄密的作用。

1. 复审要重视细节，透过现象看本质。对一些看似与违规行为缺乏直接联系，但是表现异常的现象，应给予足够注意，要做深入、系统分析，力求找出相应的准确解释和答案，防止马马虎虎，轻易放过可疑点。国家安全机关曾侦破过一起某涉密科研单位技术人员泄露我国重要机密的间谍案。早在案件侦破前的较长时间里，有关部门已经怀疑泄密，可几经调查，没能破案。一次，该名技术人员的家人在菜市场买菜时，用了美元付款。卖菜者看着美元，觉得新鲜，回家就将有关情况告诉了儿子。巧的是，卖菜者的儿子就在国家安全机关工作，他凭借职业的敏感性，对这家人平时不出国却持有美元的异常现象产生了怀疑。此事进而引起国家安全机关高度重视，联系已经掌握的有关信息综合分析，终于找到突破口，一举破案。这里，安全机关工作人员表现出的高度敏锐性和准确、深刻的分析能力，对于做好涉密人员保密审查工作非常重要。

2. 复审要有前瞻性，注重防范泄密。复审要体现积极预防的方针。对于一些看似小节的问题和不良习惯、做法，要关注其发生的根源、表现特点和发展趋势。如果属于偶发性的、容易纠正的问题，要及时批评教育、循循善诱，帮助克服、纠正，防止养痈成患；如果属于长期形成的突出问题和难以改变的"顽疾"，就要当机立断，采取相应、有效的防控措施，该换岗的换岗，该调离的调离，该辞退的辞退。不能面对不合格的人员讲情面、看关系，心慈手软、得过且过，把保密监督管理只当作"贼走后关门"，等发现泄密事件才采取措施。复盘已经发现的许多泄密事件和出卖国家机密的间谍案，其实都能从当事人的日常表现中找到种种异常。或者平时工作态度不端正、自我约束力和法纪观念差；或者不求上进，日常工作绩效落后、社会交往随便，保密意识、责任意识淡薄；或者丧失理想信念，私心太重，因私欲得不到满足就对单位，甚至对国家、社会心怀不满并产生报复心理。而这些泄密事件和间谍案件所以最终发生，甚至有的较长时间没被发现，与有关单位保密审查不认真，或者对发现的问题、隐患和泄密苗头不重视，没有果断采取必要的预防性措施有关系。因此，复审应当从涉密人员法定条件及其综合素质的角度看问题，全面严格审查，对于不合格人员，及时作出不适合在涉密岗位工作的判断，根据具体情况，果断采取防范措施。

四、脱密期保密管理措施要有针对性

实践中,脱密期保密管理遇到的情况会比较复杂。要按照法律制度规定,明确有关单位、部门管理职责;要在涉密人员离岗离职前进行保密提醒谈话、签订保密承诺书、清退涉密载体和设备、取消涉密信息系统访问权限;要依法限制脱密期人员就业和服务范围;还要针对不同情形分别采取相应的保密管理措施,确保脱密期保密管理法律制度全面落实。以下就涉密人员离岗离职进入脱密期后,原机关、单位如何履行相应的保密监督管理职责作简要讨论。

(一)对于正常离职应当由新就业机关、单位负责脱密期管理人员的有关职责

对于正常离职后在其他国家机关和国有企事业单位及涉密资质单位就业的涉密人员,按规定,其脱密期保密管理应当由新就业的机关、单位负责。原机关、单位需发委托函并将涉密人员的有关情况和脱密期保密管理意见、建议告知受委托的机关、单位。但是,原机关、单位在办理脱密期管理委托手续后,如遇新的特殊情况,还需配合受委托机关、单位依法履行保密管理职责。比如,原机关、单位若发现涉密人员在离职前存在违反保密规定行为,或有其他损害、不利于国家秘密安全情形的,必要时应当按照保密规定及时函告受委托的机关、单位并提出意见建议。又如,当涉密人员因故向原机关、单位提出变更涉密等级申请时,原机关、单位应当要求其通过受委托机关、单位提出申请,并在接到申请后认真研究、慎重处理,非确属必要、不符合保密规定的不准予变更。必要时应先与受委托机关、单位沟通,听取意见,然后作出决定。

（二）对于正常离职后再就业、待业，应当由原机关、单位负责脱密期管理人员的有关职责

对于正常离职在国家机关和国有企事业单位及涉密资质单位以外的单位就业或者待业的涉密人员，其脱密期保密管理，按规定应当由原机关、单位负责，有关部门协助管理。原机关、单位应向其社保关系或者户籍所在地的公安机关、国家安全机关和人力资源保障等部门发送告知函，请其按规定共同协助管理。需要注意的是，随着人才交流市场化和就业压力日益增加，常常会有涉密人员离职后在脱密期内较长时间待业，或者专门复习准备考学、出国深造等情况。这类人员在脱密期内的较长时间，往往处于流动状态，没有稳定住所。而且，有的流动范围广、流动频率高。实际上，无论是这类待业人员，还是离职在国家机关和国有企事业单位及涉密资质单位以外单位就业的人员，其脱密期内都会处于既缺乏日常的保密监督管理约束，也少有贴近的保密环境和氛围影响的状态，即使出现违规行为也不容易被有关部门及时发现、感知。对于这类脱密期人员，原机关、单位应当切实履行脱密期保密管理职责。在按规定告知有关部门协助脱密期管理时，应具体介绍有关情况、提出意见建议，并确定专门机构、人员负责与本人及其就业单位或有关协助管理部门保持直接联系。可以采取线上线下定期回访，邀请其到原机关、单位参加一些活动，要求其定期报告有关情况等方式，进行保密监督管理。如遇因私出境等有关审批事项，要根据其涉密程度和本人基本情况，依法履行审批手续。如果在离职前机关、单位能够事先了解或预判到其在脱密期内会有待业等特殊情况，也可以采取提前转岗、停止接触涉密业务等办法，尽量使其度过脱密期后再办理离职手续，以便有效监督管理。

（三）对于非正常离岗离职人员的有关管理职责

对于因工作表现不好，或者有某种劣迹等特殊情况离岗离职的涉密人员，原机关、单位要特别注意严格履行脱密期保密管理职责。实践中，脱密期内一些严重泄密事件发生的原因，很大程度上与脱密期保密管理单位没能充分注意到泄密的风险和隐患，没有采取相应的管控、防范措施有关。对于平时工作不努力、思想消极，不能够严格遵守保密法规制度，组织观念、全局意识、责任意识比较差的脱密期人员，在依法进行普遍性脱密期保密管理的同时，要有个性化的严格保密管理措施。

属于离职再就业或待业，脱密期保密管理应当由原单位负责的，原单位要将本人存在的问题及具体情况函告其社保关系或者户籍所在地的公安机关、国家安全机关和人力资源保障等部门并提出意见建议，请其在共同协助管理中重点关注。同时，对于这部分人员以及在本单位非正常转岗人员的脱密期保密管理，原单位要采取更加严格的保密管理措施，包括：明确专门保密监督管理岗位和人员；因私出境保密审查审批要从严掌握，必要时限制或延期出境；脱密期内定期保密审查要严格进行，必要时缩短定期审查间隔时间；要切实了解日常工作表现和有关社会活动基本情况，严防发生意外安全保密事件。

属于离职在国家机关、国有企事业单位和涉密资质单位就业的，原机关、单位应当按规定将有关情况和存在的问题向受委托单位具体介绍，并根据其涉密程度和总体表现情况提出明确意见、建议。还可以采取向受委托单位定期回访等方法，了解脱密期有关情况。

对于非正常离职的涉密人员，离职前不能确定再就业单位属于国家机关、国有企事业单位和涉密资质单位的，应尽量先转岗到非涉密岗位工作，待脱密期届满后再办理离职手续。

本节讨论的涉密人员日常保密监督管理，还有其他更广泛的内容、环节。只要抓住涉密人员的日常思想建设和保密宣传教育培训，建立完善保密管理制度、强化责任落实、严格监督管理，久久为功，就会形成规范管理、自觉遵纪守法的良好氛围和局面。

第四节　进一步做好奖励和处罚工作

这里讨论的奖励和处罚，是指机关、单位对优秀、先进涉密人员的奖励，以及对尚不构成犯罪的违反保密法律制度行为的处分，包括党纪政纪处分、通报批评、扣发奖金等。下面就进一步做好保密管理中奖励、处罚工作进行探讨。

一、奖励、处罚工作是保密管理的重要内容

（一）做好奖励、处罚工作的重要性

1. 完善落实奖励、处罚制度是适应保密工作形势、任务的需要。保密工作关系国家安全和利益，是机关、单位的重要工作，在一些机关、单位业务工作中占有相当大比重。在国际竞争及窃密反窃密斗争日趋激烈的情况下，保密工作形势严峻、任务繁重、责任重大。应当进一步完善并积极开展涉密人员奖励活动，严肃查处违反保密法律制度的行为，通过奖励先进、处罚违规行为，激励、警示广大涉密人员始终保持高度的保密意识和责任意识，积极适应保密工作面临的形势和任务，努力为党和国家的保密事业贡献力量。

2. 从涉密人员队伍建设看完善落实奖励、处罚制度的重要性。定期组织开展涉密人员奖励活动，主要从精神层面对那些优秀、先进涉密人员给予奖励，可以促进形成、完善有效的激励机制，不断提升涉密人员工作积极性；及时查处违规行为，有利于维护法律制度令行禁止的权威，使涉密人员始终绷紧保守国家秘密这根弦。奖励、处罚都是为了促进建设一支政治可靠、思想过硬、作风优良、业务精湛，坚守岗位、默默奉献的涉密人员队伍，为国家秘密安全提供强有力的组织保障。

（二）对在日常保密工作中做出突出贡献的涉密人员进行奖励的必要性

或许有人认为，做好日常保密工作是涉密人员的本分、职责，不必特别表彰奖励。只有那些历经艰险，排除重大泄密隐患，确保重要国家秘密安全的英雄、典型事迹才值得表彰奖励。这种认识一旦蔓延，势必对正常开展涉密人员表彰奖励工作产生不利影响。其实，高标准做好日常保密工作，正是防止重大泄密隐患和泄密事件发生的重要保障。而对于那些在日常保密工作中默默奉献，做出显著成绩和重大贡献的涉密人员进行表彰奖励，同表彰奖励在突发重大涉密事件中涌现的英雄、模范典型事迹一样，对于激励广大涉密人员自觉遵守保密法纪，防止泄密事件发生都具有重要意义。因此，对于那些长期坚守在涉密岗位、默默奉献，为保守国家秘密、维护国家安全和利益做出突出贡献的涉密人员，应当按照有关规定给予表彰和奖励。

对在日常工作中做出突出贡献的涉密人员进行表彰奖励，还有一种担心是，可能会影响非涉密人员的工作积极性。会有这种担心，主要是对涉密岗位性质和涉密人员职责特殊性的认识存在片面性。认为涉密岗位与非涉密岗位、涉密人员与非涉密人员只不过是分工不同，没有注意到两种岗位工作性质、工作职责的差别，忽视了涉密岗位一旦违规可能会给国家安全和利益造成不可挽回的损害，而相应的对涉密人员违规行为的追责处罚，要比对非涉密岗位人员违规行为的处罚严厉得多。另外，涉密人员因为工作性质特点和需要，须严格执行保密法律制度，个人合法权益会受到不同程度的影响和限制。因此，《保密法》第四十三条特别规定："涉密人员的合法权益受法律保护。对因保密原因合法权益受到影响和限制的涉密人员，按照国家有关规定给予相应待遇或者补偿。"而表彰奖励也是一种补偿形式。

（三）公务员奖励与涉密人员奖励的关系

《公务员法》对公务员考核、奖励作出了明确规定。或许有人会说，作为公务员的涉密人员，可以按照《公务员法》以公务员身份参加考核、奖励，就不必再搞涉密人员奖励了。其实，不应当简单地用公务员奖励取代涉密人员奖励。因为作为公务员的涉密人员，是从事涉密业务、担负特殊任务的公务员。另外，还有非公务员身份的涉密人员。即使就公务员奖励来说，也有必要强调涉密人员的特殊工作性质和岗位特点，以有利于增强涉密人员的保密责任意识和荣誉感。按照《公务员法》第五十二条的规定，公务员应当奖励的情形有十种，其立法精神也是从工作实际出发，体现公务员奖励的多样性。而且，《保密法实施条例》第五十五条规定："机关、单位应当建立健全涉密人员权益保障制度，按照国家有关规定给予因履行保密义务导致合法权益受到影响和限制的人员相应待遇或者补偿。"可见，作为涉密人员的公务员，与其他公务员在工作职责、权益保障等方面有所不同，是担负着保密职责的公务员。因此，对于作为公务员的涉密人员奖励也应与其他公务员有所区别。

二、做好基础性保密工作，推动涉密人员奖惩制度落实

要进一步做好基础性保密工作，给现有奖励、处罚制度的贯彻落实打好基础、创造条件。

（一）进一步规范定密管理

进一步规范定密管理主要应做好两个方面的工作。一是及时修订保密事项范围规定，制定好保密事项一览表，准确确定、把握具体保密事项，确保日常定密工作做到精准化、最小化，防止随意定密和定密扩大化。二是加快完成对现存已定密事项的集中清理解密，并做好日常及时解密工作，防止该解密不解密。这样，涉密业务范围和保密工作的任务、内容才能进一步精准、明确，涉密人员的确定及其工作绩效考核才能更加方便，才能做到精准、规范，也才会有利于评选出真正优秀的涉密人员，更好地开展先进涉密人员评选表彰活动，也有利于准确判断违规行为及其造成的损害，并给予应有的处罚。

（二）进一步加强日常保密管理

进一步加强日常保密管理主要应做好三个方面的工作。一是依法严格控制国家秘密知悉范围，使国家秘密载体印制、发送范围和涉密信息知悉、传送范围在满足工作需要的情况下实现最小化。二是从实际出发，依法准确确定涉密岗位和涉密人员，防止涉密岗位、涉密人员确定扩大化。三是认真开展保密检查、保密审查等保密监督管理工作，积极开展保密工作调查研究，及时掌握涉密人员现状、岗位变化等综合情况，根据实际情况变化，随时调整涉密岗位和涉密人员。这样，才能做到在适应工作需要的前提下，确保涉密人员队伍精干、最

小化；才有利于在日常工作中及时、准确掌握涉密人员的工作业绩和违规行为等情况，有利于开展涉密人员奖励活动和对违规行为及时给予必要处罚。

（三）加强信息网络安全保密管理

加强信息网络安全保密管理包括建立信息网络建设、运行、使用、管理保密工作责任制，健全网络安全保密管理措施，完善线上涉密业务工作流程和操作规程，建立动态化网络安全保密监控和绩效考核机制等。这样，才能有利于在信息网络安全保密规范化管理中，精准量化涉密人员的工作绩效，及时发现违规行为，对涉密人员日常工作表现作出具体、准确的分析、判断，以利于涉密人员奖惩制度落实。

基础性保密工作做好做扎实了，保密监督管理的准确性就会显著提高，从而有利于贯彻、落实奖励处罚制度；有利于优秀先进事迹得到及时确定和奖励，以及违规行为及时被发现，并受到应有处罚。从而使涉密人员奖励活动凸显重要性、必要性，切实产生辐射性激励效应；使对违规行为的处罚措施更加及时、精准，充分发挥惩戒、警示作用。

三、完善奖惩法规制度机制

（一）有必要制定统一的涉密人员奖励法规制度

现行关于涉密人员奖励的规定都分散在相关法律法规中。有必要参照《公务员法》关于公务员奖励的规定，研究制定关于涉密人员奖励的专门法规，对涉密人员奖励工作作出系统、具体的规定，便于统一规范、实际操作。专门的涉密人员奖励法规，有必要明确评选保密工作优秀、先进个人和先进集体的具体标准、条件、比例、奖项种类和经费来源等。同时，建立完善表彰奖励工作授权法规制度。比如，明确组织开展奖励活动的主办单位、审批权限、工作程序，规定一定层级的机关、单位每4年或5年组织本机关、单位和所辖系统开展一次一定比例的保密工作优秀、先进个人和先进集体评选表彰活动等。

（二）完善涉密人员奖励处罚制度机制

1. 完善涉密人员奖励制度机制。机关、单位可以结合实际情况，落实《保密法实施条例》第五十五条关于"机关、单位应当建立健全涉密人员权益保障制度"的规定，根据有关法律法规规定，制定涉密人员表彰奖励办法，研究并建立完善在现有法律制度条件下，组织开展涉密人员表彰奖励活动的制度机制。在这个过程中，可以探讨、解决一些具体困难和问题。比如，国家机关涉密人员享受保密岗位津贴问题。因为实行公务员岗位津贴后，机关涉密人员岗位津贴发放受到影响。其实，每一种津贴都应是为不同岗位不同贡献者设立的。滥发津贴固然不对，但对于机关涉密人员岗位津贴，有必要进一步研究，具体情况具体对待。又如，如何更好地发挥物质奖励的激励作用问题。这方面主要是对企事业涉密单位而言。一是要防止一味依赖物质刺激、忽视精神奖励的现象。二是要充分发挥好物质奖励的激励作用。在制度设计上，要科学合理安排奖金和岗位津贴的额度、发放方式方法。既要避免奖励过高、过低产生的负面效应，也要避免发放保密津贴的考核标准过低，绩效考核简单、不认真，导致保密津贴实际上普遍发放，难以起到应有的激励作用。

2. 完善违反保密法律法规行为处罚制度机制。现行关于对违反保密法律法规行为追究责任的规定，主要体现在《保密法》《保密法实施条例》等保密法律法规中。其中，一些关于处罚的规定内容比较原则，在实际执行、操作中，感觉不够具体、细致。比如，《保密法》第五十七条规定的关于 13 种违法行为的罚则，有必要通过相关的法规制度形式，对尚不构成犯罪但应当给予处分或处理的不同违法情节、危害程度和相应处罚标准作出具体规定，进一步增强针对性和可操作性。

处罚规定不够具体可能容易带来两方面影响：一方面是对违规行为定性过高、处罚过重。这方面的主要原因，可能是执法者对违法者的某种恶意，或者对违法行为的片面认识，或对法律规定理解不准确。在此情况下，制度规定得不具体或者伸缩性比较大，就难以起到防止加重定性和错误处罚的精准制约作用。另一方面是对违规行为大事化小小事化了。这方面的原因，可能是执法者原则性不强或私心作怪，借制度规定不具体随意解释，拿原则做交易、拉关系、送人情。或者因为情面软、顾虑多，"下不了手"，故意曲解法律制度规定。当然，也会出现因对法律制度规定理解的偏差导致定性和处罚过轻，甚至该处罚不处罚的现象。因此，对关于违规行为的处罚的原则性规定，必要时应结合实际进一步细化。

（三）完善机关、单位绩效考核制度

机关、单位的绩效考核制度，有必要充分考虑涉密业务的成分和特点，以及涉密人员奖励和违反保密规定行为处罚工作的需要。在制度设计上，可以将日常涉密业务和非涉密业务分开进行绩效考核，并注意保持不同涉密岗位之间，以及涉密岗位与非涉密岗位之间考核分值分配和奖惩幅度总体平衡。有两个具体情形值得注意：一是应当避免不分具体岗位涉密业务量多少，将绩效考核标准和分值一样确定；二是应考虑到涉密岗位的高风险性，一旦发生威胁国家秘密安全的严重违规行为，即使尚未造成泄密的严重后果，也会对年度绩效考评中的评优评先、绩效奖金等产生"一票否决"的影响，甚至还可能受到进一步追责处罚。在修改完善机关、单位绩效考核制度时，要进一步丰富、细化考核内容，优化考核指标，平衡考核分值。比如，按照涉密业务性质、特点和要求设计绩效考核项目内容，按照涉密业务在整体业务中所占比重设计绩效考核分值比重，按照涉密业务的难度和面临的风险设计得分、扣分和处罚标准等，使不同业务量的涉密岗位之间、涉密岗位与非涉密岗位之间的绩效考核制度设计更加合理，促进奖励更加公平、处罚更加恰当。或者，在涉密业务为主的岗位，可以设计以涉密业务为主要内容的绩效考核制度，增加涉密业务绩效分值的比重，凸显绩效考核中涉密业务的特点，并以此作为绩效考核和评优评先的基础条件。

奖励和处罚是机关、单位保密管理的应有内容和法定职责。前者发挥激励引导作用，后者产生警示禁止效应。二者是保密管理的两个抓手，两手都要硬。奖励和处罚，又好比保密管理的两个车轮，应当双轮驱动、协调运行、齐头并进。重奖励轻处罚，势必导致保密法规制度和保密监督管理失去应有的规范和震慑作用；重处罚轻奖励，将会使保密管理缺少必要的激励和关怀，不利于提升广大涉密人员的工作积极性。只有奖励和处罚贴近实际，依法依规及时、公平、恰当，才有利于促进保密工作健康发展。

第五章

信息网络安全保密管理

本章讨论的信息网络（简称网络，也称信息系统，以下同）安全保密管理，包括机关、单位的涉密网、非涉密内部专网①和互联网接入系统的安全保密问题。

---

① 非涉密内部专网，也称非密内网，指一些机关、单位主要存储处理非涉及国家秘密的内部信息的办公网，在安全防护上，按规定实行等级保护，远程局域网间一般用专线互联。有的与互联网物理隔离，有的与互联网逻辑隔离，后者的性质与电子政务外网相同。

第一节　加强网络安全保密管理的重要性

一、网络安全关系国家安全和利益

（一）网络安全关乎全局

2014年4月15日，习近平总书记在中央国家安全委员会第一次会议上发表重要讲话，深刻阐述总体国家安全观，指出要构建集政治安全、国土安全、军事安全、经济安全、文化安全、社会安全、科技安全、信息安全、生态安全、资源安全、核安全等于一体的国家安全体系。[①] 2016年4月19日，习近平总书记在网络安全和信息化工作座谈会上发表重要讲话，明确指出："在信息时代，网络安全对国家安全牵一发而动全身，同许多其他方面的安全都有着密切关系。"[②] 习近平总书记的重要讲话，深刻阐明了信息网络安全的重要性、全局性。

当今世界，信息网络已经成为国家治理和社会生活须臾不能离开的平台，由于信息网络的广泛运用，信息网络安全远远超出了自身安全的范畴。在窃密反窃密斗争日趋激烈的形势下，信息网络成为敌对势力进行攻击破坏的重要领域和国际情报机构窃密的重要渠道。以战争空间变化为例，网络空间已经被公认为继陆地、海洋、空中、太空

[①] 习近平：《坚持总体国家安全观 走中国特色国家安全道路》，载《人民日报》2014年4月16日，第1版。

[②] 习近平：《在网络安全和信息化工作座谈会上的讲话》，载《人民日报》2016年4月26日，第2版。

之后的第五个作战领域。美国是世界上首个提出"网络战争"概念并试图将这种战争实战化的国家。2007年5月，美国空军组建第一个网络战司令部，现已经形成战斗力。2009年6月，美国正式建立网络战司令部，成为全球首个公开将战争机构引入互联网的国家。2010年启动后，该司令部开始统管全军网络安全和网络作战指挥。① 2020年，美海军网络司令部发布《2020年至2025年战略规划》，明确提出美国海军网络作战力量的发展目标。② 美国大力进行网络空间作战组织建设，意在增强网络作战力量，提高网络攻击、窃密和防御能力。在当下我国面临外部敌对势力全方位遏制、围堵和打压的形势下，无论是冷战还是热战，无论是政治、军事领域还是经济、科技和社会治理等领域，各种形态的网络战和网络窃密对我国国家安全的直接和潜在威胁怎么估计也不为过，信息网络安全的全局性、重要性日益凸显。

（二）安全保密是信息化发展的保障

2014年2月27日，习近平总书记在中央网络安全和信息化领导小组第一次会议上强调，"网络安全和信息化是一体之两翼、驱动之双轮，必须统一谋划、统一部署、统一推进、统一实施。做好网络安全和信息化工作，要处理好安全和发展的关系，做到协调一致、齐头并进，以安全保发展、以发展促安全"③。习近平总书记的重要讲话全面、深刻地阐明了网络安全和信息化发展的辩证关系，也为机关、单位信息网络安全保密工作指明了方向。

---

① 《美网络扩军何必找"中国借口"》，载人民网，http://finance.people.com.cn/n/2013/0320/c70846-20848139.html，最后访问日期2024年10月25日。

② 杨忠洁：《美国海军网络司令部发布战略规则》，载微信公众号"中国国防报"2020年8月26日。

③ 习近平：《总体布局统筹各方创新发展 努力把我国建设成为网络强国》，载《人民日报》2014年2月28日，第1版。

网络安全保密是信息化的"衍生品",也是伴随信息化发展的永恒问题。随着信息化迅速发展,网络安全保密问题日益凸显。对于机关、单位的信息化建设和运用来说,尤其要重视安全保密的保障作用。要以安全保密为前提,以方便快捷为目标,正确处理安全与便捷的关系、自主与开放的关系、可控与互联的关系、可信与交流的关系。安全保密是涉密信息网络的生命,涉密信息网络基础设施必须与安全保密系统同步规划、同步建设、同步运行。

二、无纸化办公和互联网普及的安全保密风险

随着互联网的普及和机关、单位信息网络的广泛运用,网上办公、无纸化办公迅速发展,网络安全保密风险随之增加。

(一) 内部办公网的安全保密风险

机关、单位内部办公网络(即涉密网和非涉密内部专网)存在的泄密风险需要高度重视。许多机关、单位的涉密网和非涉密内部专网,已经实现与本系统局域网纵向广域互联;一些有业务联系的机关、单位之间也已实现办公网络不同形式的城域横向互联。其中,相当一部分网络承载着机关、单位大部或几乎全部业务。而且,网上办公人员众多、成分复杂。如果安全防护和保密管理措施不能及时到位,无疑会增加网络窃密泄密的隐患。信息网络的安全风险和泄密后果的严重性不可低估。

(二) 基于互联网办公系统的安全保密风险

进入 21 世纪第三个十年,机关、单位利用互联网系统办公发展迅速。据统计,截至 2021 年 12 月,在线办公、在线医疗用户规模分别达 4.69 亿和 2.98 亿,同比分别增长 35.7% 和 38.7%,成为用户增长规模

最快的两类应用。① 随着信息技术蓬勃发展，许多网络人工智能技术逐步推广，各种办公办文系统、公务管理系统、便民服务系统、公文信息传输系统、视频会议系统等应用和服务平台层出不穷，在机关、单位内部，以及机关、单位与社会大众之间联通使用，一些应用系统嵌入内部网络，或者与内网发生各种联系，增加了网络泄密的风险。2020年年初，一些机关、单位工作人员在家线上办公，较短时间内，线上办公系统在机关、单位广泛使用。大范围仓促实施居家线上办公，如果相应的安全保密防护技术和管理措施不能及时跟进，势必增加网络泄密风险。还有，近年来，许多兼具社会交流和办公工具属性的"黑科技"日益受到广大上班族青睐，用来处理日常事务，但也增加了泄密风险。比如，可实现文件云端存储并在不同设备终端下载的"云助手"，如果涉密人员使用，就会增加违规存储涉密信息导致泄密的风险，还会增加被境外情报机构通过植入木马病毒窃密以及软件公司后台窃密的风险。又如，可以代替人工的笔杆子"AI写作"，只要输入具体需求，就能一键成文，增加了部分涉密人员使用时违规输入涉密信息导致泄密的风险。②

(三) 互联网广泛应用带来的安全保密风险

据中国互联网络信息中心发布的信息，"十三五"期间，我国网民规模从6.88亿增长到9.89亿，五年增长43.7%。③ 截至2022年6月，我国网民规模达10.51亿，较2021年12月新增网民1919万，互联网普及率达74.4%。国民人均每周上网时长为29.5个小时，使用手机上

---

① 《我国网民规模达10.32亿》，载中国政府网，https://www.gov.cn/xinwen/2022-02/25/content_ 5675643.htm，最后访问日期2024年9月2日。

② 《警惕！这些办公"黑科技"可能有失泄密风险！》，载微信公众号"国家安全部"2024年8月4日。

③ 《再创新高！中国网民9.89亿 城乡互联网普及率再缩小》，载中国青年网，http://news.youth.cn/jsxw/202102/t20210203_ 12694037.htm，最后访问日期2024年9月2日。

网的比例达99.6%。① 截至2023年12月，我国网民规模达10.92亿，较2022年12月新增网民2480万，互联网普及率达77.5%。② 据中国互联网信息中心（CNNIC）2025年1月17日发布的统计数据，我国网民规模从1997年的62万人增长至2024年的11.08亿人，互联网普及率升至78.6%。③ 互联网迅速普及和信息技术发展对保密工作不断提出新挑战，主要表现在：

一是窃密者利用网民与涉密人员的各种联系进行窃密，包括获取在互联网上违规发布、交流的涉密信息，通过网络监控、跟踪、监听窃密等。

二是涉密人员违规使用互联网泄密，包括在连接互联网的计算机和电子邮箱中存储、处理涉密信息。

三是窃密者通过互联网与涉密网、其他非涉密内部网络间各种形式的联系窃密，包括利用各种形式的违规外联、网络安全防护存在的漏洞等窃密。

由于工作的需要，许多涉密人员同时使用涉密网、非涉密内部办公专网和互联网，即使不直接使用涉密网的工作人员，在日常工作中也会与涉密网和涉密信息发生这样或那样的联系，这就增加了机关、单位工作人员通过互联网泄密的渠道和概率，也容易使境外情报机构和黑客实施网络攻击窃密有可乘之机。

总的来讲，互联网的广泛使用和机关、单位网上办公的普及，已使机关、单位保密工作的重点不得不转移到信息网络安全保密方面。

---

① 《我国网民规模达10.51亿》，载中国政府网，https：//www.gov.cn/xinwen/2022-08/31/content_ 5707605. htm，最后访问日期2024年9月2日。

② 《我国网民规模达10.92亿人》，载中国政府网，https：//www.gov.cn/yaowen/liebiao/202403/content_ 6940952. htm，最后访问日期2024年9月2日。

③ 《中国互联网络信息中心在京发布第55次〈中国互联网络发展状况统计报告〉》，载中国互联网络信息中心，https：//cnnic.cn/n4/2025/0117/c208-11228.html，最后访问日期2025年2月21日。

三、我国网络安全保密形势严峻

近年来，我国发生网络窃密泄密事件呈持续上升趋势，网络窃密泄密形式、手段和渠道广泛、多样。一是个别涉密人员通过网络主动与境外情报机构勾连，经互联网出卖国家机密，或者从内部网络下载秘密文件或情报发送给境外情报机构。二是涉密人员违规在连接互联网的计算机和其他公共网络上存储、处理涉密文件、资料导致泄密。三是政府网站和社会网站违规登载涉密文件和敏感信息导致泄密。四是国内重要在线学术数据库违规存储部分涉密论文和敏感资料供有偿查阅等导致泄密。五是境外间谍、情报机构有组织有重点的网络攻击窃密，比如，通过攻击机关、单位的电子邮件服务器和个人邮箱，窃取违规存储的涉密和内部文件资料，以及入侵内部网络窃密。

随着国际竞争、斗争日益尖锐复杂，网络攻击窃密成为我国网络安全的严重威胁。2022年6月22日，以研发先进航空、航天、航海技术著称的中国西北工业大学发布公开声明表示，遭到境外网络攻击，并已向公安机关报案。2022年9月，国家计算机病毒应急处理中心和360公司组成的联合调查组发布的相关调查报告表明，上述攻击活动源自美国国家安全局的特定入侵行动办公室。2023年7月26日，湖北省武汉市应急管理局发表声明表示，武汉地震监测中心的部分地震速报数据前端台站采集点网络设备遭到境外组织发动的网络攻击。中方联合调查组对现场提取的木马样本的初步分析表明，攻击者也来自美国政府机构支持的黑客组织。① 2022年3月2日，360公司发布《网络战序幕：美国国安局NSA（APT-C-40）对全球发起长达十余年无差别攻

---

① 《中方发布"伏特台风"真相后，美涉事公司悄悄修改报告》，载光明网，https://world.gmw.cn/2024-07/08/content_37427843.htm，最后访问日期2024年9月2日。

击》的报告，披露 NSA 利用网络武器对包括中国在内的全球 47 个国家和地区 403 个目标开展网络攻击。对此，外交部发言人称，美国对中国进行了大规模、长时间、系统性的网络攻击，严重危害中国关键基础设施安全、海量个人数据安全以及商业和技术秘密。[①] 据来自国家互联网应急中心（CNCERT）的数据显示，仅 2021 年上半年，CNCERT 就捕获了约 2307 万个恶意样本，日均传播达 582 万余次，涉及恶意程序家族约 20.8 万个。其中，境外来源主要为美国、印度、日本等国家，约 1.2 万个境外 IPv6 地址控制了我国境内约 2.3 万台 IPv6 地址主机。到 2021 年第四季度，CNCERT 监测发现，向我国网络发起 DDoS 攻击的活跃控制端有 549 个，其中 95% 以上为境外控制端，美国、荷兰和德国为排名前三的境外来源。[②]

根据日益严峻的网络攻击窃密形势分析，已经发现的网络攻击窃密行为，很可能只是冰山一角。

第二节　构建网络安全保密防护体系

一、主要的网络安全风险和隐患

网络安全是一个复杂、动态的系统工程。人们通常把网络安全分

[①] 《外交部发言人关于中国 360 公司发布美国国安局（APT-C-40）进行网络攻击报告的答问（2022-3-3）》，载外交部，https://www.fmprc.gov.cn/web/wjb_673085/zzjg_673183/jks_674633/jksxwlb_674635/202203/t20220315_10651921.shtml，最后访问日期 2025 年 3 月 25 日。

[②] 红心火龙果：《警方通报西北工业大学遭境外黑客攻击，敲响网络安全警钟》，载微信公众号"保密观"2022 年 7 月 4 日。

为三个层次：物理层、网络层、应用层。有的把网络安全框架分为三个层面：网络应用层各项业务的信息安全、网络核心设备和终端的核心技术安全、网络主权的安全。这些不同层次、层面的安全问题，不仅是针对互联网安全讲的，机关、单位的信息网络同样面临这些安全问题。下面就从三个层面对机关、单位的信息网络主要安全保密风险和隐患作简要分析。

（一）网络应用层各项业务的信息安全

1. 主要安全风险和隐患。一般来讲，网络应用层各项业务的信息安全等级是比较低的。就机关、单位的内部网络而言，应用层信息安全等级较低的重要原因，是应用层能够采取的有限安全防护技术措施与业务应用的互通、共享、便捷等刚性需求之间存在冲突。网络应用层信息安全风险和隐患主要来自以下几个方面：

一是网络互联和跨网信息交换以及内部业务应用的开放性需求，增加了网络应用层信息安全防护的难度，也使涉密信息密码加密、安全隔离等安全防护技术的应用受到不同程度制约，致使许多情况下信息明文传输、存储，安全保密防护力度不够，容易被攻击和非法访问者窃取。

二是信息安全保密技术发展与迅速增加的应用层安全保密需求不相适应，以及受用户对应用系统软件设计所提需求不明确、不具体，或者技术部门安全保密理念滞后等因素影响，应用层协议设计不尽合理，应用软件开发、运行中安全防护技术存在脆弱性等问题，导致应用层安全风险防控力弱化，安全漏洞显现。

三是访问控制、入侵检测、防杀病毒等安全防护系统的技术措施相对薄弱，使黑客攻击、非法访问、病毒入侵等行为容易得逞。

四是数据完整性的安全保护措施不到位、力度不够、系统性不强等，会使数据灾难防范、控制和恢复能力弱，数据遭破坏、被篡改等风险增加。

五是内部管理存在的漏洞使网络应用层安全风险不能有效管控。比如，身份认证简单和用户名、密码管理不规范，系统升级、漏洞修补不及时，用户终端安全保密管理不到位等，都会增加信息泄露和非授权访问的风险、隐患。

2. 牢固树立主动防范应用层安全隐患的理念。

（1）提高主动防范安全隐患的保密意识。增强忧患意识和保密意识，必须明白境外黑客进行网络攻击窃密的手段，进而认清网络安全面临的风险。比如，常见的网络攻击入侵手段：一是钓鱼邮件攻击，通过发送电子邮件的方式，诱使对方回复，或点击邮件中的链接或下载并运行邮件附件，进而攻入目标电脑。二是鱼叉邮件攻击，黑客攻击前，通过情报搜集，掌握目标的业务领域，伪装成其业务往来对象并发送邮件，诱导目标下载、打开附件，从而入侵对方电脑。三是水坑攻击，即在目标的必经之路设置一个"水坑（陷阱）"，常见的做法是，黑客通过分析攻击目标的上网规律，先将其经常使用的网站"攻破"并植入攻击代码，一旦目标访问该网站就会"中招"。四是供应链攻击，黑客在软件供应链的开发、交付、使用等环节中设下"埋伏"，如修改源代码并植入木马程序、影响编译环境间接攻击软件产品等，以便在目标使用软件时达到远程控制终端的目的。[①] 实践中，许多黑客攻击入侵能够得逞，主要是网络安全工作者和用户忽视安全风险和隐患，导致网络应用层安全防护不到位。

（2）提高对敏感信息及时定密、定性重要性的认识。对于内部敏感信息及时、准确定密、定性，也是做好应用层安全保密防护的前提

[①] 红心火龙果：《警方通报西北工业大学遭境外黑客攻击，敲响网络安全警钟》，载微信公众号"保密观"2022年7月4日。

条件。比如，数据库已经或将要存储大量的数据，尽管对这些数据分隔地看、孤立地看，可能没有多大的敏感性，但是，系统地看，综合地看，许多数据可能会敏感，有的可能高度敏感。因此，有必要对这些数据进行综合分析，根据其敏感性依法确定为国家秘密、工作秘密或商业秘密，以便在应用层采取相应的安全保密防护措施。否则，由于应用层安全防护不力，致使海量数据汇聚，处于一种灰色地带，势必会面临黑客和国外情报机构集中攻击窃取的风险。对于内部敏感信息及大数据的及时定密、定性，也有利于网络应用管理的规范化，确保为不同访问权限的用户及时准确提供相应敏感度和必要知悉范围的数据信息，从而增强应用层的安全保密管理。

(3) 注重网络总体规划设计中应用层的安全防护。机关、单位的信息网络，从规划建设到运行全过程，都要针对应用层面临的风险和可能存在的隐患，做好统一的安全设计和部署，实行系统性主动防范策略，加强应用层信息安全防护。比如，主要业务系统要根据所运行、处理的信息准确定性、定密，有针对性地分别采取相应安全保密防护措施，包括实施必要的密码加密技术和其他相应的安全隔离防护策略，以及安全监控、预警、应急技术、管理措施等。

(二) 网络核心设备和终端核心技术安全

1. 长期以来面临的"缺芯少魂"问题。我国信息网络核心设备和终端安全的突出问题就是通常说的"缺芯少魂"。早在 1999 年，时任科技部部长就说过，中国信息产业缺芯少魂。其中的"芯"指的是芯片，"魂"指的是操作系统。[①]"缺芯少魂"关系到 CPU 核心芯片的安全、OS 操作系统的安全和数据库的安全。进入 21 世纪第三个十年，我

---

① 《国产操作系统往事》，载新京报，https://www.bjnews.com.cn/detail/156582662514273.html，最后访问日期 2024 年 9 月 10 日。

国信息网络核心设备和终端"缺芯少魂"的局面仍未完全、根本改变。核心技术如果不能牢牢掌握在自己手里,受制于人,至少会遇到两方面问题:一方面,容易在供应链上被"卡脖子"、断供。在特殊重要领域,供应链问题不仅是单纯的企业经营、技术问题,也是涉及国家经济、科技发展战略的重大问题。另一方面,供货或提供服务方利用掌握的核心技术进行窃密,威胁国家安全和利益。对于信息网络重要设备和终端核心技术受制于人带来的安全风险和隐患的严重性,人们越来越有清醒、深刻的认识。西方一些发达国家,以保护国家安全为借口,阻止我国的 5G 技术进入本国市场,除了恶意的经济、科技竞争以外,多少也有安全防范的用意。因为,某些国家自己惯于利用掌握的高端技术、设备进行窃密,所以,就以小人之心度君子之腹。

2. 从实际出发积极应对。在世界经济一体化的现实条件下,任何技术设备都靠自己研发、制造显然行不通,也不必要。关键是切实做好重要涉密领域必要的安全防范。

(1) 抓紧研发核心技术设备。紧要的是填补重要领域的关键技术空白,解决技术空缺和技不如人的问题。2016 年 4 月 19 日,习近平总书记在网络安全和信息化工作座谈会上发表重要讲话,强调"核心技术受制于人是我们最大的隐患",并对加紧突破核心技术这个难题提出明确要求,强调要从三个方面把握核心技术:一是基础技术、通用技术,二是非对称技术、"杀手锏"技术,三是前沿技术、颠覆性技术。[①]《中华人民共和国国民经济和社会发展第十四个五年规划和 2035 年远景目标纲要》已经做出总体部署,国家正在实施科技攻关。经过多年努力,我国在信息技术国产化软硬件研发方面已经取得可喜的成绩。机关、单位的信息化建设,在提供应用需求和加强市场化引导等方面

[①] 习近平:《在网络安全和信息化工作座谈会上的讲话》,载《人民日报》2016 年 4 月 26 日,第 2 版。

应持续给予大力支持、配合。

（2）积极使用自主可控、安全可信的技术设备。对网络核心设备和技术受制于人存在的安全隐患要有足够认识和充分评估。要有全局观念和战略眼光，善于从国家安全、国家科技发展的长远利益和目标看问题，高度重视信息网络安全保密防护，积极装备使用自主可控、安全可信的国产技术设备。要防止一味图方便、快捷，并偏爱那些使用习惯但缺乏自主知识产权和安全保障的核心技术设备，而不愿意使用或者消极对待使用尚有不便但拥有自主知识产权、安全可信的技术设备。要避免为所谓效率而牺牲安全。需警惕，没有安全保障的高效，风险更高、隐患更大。

（3）区别对待不同领域不同情况。在内部信息网络核心技术应用安全方面，一般可以区分三类不同情况进行应对：第一类是存储处理国家秘密的涉密信息网络，其所需技术设备应当确保自主可控、安全可信，严格按照国家规定的安全保密标准选型、配置。第二类是集中存储处理工作秘密和重要商业秘密的非涉密内部信息网络，包括一些重要机关、单位的电子政务外网，其核心设备应当确保安全可信，其重要网段的设备和重要用户终端，也应当做到安全可信。第三类是基于互联网等公共网络的办公系统，其核心设备应当确保安全可信。总之，要具体情况具体分析、区别对待，网络技术设备的配置和运用要符合国家有关主管部门统一规定和要求，与信息网络的安全保密需求相适应。

（三）网络主权的安全

"没有网络主权，就没有网络安全。"[①] 主权缺失是网络安全的核心

[①] 《自主根域名服务系统：维护网络安全"命门"，打造数字中国核心技术》，载《中国企业报》2018 年 7 月 24 日，第 11 版。

问题，带有全局性。所谓网络主权缺失问题，本来主要指用来管理互联网主目录的 13 台根域名服务器分别由美国、英国、瑞典和日本控制，互联网用户面临网络主权安全风险。我们这里讨论机关、单位的信息网络主权安全问题，主要指确保机关、单位对信息网络的自主管理权，包括网络规划、设计、建设、使用和运行、管理的自主权、主动权。这种网络主权安全应当具体体现在对网络建设、使用、运行管理全部人员进行安全保密有效管控，对网络建设、使用和运行全过程进行安全保密有效管控，对网络环境和全部设施设备进行安全保密有效管控，对网络存储、处理全部信息进行安全保密有效管控。

在信息化建设应用中，信息网络的主权安全面临多方面的不同威胁。

1. 内部网络互联和跨网信息交换使网络主权面临缺失风险。不断扩展的网络互联和跨网信息交换业务，把机关、单位内部网络直接或间接地连接到许多外单位的信息网络，甚至以各种不同方式与互联网等公共网络跨网信息交换，机关、单位对网络主权的有效控制力受到挑战，主权失控风险增加。如果安全保密防范和监督管理不到位，导致其中某个网络或互联互通的某个环节出现威胁网络主权安全性质的问题，将会造成严重后果。比如，一旦有内部网络违规连接互联网，将突破所有互联的内部网络与互联网物理隔离的原则。即使互联互通的内部网络之间，也应当确保主权的相对独立和安全。因为各单位的内部网络主权既有统一性，也有相对独立性。即全国所有内部网络安全由国家统一管理，而每个机关、单位对本机关、单位的网络安全负有自主管理权。这种主权区分的意义和必要性体现在，各机关、单位和系统的网络，有不同等级、不同知悉范围的国家秘密事项，及其不尽相同的安全防护方式、方法和策略。如果网络主权界限不清、管理不到位，网络信息安全保密管理势必失去各自的特点和有效防护，导致涉密、敏感信息知悉范围失控，直至泄密。

2. 网络建设、运行维护业务外包使网络主权面临缺失风险。机关、单位内部信息网络重要设施、网络运行维护等业务可能外包，由承接外包业务公司的人员（以下简称外包业务人员）负责，比如，中心机房、核心设备、应用系统、数据库的运行维护等。此种做法会增加机关、单位安全保密监督管理任务和工作的难度。鉴于外包业务人员一般流动性大，不同和同一公司人员的工作环境、个人条件等情况不尽相同，以及境外情报机构以外包业务人员及其所属公司网络为跳板，进入承接涉密业务的机关、单位内部网络窃密的经验教训，机关、单位应当依法依规严格履行对网络外包业务的安全保密监督管理职责，牢牢把握网络运行、管理维护中的主动权和有效控制权。要合理安排并严格规定外包业务人员与涉密网络及核心设备的接触范围和接触方式。一些涉及核心机密的业务外包需慎重，确实需要外包的，须采取严格的保密监督管理措施。应该建立、执行必要的外包业务审批管理制度。比如，可以规定：对于某项网络业务特别是涉密网络业务，是否实行外包、如何外包等，应经本机关、单位哪个部门研究提出意见，并经哪些主管部门审核、批准，必要时应请示上级保密工作主管部门；对于与上级主管机关、单位网络纵向互联的机关、单位，网络业务外包，必要时应报经上级机关、单位有关部门审批。同时，对涉密业务外包中的保密监督管理作出具体规定。总之，内部网络业务实行外包时，有效的安全保密监管不能削弱。外包业务越多，越要加强安全保密监管。要防止外包业务安全保密管理出现缺位，导致内部信息网络许多重要部位、环节的主权丧失，久而久之，形成机关、单位难以实施有效监督管理的"特权"。

3. 网络技术设备选配中面临的网络主权缺失风险。机关、单位的内部信息网络虽然是相对独立的涉密网或非涉密内部专网，但是，其所使用技术设备的来源一般都会受市场化采购法规政策和比较优势等因素的影响，存在多渠道、多类型、多品牌现象。如果重要技术设备和应用系统在源头或供应链出现安全隐患和质量问题，比如，被植入陷门或者存在某种安全漏洞等，若不能及时发现和排除，就可能导致影响网络全局安全的主权缺失性问题。对此，至少需要从三个方面加强管理防范。一是要严格遵守有关规定，选择使用具有相应法定资质和安全可靠保障的技术设备供应商。二是要依法加强产品风险评估、安全检测和安全保密审查，建立、实施严格的安全检测制度和标准，实行自主可信的安全检测一票否决制，防止技术设备存在来自供应链的安全隐患。三是安全技术、设备及相关防护措施不能单一，要按规定标准采取多层次、综合防范策略，包括必要的备份和替代产品，以增强安全防护强度并防止供应链断裂或者因重要技术设备出现故障影响网络安全运行。这方面，有的西方发达国家的做法值得借鉴。2019年3月初，德国网络管理局在德国信息技术安全局帮助下，制定颁布了新的电信安全指导原则：一是关键核心部件安装前必须经过由信息技术安全局批准的实验室测试，获得信息技术安全局的认证并在交货时通过验收测试，还需定期接受安全检查。二是电信运营商应当持续监测网络流量，留意异常情况。三是将设备来源多元化，以避免依赖单一供应商。四是在规划和建设网络时，应安装不同供应商生产的网络和系统部件，以避免"单一化"。五是所有关键核心部件都必须预留"足够的冗余度"。[1] 这个案例说明，即使像德国这样科技发达的国家，尚且采取综合性防范措施，严格进行网络产品的安全保密管理。我们亦应当高度警惕，加强防护。

---

[1] 据英国《金融时报》网站盖伊·查赞 2019 年 3 月 7 日报道，详见《德国电信安全新规未封杀华为》，载《参考消息》2019 年 3 月 9 日，第 4 版。

二、不断深化网络安全保密防护认识理念

网络安全保密防护认识理念，应当随着网络安全风险变化和信息技术发展不断创新。

（一）网络安全认识要适应发展变化的安全保密需求

自机关、单位信息网络普遍建设运用以来，在一个相当长时期内，我国一直坚持强调涉密网与非涉密网络物理隔离，甚至坚持非涉密内部专网与互联网物理隔离。与此相对应的是，我国掌握的网络安全保密防护技术、措施和管理经验还不够先进、广泛、精准，同时，不同网络之间的互联需求也不是很高。随着网络互联互通需求增加和安全保密技术、措施以及管理经验不断丰富、发展，网络安全防护认识理念也发生相应变化，开始讲网络之间必要的安全隔离与跨网信息交换。法律制度修订也反映了网络安全需求和认识的发展变化。例如，2010年《保密法》第四十八条第一款第八项禁止性规定是"将涉密计算机、涉密存储设备接入互联网及其他公共信息网络的"。在2024年《保密法》第五十七条第一款第八项中修改为"未按照国家保密规定和标准采取有效保密措施，将涉密信息系统、涉密信息设备接入互联网及其他公共信息网络的"。需要注意的是，尽管安全保密需求和安全保密防护认识、策略都发生了变化，但是，物理隔离在一些地方还有必要，必要时还应当强调和坚持。只是关于物理隔离的内涵与原来相比发生了变化，物理隔离的相对性日益扩展，传统物理隔离方式的适用、实施范围可能会根据具体情况逐步缩小。

在信息网络兴建初期，机关、单位内部网络使用的服务器、计算机、安全设备等，大多是外国公司设计、研发的，或者相关设备的芯

片和操作系统等核心技术都是由外国公司设计、开发的。随着信息化的发展，网络安全保密需求日益增长，人们对于网络安全的认识也逐步深化，形成了关于网络关键技术设备安全可控、自主可信的安全理念。与之相适应，我国自主设计、研发的网络设备和核心技术也在不断增加，并不断运用到机关、单位信息化建设中。

长期以来，网络安全要人防、物防、技防三位一体已经成为共识。随着科学技术的发展，不但技术防护措施发展变化突飞猛进，而且人防、物防的形式和内容也逐步渗入大量的科技因素。传统的人防、物防发生着深刻变化，蕴含现代科学技术包括人工智能的各种形式的监控、预警，对危害发生阻止、迟滞等方面的手段、措施，已经使某些方面的人防与物防、技防界限显得有些模糊。尽管人的因素始终处于核心地位，但技术防范的作用及其对人防因素的影响持续增强，这是信息网络广泛运用和科学技术发展的必然趋势。为此，关于信息网络安全保密的认识、理念和安全防护策略需要不断创新、提升，以适应信息化发展和确保信息网络安全保密需要。

（二）从实际出发不断创新网络安全保密防护体系理念

随着信息技术的发展和信息网络的广泛应用，关于网络安全防护的认识理念持续深化。自20世纪末以来，国内外陆续提出了一系列网络安全体系模型和架构，体现了关于网络安全防护体系建设认识、理念的创新、发展。下面选取 PDRR 和 WPDRRC 两个安全模型作简要介绍。

PDRR 模型由美国国防部提出，是防护（Protection）、检测（Detection）、恢复（Recovery）、响应（Response）的缩写。其特点是，避免了以往只注重单一安全防御的缺陷，强调信息安全保障的防护、检测、恢复、响应四个环节，从而确立了构建全方位、多层次安全防护

体系理念。PDRR 模型见图 5-1：①

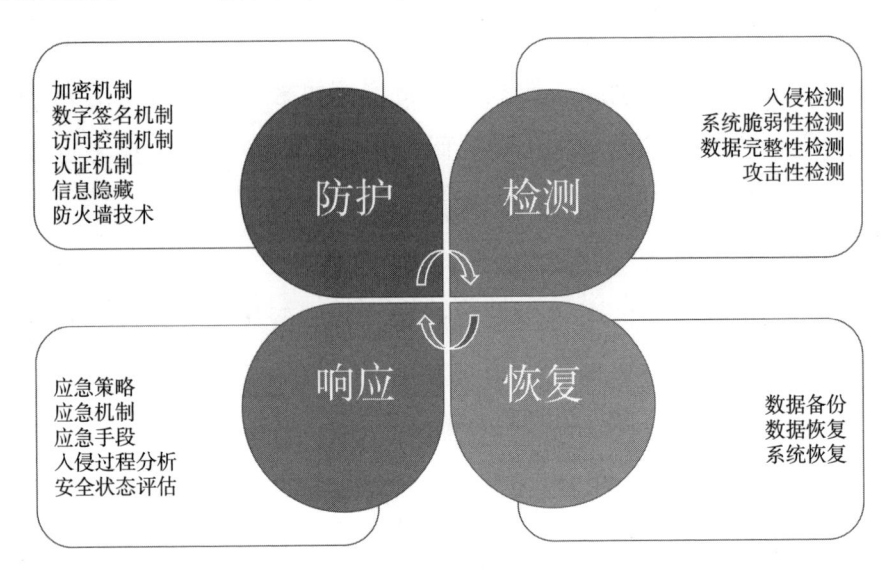

```
┌─────────────────┐              ┌─────────────────┐
│ 加密机制         │              │ 入侵检测         │
│ 数字签名机制     │   防护  检测  │ 系统脆弱性检测   │
│ 访问控制机制     │              │ 数据完整性检测   │
│ 认证机制         │              │ 攻击性检测       │
│ 信息隐藏         │              │                  │
│ 防火墙技术       │              │                  │
└─────────────────┘              └─────────────────┘
┌─────────────────┐              ┌─────────────────┐
│ 应急策略         │   响应  恢复  │ 数据备份         │
│ 应急机制         │              │ 数据恢复         │
│ 应急手段         │              │ 系统恢复         │
│ 入侵过程分析     │              │                  │
│ 安全状态评估     │              │                  │
└─────────────────┘              └─────────────────┘
```

图 5-1 PDRR 模型

WPDRRC（Waring/Protect/Detect/React/Restore/Counterattack）安全模型是我国"八六三"信息安全专家组提出的，适合我国国情的网络动态安全模型，重点在 PDRR 前后增加预警和反击功能，共六个环节：预警、防护、检测、响应、恢复、反击；强调网络安全防护中的三大要素：人员、策略和技术。其中，人员是核心，策略是桥梁，技术是保证。WPDRRC 安全模型突出了安全防护的时序性和动态性，强调了信息系统安全保障体系的预警能力、保护能力、检测能力、响应能力、恢复能力和反击能力。WPDRRC 模型示例见图 5-2：②

---

① 卢丹、王妍：《美国网络安全体系架构简介》，载微信公众号"中国保密协会科学技术分会"2017 年 8 月 3 日。

② 《30 种经典网络安全模型介绍》，载微信公众号"深圳市网络与信息安全行业协会"2024 年 6 月 4 日。

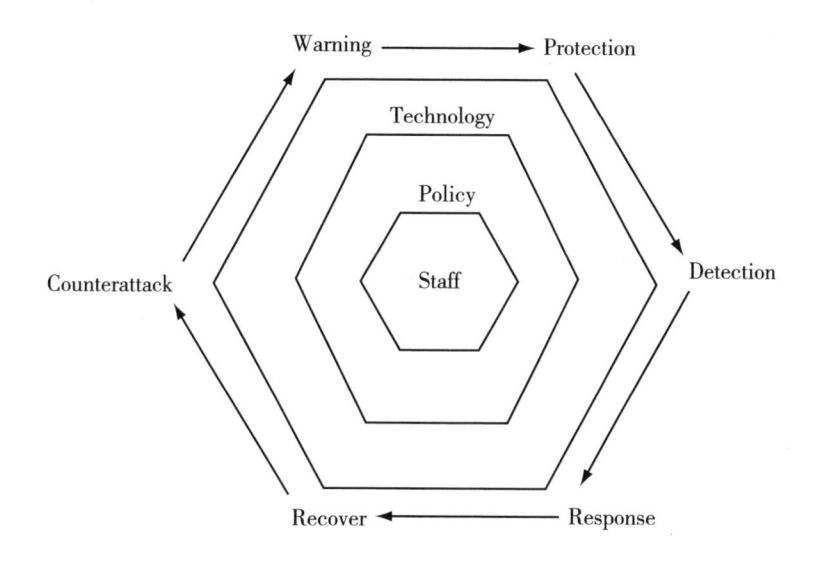

图 5-2　WPDRRC 模型

上述安全模型以及其他众多的安全模型，只是为信息网络安全防护提供了各具特点的参考模式。我们关注的重点应该是其中体现规范化、系统化的安全防护思路，以及将人员、组织、策略和技术等各种因素整合为一个有机系统，实行动态防护、整体防护，综合施策的安全防护理念。

具体到我国现阶段网络安全面临的新形势，特别是各机关、单位内部具体网络的安全防护，不能照搬照抄，而是要根据具体网络的自身特点和安全需求，按照法律规定和国家有关标准，灵活应用，汲取各方面所长，随着情况变化不断创新网络安全保密认识和理念，构建适合自身需求的安全防护体系。当前，创新网络安全保密防护体系理念至少应当强调三点：

第一，要牢固树立核心技术自主可控的安全理念。自主可控是指在关键技术、核心产品和重要基础设施等方面，拥有自主研发、生产和维护的能力，确保在任何情况下都能够自主决策和控制。这一概念涵盖了从硬件到软件，从基础研究到应用开发的整个技术链。自主可控是确保信息网络安全的前提。面对信息网络安全的严重威胁，要特别强调牢固树立核心技术自主可控方能安全可信的理念不动摇。在关键核心技术上，首先要确保自主可控，然后才谈得上安全可信。那种认为自主强调供应链、"卡脖子"问题，可控强调安全问题的观点，是从单纯技术和商业运营的角度看问题。从激烈国际政治斗争和综合国力竞争形势，以及确保网络、信息安全保密方面看问题，自主与可控更是一个问题的两个方面，不可以割裂地理解。自主当然不等于安全，但是，在关键核心技术上不能自主，就不能确保安全。正所谓"卧榻之侧，岂容他人鼾睡"。同样，在核心技术上如果不能实施有效可控，也就不能确保安全可信。自主是可控的前提，可控是自主的目标，自主可控是安全可信的保障。在关系国家安全和利益的重大问题上，必须最大限度增加安全保障系数，不能心存侥幸。关键核心技术不能长期受制于人。据此，机关、单位的信息网络，尤其是涉密网络，应当尽量使用我国自主可控的技术、产品，按要求及时更新升级重要部位的核心设备和应用系统。在安全和便捷发生冲突的情况下，应当先解决安全问题，再谈便捷。

第二，要联系实际充分认识网络安全保密的特殊需求。由于每个机关、单位的职能、工作性质、业务内容等不尽相同，网络安全环境和安全保密需求也不会完全一样；由于国际政治形势变化和科学技术发展，每个时期的网络安全形势和安全防护技术条件、策略、措施会有差异。因此，在研究网络安全保密一般性问题的同时，要更加重视不同时期不同网络的安全保密防护具体需求和策略，从实际出发确立适合本机关、单位网络安全保密需求的安全防护思路和方法措施。无论是各个机关、单位横向比，还是某个机关、单位所属系统纵向比；无论是从理论上讲，还是从实际情况看，没有完全相同、一成不变的网络安全环境和安全保密需求,也不应当有完全相同、一成不变的网络安全保密方案和方法措施。习近平总书记指出:"网络安全是动态的而不是静态的","网络安全是相对的而不是绝对的"。[①] 按照习近平总书记指示精神,机关、单位的信息网络安全保密工作,要严格执行国家有关方针政策和法规、标准,紧跟形势、贴近实际,突出特点、抓住要害,动态防护、精准施策,避免安全保密策略生搬硬套、千篇一律。

第三,要不断深化综合安全防范认识。这里说的综合安全防范,不仅仅是指特定的信息安全架构模型构建的防护步骤和环节,如预警、防护、检测、响应、恢复、反击等安全防护模式,还应当根据具体安全需求构建多个层次、多项措施、多重技术、多种方式的全方位安全保密防护体系。好比传染病防范措施,既要戴口罩、勤洗手、多通风、少聚集、用公筷,还要合理用药,坚持锻炼,增强免疫力等,需要多方施策、综合防范。同理,在一个相对完善的网络安全保密防护体系中,各种必要的安全防护技术、安全保密设备和安全保密管理制度、机制等,应当协调一致,都能高效运行,充分发挥作用;应当是各类安全防护措施功能明确、紧密衔接,相互补充、相辅相成,形成层层设防的立体安全防护。深化网络综合安全防范认识,要防止片面性、走极端。比如,对于安全技术设备的装备部署,符合规定和安全保密需求就好,不能搞"韩信带兵,多多益善",过多地使用技术和设备。以密码加密设备配备为例,应当以必要、够用为佳。密码加密设备装得过多,会在网络内部形成不必要的阻断,影响正常互通和信息交换,还会增加密码泄密风险,并导致网络建设和密码管理成本升高。更何况,密码加密的安全性也是相对的。推进网络安全综合防护,应当搞好顶层设计,保密、密码、自主可控,不能各自认为各自安全,实际

---

① 习近平:《在网络安全和信息化工作座谈会上的讲话》,载《人民日报》2016年4月26日,第2版。

是要搞好协同。① 协同，非常重要，任何一项乃至一方面安全保密管理措施、技术、设备的安全防护作用都是有限的，都有其天生的局限性，受到其性能和适应性等方面的制约。网络安全，不仅需要安全保密技术、设备和管理制度、方法、措施的协同，而且需要与网络安全保密有关的各个机构、各个部门之间的协同。任何单打独斗和不恰当地偏重、忽视或削弱某个部门的职能、职责或者某一方面安全防护方法、措施和技术、设备的认识、理念和做法，都不利于提升网络安全保密综合防护水平。

三、网络安全保密防护中的几个策略问题

（一）网络定性和规模及相关需求、条件和效益

1. 网络定性和规模要看业务需求和相关条件。网络定性，指机关、单位在规划建设内部信息网络时，是将网络性质确定为涉密网中的哪一个密级，比如，机密级、机密增强级、秘密级；还是非涉密内部专网中的哪一种类型，比如，与互联网物理隔离的非涉密内部专网、与互联网逻辑隔离的非涉密内部专网等。网络规模，就局域网来说，一般指一个网络中的节点数量，表示该网络所能连接的部件多少，包括网络覆盖区域、业务、设备、用户等。网络定性和规模要适当。一个机关、单位是建设单一的涉密网，还是建设单一的非涉密内部专网，或者是同时建设较小够用的涉密网与较大规模的非涉密内部专网，应当从实际出发，科学评估、充分论证。不仅要考虑与具体的业务量和用户数量相适应，以及业务应用的具体安全保密需求，还要考虑网络

---

① 《四大院士"pk"网络安全——西湖论剑院士圆桌对话》，载微信公众号"中国信息安全" 2019 年 4 月 20 日。

建设的各方面基本条件。这些条件应当包括网络基础建设和安全保密防护需要的人员、设备、技术、资金、环境等。原则上，根据业务需求确定网络性质和规模，根据网络性质和规模确定应当遵循的网络安全保密防护措施、标准以及综合投入。但是，安全保密防护条件或者综合投入水平、能力，以及其能够在多大程度上满足网络建设和安全保密防护需求，也对确定网络定性和建设规模起到反向作用，所谓"巧妇难为无米之炊"。

网络的性质和规模对网络和信息安全保密防护具有直接影响，下面对三种情况作简要分析：

（1）规划建设了单一、过大的涉密网。为了充分利用网络和实际工作需要，可能出现少量涉密业务和大量非涉密业务都在涉密网内运行，以及大批非涉密人员频繁使用涉密网的情形，势必增加涉密网安全保密管理的任务和难度。即使按照涉密网安全保密规定，采取了相应的安全保密技术防护和管理措施，实际上，由于进入涉密网的非涉密人员过多过杂，网络的安全风险、隐患依然会增加，网络应用层涉密信息安全必然会受到较大威胁，也不符合涉密网和入网人员范围"最小化"原则。与此同时，涉密网的安全防护还会给大量非涉密业务运行带来诸多不便。

（2）规划建设了单一的非涉密内部专网。虽然从理论上讲，涉密信息可以限定在涉密单机上存储、处理，但实际上，在涉密人员和日常涉密业务达到一定数量的情况下，要想真正做到把涉密信息的处理完全控制在涉密单机上，会遇到许多困难和问题。比如，为了适应无纸化办公要求，涉密人员只能在非涉密内部专网处理所承担的非涉密业务，这就可能发生有的涉密人员在处理涉密业务时，因判断、操作失误或疏忽大意等情形，增加涉密信息流入非涉密网的风险。又如，可能会有涉密人员嫌使用涉密单机麻烦，偷懒、图方便，或者心存侥幸，违规在非涉密内部专网处理涉密信息。上述问题如不能妥善解决，将会导致为处理涉密信息专门配备的涉密计算机单机得不到正常使用，涉密人员违规在非涉密内部专网存储、处理涉密信息。

（3）同时规划建设了涉密网和非涉密内部专网。有的机关、单位考虑到日常业务涉密事项较少，非涉密内部事项较多的实际情况，规划建设了小型的涉密网，同时，建设较大型的非涉密内部专网。这样的规划和建设规模应该比较符合实际需要。尽管在实践中存在两个网络之间如何进行业务分配和信息交换，以及如何加强相应安全防护等问题。

总之，机关、单位网络规划建设必须统筹考虑各方面因素，优选具有个性化特点，符合实际需要，安全、便捷、经济、实用的方案。一旦网络规划建设出现战略性决策失误，导致网络定性错误、规模过大，想要纠错纠偏就会很难，会遇到资金、技术、应用等方面的许多问题和麻烦。国家规划、部署一定层级的机关、单位建设电子政务内、外网，这应该是一般性要求。实践中，并非所有机关、单位都需要且有条件立即建设电子政务内、外网，更要避免不加区别、不计成本、超越实际需求地扩大内网或者外网规模，而应该坚持必要、适当、够用就好。

2. 确定网络性质和规模要兼顾信息安全保密与信息资源共享及成本与效益等因素。

看一个案例：2006年6月，五角大楼批准了"全球力量管理数据倡议"（GFM DI），即通过制定一套标准和协议将分散各处的"部队结构信息"（force structure information）和相关系统以虚拟方式聚合在一起，并以统一标准和格式呈献给授权用户，以实现信息共享。"全球力量管理数据倡议"是一个"大型分布式聚合性"信息系统，系统内有敏感信息，美军在国防部、情报界、参谋长联席会议、陆海空军和海军陆战队等部门架设了"组织服务器"（org server），其授权用户包括白宫、国务院、各州长办公室等。"全球力量管理数据倡议"拟在美军的非涉密内部网（NIPRNET）上运行，有用户名、密码和验证机制等接入控制措施。而 NIPRNET 与互联网有十多个接口，没有物理隔离。为防止敏感信息泄露，军方委托著名智库兰德公司研究安全问题，即"全球力量管理数据倡议"是否需要定密。兰德公司经研究提出定密的四项原则：一是定密必须减少敌人或对手获取信息的数量。二是对手获取特定信息后会改变对军队的了解和认知；一旦这些信息被对手掌握，他们将更接近而不是远离事实真相。三是这些足以改变对手认知的信息，最终会影响到或上升为对手的决策。四是对手在上述条件下的决策，危害美国的国家安全。

兰德公司认为，只有同时满足上述四个条件，定密行为才属于必要。据此，兰德公司给出结论：整体上，"全球力量管理数据倡议"不必要定密，但某些环节的安全隐患值得关切。[①]

从这个案例至少可以得到两点启示：

第一，要妥善处理网络定性与信息资源共享的关系。据《参考消息》报道，美国"9·11"委员会得出结论认为，过度保密令国防机构无法与其他部门共享关键文件，导致袭击中近 3000 名美国人遇害。[②]这或许是 2006 年"全球力量管理数据倡议"规划实施和慎重定密的原因之一。因为一旦定密，确定建设成涉密信息系统，防护策略将改变，防护措施将加强，接入用户需要严格限制，信息资源共享范围就会缩小。

第二，网络定性要正确处理投入成本与收益的关系。内部信息网络是否需要定密，定什么密级，当然首先要看是否存储、处理国家秘

---

① 安吉：《兰德公司的"定密四原则"》，载《保密工作》2011 年第 4 期。
② ［美］戴维·屈耶：《美政府为掩人耳目致"过度保密"》，载《参考消息》2023 年 3 月 5 日，第 5 版。该文作者为美国亚利桑那大学新闻学院副教授。

密信息，存储、处理国家秘密信息的密级等情况。同时，也要看即将存储、处理国家秘密的数量和必要性，以及安全保密成本核算等。如果即将规划建设的网络主要存储、处理非涉密信息，就应当定性为非涉密网，另外建设适当规模涉密网或者采取其他措施存储、处理少量涉密信息。否则，用超大规模涉密网来存储、处理很少量的涉密信息，会导致不必要的投入和资源浪费。试想，如果兰德公司的研究发现"全球力量管理数据倡议"包含应当定密的信息，就会面临是建议该系统应当定密，还是建议将涉密信息排除在系统外另行处理的抉择。这就需要全面研究、平衡，优选最佳方案。美军将处理敏感信息的"全球力量管理数据倡议"定性为非涉密系统，在非涉密网（NIPRNET）运行，应该是经过全面考量和平衡后慎重作出的决定。这种安排和做法值得研究借鉴。

（二）非涉密内部专网跨网信息交换中的安全防护

1. 非涉密内部专网跨网信息交换安全防护的重要性。进入21世纪第二个十年以来，机关、单位之间的跨网信息交换，特别是非涉密内部专网的跨网信息交换需求日益增加。跨网信息交换成为工作需要、大势所趋。无论涉密网还是非涉密内部专网，都存在安全保密管理与跨网信息交换需求增加的矛盾。一般来说，涉密网在跨网信息交换方面有具体严格的规定，实际做法也相对规范、谨慎。非涉密内部专网的情况则有不同。比如，非涉密内部专网接入移动办公系统进行信息交换和移动办公，对其限制和管理就不会像涉密网规定得那么严格，这也增加了非涉密内部专网的安全风险。通常，机关、单位建设的非涉密内部专网，在远程互联的范围、方式和业务应用上各有差异，网络信息的敏感程度也不尽相同。但是，基本任务一般都是存储、处理非涉密的内部信息。另外，需要注意的是，由于机关、单位涉密业务和非涉密业务的相互联系，一旦敏感信息审查管理出现疏忽、漏洞，一些高度敏感的信息就会在非涉密内部专网存储、处理，或者因为非涉密内部专网中的信息汇聚和大数据形成导致某些信息敏感度明显上升，而没能及时发现和妥善处理。因此，非涉密内部专网跨网信息交换中安全防护的重要性毋庸置疑。尽管国家主管部门出台了信息网络等级保护标准，制定了相应的跨网信息交换安全策略，但由于非涉密内部专网的特殊定性和实际情况的复杂性，在具体跨网信息交换安全防护方案和安全防护力度拿捏上的确存在一定难度。过多的安全防护和限制措施当然不必要，但必要的安全技术防护和管理措施不可缺少，防止安全防护不严谨、不合规导致出现安全漏洞。对于一些明确规定并适应实际安全需求的防护标准、策略、措施，要统一认识、准确理解，努力克服各种阻力和困难，切实推行、实施。须严防非涉密内部专网在安全隔离和跨网信息交换方面出现这样那样的违规行为、安全漏洞和隐患。

2. 移动办公与非涉密内部专网信息安全。

（1）重视移动办公接入系统的安全风险。由于移动办公设备和使用人员的流动性以及无线通信等特点，非涉密内部专网移动办公接入系统具有内在的安全防护软肋，容易造成信息泄露或成为网络攻击入侵的桥梁、切入点。移动办公接入系统面临的安全风险主要有移动终端安全、通信网络安全、移动接入安全、服务端安全等几个方面。移动办公接入系统面对各种网络攻击和非法入侵将产生三种情形：一是攻击入侵尚未得逞；二是攻击入侵已经得逞但没有发现；三是已经发现被攻击入侵。最危险的应该是第二种情形。鉴于许多非涉密内部专网所处理业务的重要性，以及我国面临政治、经济、科技等方面竞争激烈的国际形势，国外情报机构不可能不关注、不攻击这类内部网络。一般情况下，窃密者为了隐蔽身份、长期获得情报资源，不会轻易对网络进行瘫痪和恶性攻击。因此，如果一些内部网络安全防护松懈，安全监控、检测措施不到位，就很可能发生上述第二种情形。即已经发生非法入侵并造成一定程度的损害，但是，受害者一时没有发现，或者虽然已经发现某种非正常情况甚至损害，但由于认知错误或安全保密意识淡薄，对安全防范监控技术掌握、运用不够等，没能发现该非正常情况和具体损害背后的窃密泄密行为，或者误认为是其他客观原因造成的，因此，不追查、不补救。这就是所谓"隐性泄密"现象。就好比"二战"时太平洋战争中，日本海军密码被美军破译，致使日本海军联合舰队司令山本五十六的座机被美军击落。当时，日军并没有意识到事件发生是由于密码泄露。因此，没有采取更换密码等相应措施，导致继续泄密。密码安全管理有个硬性规定，即定期更换密钥，而且，越重要的密码，密钥更换周期越短。目的就是防止密码被破译导致隐性泄密。网络安全保密管理也应当具有这种密码安全保密意识和理念，强化防范措施。

（2）完善落实安全防护措施。非涉密内部专网实施移动办公的安全防护指向，应当是移动接入系统的安全和接入的非涉密内部专网信息安全。为方便工作，一些非涉密内部专网确需接入移动办公系统的，应当根据网络信息安全需求采取相应的安全防护策略，确保网络安全防护方案和技术、管理防护措施与网络信息安全需求相适应。一般来说，应当注意以下几方面工作：

一是接入的移动终端使用普通手机要慎重。如果非涉密内部专网是集中存储、处理大量高度敏感工作秘密信息的网络，且按规定与互联网等公共网络实施物理隔离，接入的移动终端最好是专用移动终端。不宜将只有接入的部分应用采取与互联网逻辑隔离措施的普通手机作为接入移动终端。

二是接入的移动终端及其操作系统、应用软件等应当经过合法第三方的安全测评，防止存在安全漏洞和隐患。

三是移动办公接入系统的安全防护，应当符合接入的非涉密内部专网的安全防护等级标准和要求。

四是非涉密内部专网信息输出，应当按规定采取严格审查、审批和监控措施。

五是必要时采取商用密码加密等安全防护措施，确保通信网络和信息安全，防止非涉密内部专网输出信息以明文形态在移动设备长时间保存或滞留，增加信息泄露和扩散的风险。

六是应当具备相应的安全防护应急措施。比如，对移动办公终端实施某种动态、实时安全管理和技术监控，以及发现非法访问、恶意攻击和移动终端失控、丢失情况下的应急响应措施等。

3. 非涉密内部专网跨网信息交换中的综合安全防护。确保非涉密内部专网跨网信息交换中的网络信息安全，必须综合采取有关安全防护技术和管理措施。比如，在用户接入、跨网信息交换等方面采取的多种综合性安全防护措施，通常可包括网间协议、传输控制协议、文件传输协议、远程登录协议等。并且，非涉密内部专网的内部用户必须通过网关才能接入互联网，同时，只有采取相应的系统性安全防护措施的外部用户和网络，经过安全测评和审批，才能接入非涉密内部专网等。

非涉密内部专网建设运行中的安全防护和跨网信息交换，既是理论问题也是实践问题。为了确保网络信息安全，在一个比较完整的内部信息系统建设方案中，应该把各类主要风险和隐患以及风险管控、隐患防范策略、措施及其相互关系说清楚。在网络建设、运行实践中，也应该严格按照既定的安全方案组织实施，并根据情况变化，在软硬件安全配置和管理措施等方面及时作出调整，妥善处理有关问题，有效管控风险，及时排除隐患。防止偏重建设速度和使用方便，而忽视安全防护，避免在安全防护上存在盲区和漏洞。

（三）应急和预防相伴

网络安全保密防护的内容包括预防和应急（应急也称应急响应）两个方面。预防，指管控安全风险，防范安全事件发生，即根据风险评估和需求，采取加密、认证、检测、访问控制、隔离、过滤、防火墙技术等安全防护技术、措施。应急，指应对已经发生的安全事件，或者为应对可能发生的安全事件所做的准备。应急方法和措施应该包括：入侵分析和安全态势评估、应急策略和协调处理机制，以及数据备份、数据和系统恢复等。信息网络安全保密工作的重点是预防，但是，不可以忽视、放松应急。因为无论从理论讲还是从实践看，网络安全问题和隐患是不可能完全防止和杜绝的，所以，应急就成为非常现实的任务。

1. 准确把握预防和应急的关系。一般的网络安全保密方案或者安全运行维护方案，都应该致力于构建一个完整的安全防护体系，对预防和应急作出系统设计和具体安排，以便于组织实施。预防的最高境界是"治未病"，其职能是准确预测问题及其来源，有效管控风险，防止出现问题和隐患，即最大限度避免突发紧急事件。应急，在某种程度上也可以理解为预防的延续和补充，应急的最高要求是及时、准确发现问题和隐患，有效响应，把问题解决在萌芽状态，把损失降到最低点。

实践中，预防和应急机制、策略、措施应该是同时部署、安排，相互紧密联系、衔接的。一般来说，需要有什么预防，就应该有什么应急，力求有备无患。而且，预防和应急在网络安全防护中你中有我、我中有你、相互弥补、相辅相成，密不可分。网络安全防护必须做到应急与预防相伴，分别给予必要重视。如果忽视应急，就会在面临问题和损害时措手不及；如果轻视预防，则会使安全防护体系漏洞频发，势必为应急疲于奔命。只有确保预防和应急有效联动，及时顺利切换，才能最大限度做到防患于未然，才能及时发现问题、排除隐患。

随着经济社会的发展，应急在社会发展各个领域安全防护中的地位不断增强。比如，2018年3月，第十三届全国人民代表大会第一次会议正式批准组建应急管理部，不再保留曾主管全国安全生产综合监督管理的国家安全生产监督管理总局。这次机构改革使应急机构职能进一步强化，其职责、职能和业务范围在原有基础上进一步扩展，应急在安全生产监督管理和自然灾害防治、救助中的作用显著增强。这不仅仅是机构的变化，还是国家在应对社会生产安全问题和自然灾害方面，安全管理意识的提升和安全防护理念的深化。应急在信息网络安全防护中的地位和作用也有一个发展变化过程。随着信息技术的发展和网络安全形势严峻，以及应对网络安全突发事件的任务日趋繁重，应急在网络安全防护中的地位日益凸显，需要不断创新网络安全应急理念，在促进安全防护工作中突出体现问题导向，增强分析、评估能力，完善协调处置机制，提高应急策略、方法、措施的及时性、准确性，并以有效的应急支持、配合预防，加强网络信息安全保密防护。

2. 树立积极预防的认识理念。

（1）积极预防是预防工作的基本遵循和要求。预防重在对存在的风险和可能发生问题、隐患的准确预测和前瞻性应对，避免消极预防、被动应战。预防中的积极防范应该体现在三个方面：

一是要内外预防兼顾、并重。"堡垒最容易从内部攻破。"要防止习惯性重外部预防、轻内部预防的现象。从我国多年来公开的泄密事件看，很多泄密事件都与内部人员违规有关，包括主动窃密导致的泄密和失误造成的失密、泄密。机关、单位内部的信息网络往往用户众多、成分复杂，各类业务都上网运行，网络安全环境也不尽相同，加上应用层安全防护技术措施的脆弱性，因此，在加强防范网络外部攻击窃密的同时，应当高度重视预防网络内部窃密泄密。

二是要下好"先手棋"。必要且能够采取的防范措施、策略，应当提前部署、认真实施，避免"马后炮"，"贼走了才关门"。比如，系统漏洞要及时修补，安全设备要按规定如期更新换代，在必要部位和环节采取密码加密措施、安装相应的安全防护设备，应用系统访问黑名单、白名单要根据安全需求提前设置，并根据情况变化随时调整更新等。

三是要坚持常规预防和突出重点。对于平时一般的低风险区域和环节，采取常规的防范策略和安排；对于非常时期、高风险区域和环节，或者在已经预知、预见到某种问题可能发生的情况下，采取重点防范策略和特别部署、安排。比如，将定期普遍的常规安全检查、检测与有针对性的特殊安全检查、检测相结合；做好常态化安全防护的同时，重点加强重要、核心网络、设备和应用系统的安全保密防护等。

（2）积极预防需要构建全方位安全防护体系。构建全方位安全防护体系，是积极有效应对来自网络内外各种安全风险的需要。不同的网络需要构建不尽相同的安全防护体系。比较完整有效的安全防护体系，要能够及时发现和有效防范、应对非法访问、越权访问、违规操作、恶意攻击、病毒入侵等安全威胁，利用渗入（比如，假冒、旁路控制、授权侵犯）、植入（比如，特洛伊木马、陷门）等手段进行的网络间谍行为，以及自然灾害、意外事故等，具备从网络安全、系统安全、信息安全等不同层级进行全方位有效安全防护的策略和措施。

构建全方位安全防护体系，不仅要体现在网络安全保密基础设施建设上，而且要体现在网络安全运行维护（以下简称安全运维）上。随着网络投入运行和安全防护需求增加，安全运维应该是促进网络安全防护系统化、规范化、动态化的重要工作模式，对于构建、完善网络安全防护体系非常重要。做好安全运维需注意以下三点：

一是要全方位重实效。首先，安全运维要防止片面性。比如，在编制安全运维方案时，不能把目标和注意力局限于如何应对来自网络攻击、病毒入侵等少数几个方面的风险。如果照此编制网络安全运维工作方案，就会使安全运维的视野、格局过于狭窄，难以达到构建全方位安全防护体系和实现网络整体安全防护的要求。其次，安全运维须防止抽象化。切忌脱离具体的网络安全需求，只按照一般、通用的技术和策略制定安全运维工作方案，致使方案缺乏针对性，一旦用于实际操作，势必丢三落四、顾此失彼。总之，安全运维应当从网络层安全、应用层安全、终端和数据库安全等全方位多层面来理解、规划、部署、实施，把必要的现代网络安全防护技术、策略与具体的网络安全防护实际需求相结合，构建符合制度规范和国家规定标准，适合网络个性化特点的安全运维防护体系，推动网络安全运维全方位系统化发展。

二是要注重感知网络安全态势。由于网络安全防护策略需要根据不断变化的网络安全风险和安全需求而进行相应调整完善，安全运维的任务就不能局限于网络基础设施、安全设备的一般性运行维护，不能满足于按部就班地完成定期查杀病毒、排除技术故障等工作，还应当切实做好感知网络安全态势的常态化基础性工作。维护网络安全，首先要了解网络的整体安全状况，知道风险有哪些、隐患可能出自哪里，会有什么样的问题和隐患，并力争尽早发现问题的苗头、前兆，掌握其发展趋势和可能造成的后果。安全运维就是要通过构建安全运维体系，全天候、全方位感知网络安全态势，及时作出准确分析判断，第一时间提出并采取相应安全防范和应对措施。

三是要正确理解技术运维和安全运维。在构建安全运维体系实践中，一味地将技术运维和安全运维作为两个并列的概念，是欠妥当的。工作中过多强调二者的区别，不利于网络总体安全防护。如果对网络安全和安全运行维护作广义的理解，则不仅要防攻击窃密，还要防违规泄密；不仅要防止网络瘫痪和运行故障，还要防止数据丢失和数据完整性被损坏等。在系统性安全防护中，许多技术性运维具有确保网络安全运行的效能，许多安全运维需借助于技术性运维。在确保网络安全运行实践中，所谓技术运维和安全运维，不可以截然分割。在有些情况下，为了表述方便和操作、管理层面的需要等，可以将二者在概念和功能性上进行区分。但是，在网络安全防护实践中，在构建安全运维防护体系时，应注重它们之间的紧密联系，防止二者分家，各自为战。

3. 增强应急的主动性。在一个完善的安全防护体系中，应急应该无处不在，且具有主动性，而非被动等待问题和隐患出现的"马后炮"。增强应急主动性应该体现在以下三个方面：

一是树立应急策略、手段全面性理念。全面性并非面面俱到。应急也应突出重点、分轻重缓急。但是，网络安全威胁来自方方面面，既有各种入侵窃密，也有多种攻击破坏；既有各种导致系统故障、网络瘫痪的恶性事件，也有多种干扰、欺诈、越权行为。许多网络安全问题和隐患，在萌芽和初期阶段往往难以确定其危害性和破坏程度。比如，病毒入侵、非法访问和违规操作等，应该是日常遇到的问题和隐患，但在一定阶段和特定情况下，一时很难确定其危害程度。然而，在网络环境下，"千里之堤，溃于蚁穴"的事件随时可能发生。因此，应急应该追求常用的"十八般武艺"齐备，既要有日常采用的方法、措施，也要有偶然会用到的技术、手段。

二是提高应急方法、措施的及时、有效性。应急工作方案的制定，要进行充分论证和科学评估，确保应急管理办法、措施和应急策略、步骤等科学合理、贴近实际，针对性、可操作性强。要落实机构、人员和技术装备，在物质上给予保障。要建立应急管理制度、机制，明确岗位职责任务，建立并落实岗位责任制和激励、问责制，确保责任落实到位。还要定期组织对应急策略、技术设备进行检查，对相关人员定期进行业务培训。要根据网络安全形势发展变化，模拟设置一些具体问题和隐患，进行演练，检验应急效果。比如，模拟外部攻击、入侵，内部非法访问，间谍窃密和过失、故意泄密等，有针对性地采取相应的应对措施，检查应急存在的不足，及时改进工作。

三是发挥应急对预防的检验、补充作用。应急预案原则上应该与预防对象和措施相对应，但与预防相比，应急工作具有后发性，应急事件具有突发性和更多的不可预测性。应急预案既要与预防工作相统一，又需要具备自身的特点，具有更强的适应性和应变功能。因此，在应急准备、部署、安排中，可以对照检查预防方案是否完善、预防措施是否到位；在应急方案推演、实施中，可以验证预防方案是否欠缺可操作性，预防措施和策略存在哪些缺陷和不足。这就要求应急的各方面准备工作及应急措施紧紧盯住可能发生的网络安全问题和危害，规范、强化应急管理，提升应急分析、评估、决策、实施能力和应急技术水平。值得注意的是，准确的分析判断和及时果断的决策对于提高应急措施针对性、有效性非常重要。比如，在全网面临病毒入侵传播，遭受网络瘫痪、重要数据丢失或被损坏等严重威胁的情况下，做到准确分析、当机立断，及时采取断然有效措施，这既是有效的应急，也是预防的延伸和补充。

（四）技术与管理并行

技术，主要指关于网络安全保密防护的技术、设备等；管理，主要指网络安全保密防护中有关政策、制度、标准等的制定，及其贯彻落实中的组织、监督、指导等工作。网络信息安全保密工作必须重视合理运用技术和全面加强管理。

1. 管理的引领和规范作用。管理在网络安全保密工作中应当始终发挥引领、规范作用。管理的引领和规范作用主要体现在两个方面：一方面，是对人的行为的引领和规范，包括教育培训、有关制度的制定、监督管理等。另一方面，是对技术（含设备）运用的引领和规范，包括技术标准、技术方案的制定和实施等。随着网络安全防护技术、策略的多样化，可选择性增加，以及安全形势的日趋严峻，网络安全防护和保密管理工作越来越复杂，对管理的引领、规范需求也在不断增加。在运用什么样的安全防护技术和策略，如何运用安全防护技术、策略才能更好地实现方便工作、管控风险、防范窃密泄密方面，管理水平及其引领、规范作用至关重要。管理到位，管理科学、高效，技术、设备才能在确保网络安全保密中更好地发挥作用。

习近平总书记多次强调，要树立正确的网络安全观，指出要立足基本国情保安全，避免不计成本追求绝对安全，那样不仅会背上沉重负担，甚至可能顾此失彼。① 网络安全保密防护必须重视管理的正确引领和规范作用，确保从实际安全保密需求出发，全面部署、抓住要害、综合施策、突出重点，充分高效地发挥人防、物防、技防的综合防护作用。

2. 技术和管理相辅相成。在信息网络安全保密工作中，如前所述，管理发挥着重要的规范、引领作用，技术则发挥着重要的支撑作用。在认识和实践中须防止片面性。那种一味迷信技术装备，因为拥有先进技术装备就轻视安全保密管理的思想、倾向是非常有害的。相反，那种过于依赖管理，轻视技术防护，不善于使用现代安全保密技术的认识和做法也是非常有害的。

关于网络安全防护中如何发挥技术和管理的作用，美国的一些做

---

① 习近平：《在网络安全和信息化工作座谈会上的讲话》，载《人民日报》2016年4月26日，第2版。

法值得一看。为实现美国各部门涉密网之间和涉密网与非涉密网连接中安全可靠的信息共享，2011年10月7日，时任美国总统奥巴马签发总统令第13587号《加强信息共享和保护计算机网络中涉密信息的结构性改革》。其中，关于管理内容，建立了多个新的跨部门协调机构，并在人员保障、工作职责和任务及程序等方面，对各联邦机构负责人提出明确要求，以确保跨部门协调机构有效行使职权。关于主要技术措施，要求有关协调机构研究制定全国范围的内部威胁计划，建立和整合各机构的安全、反间谍、用户审计和监控等能力和实践经验，研究开发新的政策、目标和重点项目；研究开发有效的技术防护策略和标准，在涉密信息系统中建立统一的身份、凭证和访问管理，解决联邦涉密网络间的协同工作问题。[①] 这个总统令凸显了技术防护和安全保密管理并行的理念和安排。

3. 安全方案应重视管理机制设计。一个完整的网络安全运维方案，或者一个网络安全运维体系，应该包含安全技术防护和安全保密管理两个方面内容。而且，这两方面内容应该比例适当，相互联系、相互照应。在管理机制设计上，整个组织管理机构应该是分层级的。处于承上启下的每个组织管理层级，应当担负执行上级安全保密管理部署和监督管理下级安全防护的双重责任。担负统一综合管理职责的机构，要负责监督管理运维工作人员、网络使用人员、设备设施和信息安全等，还要监督安全运维方案编制、实施，包括修改完善安全运维方案和制度、机制建设等。值得注意的是，承接机关、单位网络安全运维外包业务的公司，在协助起草编制安全运维方案时，需紧密结合实际情况和具体安全需求，合理安排安全技术防护和安全保密管理内容，防止简化或省略管理内容。机关、单位一旦发现管理内容存在缺失、

---

① 田夫笔耕：《美国涉密网络管理的"外科手术"》，载微信公众号"中国保密协会科学技术分会"2017年2月16日。

薄弱的情况，应当及时加以补救，或者提出具体要求，或者另行制定管理制度、办法。要明确机构、人员及其职责，规范管理程序，细化管理措施。否则，安全运维就会因缺少有效引领、监管和规范，难以确保方案更好地实施。

网络安全防护是一项复杂的系统工程，要把安全组织体系、安全技术体系、安全管理体系等手段进行有机融合，构建一体化的总体安全屏障。要发挥管理的引领、主导作用和技术的支撑作用，确保管理和技术双轮驱动。

第三节 改进机构设置和创新工作方法

一、机构设置应适合网络安全保密的实际需求

（一）机构设置要适应新情况

20世纪90年代至21世纪第一个十年，信息网络安全的关注点比较单一，主要在信息安全上，即保证信息的机密性、真实性、完整性和操作系统以及主机的安全性。与此同时，由于处于信息网络大规模建设初期，信息网络安全保密对于改进机构设置的需求尚不明显。另外，一些机关、单位因缺少信息化建设经验，对信息网络的特点、性质了解不全面不具体，在迫切需要网络运用的情况下，对网络建设、运行中的发展速度和规模看得过重，对确保网络安全保密的特殊性和重要性认识还不够深刻，甚至有先尽快建设、使用网络，随后再搞网络安全保密防护的主张。21世纪第二个十年以来，网络建设运用迅速

扩展，网络互联互通需求不断增加。与此同时，网络安全的理念由"信息安全"转变为"网络安全"。信息网络安全的关注点转变为网络与信息系统中软硬件安全、网络数据安全、系统运行和网络服务正常不间断。信息网络安全保密工作更加复杂，网络安全任务日趋繁重，传统的管理机构设置不利于有效整合各职能部门在网络安全保密管理中的资源，以应对新时期网络安全保密的繁重任务和严峻形势。党的十八大以来，习近平总书记就确保网络安全发表一系列重要讲话，提出"没有网络安全就没有国家安全"[1]的重要论断，深刻阐述了网络安全保密的极端重要性，全社会对于网络安全保密在网络建设、运行中重要性的认识进一步提高。机关、单位有必要适应新情况，适当改进、完善网络安全保密管理机构设置、强化管理职能，促进各职能部门更好地发挥整体作用，强化网络安全保密监督管理。

其实，无论国内还是国外，网络安全保密机构设置、职能强化应当也必然随着网络安全保密需求的增加和认识的发展而演变。比如，为适应信息化建设应用安全保密职责、任务增加的需要，自 2010 年前后起，我国许多机关、单位陆续增加保密工作机构人员编制；一些机关、单位单独增设了保密工作机构和信息技术服务、管理机构。2010 年以来，各级保密行政管理部门陆续升格；机关、单位设立保密委员会专职委员、保密总监。2014 年，中央网络安全和信息化领导小组成立。2018 年，中央网络安全和信息化委员会成立。网络安全保密管理得到进一步强化。又如，在本章第二节提及的美国《加强信息共享和保护计算机网络中涉密信息的结构性改革》，针对美国各部门涉密网之间互联互通，以及涉密网与非涉密网连接中的安全保密需求，对网络管理机构进行了调整改革，建立了新的跨部门协调机构，包括高级信

---

[1] 《习近平总书记引领推动网络强国战略综述：朝着建设网络强国目标不懈努力》，载《人民日报》2017 年 12 月 2 日，第 1 版。

息共享和安全保障指导委员会、内部威胁特别工作组，以及由国防部部长和国家安全局局长担纲的保护计算机网络涉密信息的执行机构，[①]以加强网络安全保密统一管理。美国这种根据实际情况变化和信息网络安全保密新需求，对机构设置及时进行相应调整改革的做法值得研究。它不是给原有的各有关部门分别增加新的信息网络安全保密管理职能，也不是在原有机构基础上平行增设职能部门，而是根据新的任务和跨部门协作的需求，对原有相关机构及其职责、任务进行调整、整合，建立高层级的跨部门协调机构，并且专门设立执行机构，明确规定有关部门的职责、任务，为互联互通条件下的信息网络安全保密提供了组织机构保障。这样做，既能够发挥原有机构的职能作用，又能够防止或减少部门间相互掣肘，有利于适应信息网络安全保密新需求。

（二）机构设置需因地制宜

当前，在中央国家机关，从不同方面负责全国网络安全保密工作的职能部门，主要有国家保密局、国家密码管理局、中央网络安全和信息化委员会办公室与国家互联网信息办公室[②]，还有工业和信息化部、公安部、国家安全部等部门。这些是国家层级的主管部门。长期以来，机关、单位负责网络安全保密工作的职能部门，一般是保密工

[①] 田夫笔耕：《美国涉密网络管理的"外科手术"》，载微信公众号"中国保密协会科学技术分会"2017年2月16日。

[②] 中央网络安全和信息化委员会办公室于2018年成立，其前身是2014年成立的中央网络安全和信息化领导小组办公室。国家互联网信息办公室于2011年5月成立，2018年3月与中央网络安全和信息化委员会办公室实行一个机构两块牌子，列入中共中央直属机构序列。参见《中共中央机构沿革概要》，载中国机构编制网，http：//www.scopsr.gov.cn/zlzx/jgyg/201811/t20181120_326533_11.html；《国家互联网信息办公室》，载国家互联网信息办，https：//www.cac.gov.cn/2014-08/01/c_1111903999.htm；《国务院关于机构设置的通知》，载中国政府网，https：//www.gov.cn/zhengce/zhengceku/2018-03/24/content_5277121.htm，最后访问日期2024年9月12日。

作、密码管理和技术管理等机构。这样的机构设置有利于分工负责，但因为相互独立，在网络安全保密工作中不便于协作和统一管理。在全国管理层面，这些主管部门的日常业务，主要是制定政策法规和总体部署、监督指导。尽管相互间也有政策制定等方面协调一致的需要，但是，由于少有实际操作层面的业务，相互掣肘就会比较少。还有中央网络安全和信息化委员会，对网络安全保密工作实施统一领导。而对于具体的机关、单位来说，情况就有较大不同。它们承担信息网络建设和运行管理具体任务，而信息网络作为一个综合系统，保密管理、密码管理和网络建设运行（包括基础设施和安全保密系统规划、建设、运行）三位一体，工作具体、联系密切，需要协调一致的事项多、情况急。如果在机构设置上实行保密、密码和技术管理相互平行，没有一个上级职能部门统一管理、协调，许多日常具体、紧急事项都由几个职能部门协商、协调、配合，难免相互掣肘，协调、互补不便。因此，机关、单位尤其是中、基层机关、单位，在信息网络安全保密管理中，保密、密码、技术等机构及其职能不宜截然分开、平行独立，应当根据具体情况和需求适当整合、统一发挥作用。

在创新、改进机构设置上，机关、单位可以根据网络建设运行中安全保密管理的实际需求进行多种形式的尝试。比如，成立新的跨部门协调机构，统一负责网络安全保密管理；也可以采取有关职能部门的负责人交叉兼职、挂职，或者采取上下级机关、单位有关部门人员交流的办法，加强网络安全保密监督管理；还可以建立有关职能部门联席会议制度等。目的是有利于网络安全保密管理机构之间密切协作、形成合力，强化网络安全保密工作统一管理。

二、创新安全保密管理方法

为适应信息化迅速发展的新形势新任务，需要不断创新安全保密管理方法和理念。信息化条件下的安全保密管理方法和理念，要充分反映以线上管理为主、线下管理为辅的新情况新特点，适应管理范围扩大化、管理对象虚拟化、管理工作动态化的需求。主要体现在以下几点。

（一）积极推进现代科技加速融入安全保密管理

1. 充分发挥信息技术在保密管理中的作用。比如，对重要基础设施、关键设备、涉密岗位和涉密场所等采用安全保密技术检测、监控手段。又比如，将信息技术引入日常保密监督管理工作，开发、运用网上保密业务综合管理平台等，对涉密网络、涉密信息和涉密人员及其重要业务活动、保密宣传教育等进行综合性、自动化动态管理，以适应信息化特点和需要，提高工作效率，节省人员编制。值得注意的是，有些技术公司已经开发出相关的保密业务综合管理系统。但是，有的失于复杂、烦琐，有的结合实际和实用性较差，影响在一线安全保密管理中推广使用。这就需要科技企业与机关、单位有关部门密切配合，充分发挥双方优势，创新理念、思路和方法，推进信息技术理论和管理实践紧密结合，使研发的应用系统和产品体现功能个性化、性能自动化、操作简单化等特点，更好地促进信息技术在安全保密管理中的广泛应用，适应安全保密管理规范化、精准化、扁平化、动态化需求。

在信息化条件下，保密管理工作必须不断融合先进技术，用高科技管理信息化、用信息化管理信息化。保密工作者要努力学习先进技术，了解、熟悉先进技术发展和应用，以促进保密管理方法、工作理念不断创新。要在保密管理工作中大胆使用先进技术、设备，大力推进寓技术于保密管理之中，积极利用现代科技开展全方位安全保密管理。只有不断深入改进非网络环境下保密管理的传统工作模式和方法，善于运用现代信息技术进行安全保密管理,才能更好地适应信息化发展的需要,才能有效应对网络安全保密管理中遇到的困难和问题。

2. 重视网络安全保密管理中的智能化建设运用。智能化可以理解为基于现代科学技术,特别是信息技术发展的具有人工智能特征的自动化。当今世界,无论是现代商业运营活动,还是军事、情报战线斗争,都在积极利用智能化作为技术支撑。国际情报机构越来越多地利用信息技术和人工智能进行网络攻击和窃密。据美国媒体报道,微软公司基于其生成式人工智能模型 GPT-4 开发了一款人工智能聊天机器人,专门为美国联邦调查局(FBI)和中央情报局(CIA)等情报机构服务。该机器人用于在断网的情况下分析绝密信息。[①] 情报机构还可以利用大数据和人工智能技术,确定个人的职业属性、生活和工作规律,推定某单位的具体位置、业务性质和业务活动有关规律等。伴随着工业制造发展的智能化程度提升,一辆智能汽车就是一名情报员,所到之处可以利用自身具有的摄像、录音、监听、定位等功能,获取各种信息、图像。

随着信息化发展,智能化功能在信息网络中的占比必然增加。与此同时,智能化在窃密反窃密斗争中的作用将不断增强。在信息网络安全保密管理中,智能化系统的功能、特征主要体现为四个方面的能力:一是对网络环境和管理对象及其变化情况的感知(获取)能力,比如,及时准确感知、获取网络设备、终端的异常情况。二是信息传递能力,即利用既定的方式将相关信息及时传递到指定位置和终端。三是综合分析、作出决策、发出指令能力,包括对各种情况和数据进行分析、处理,作出判断、形成决策建议,并向有关岗位、目标发出指令。四是提供动作响应(执行)能力,比如,报警、启动安全防护

---

① 《这场自导自演的苦情戏,又能演多久呢?》,载微信公众号"瞭望智库"2024 年 7 月 15 日。

装置、查杀病毒、销毁失控的涉密设备和载体等。智能化建设、运用还要追求集成化、系统化、灵活性和安全性，发挥整体效应。智能化建设和运用在信息网络安全保密管理中大有作为，机关、单位在信息化建设中，应当高度重视智能化技术产品的研发和运用，以更高的标准和质效推进网络安全保密管理。网络安全保密管理中的智能化建设和运用，将显著增加扁平化管理优势，减少管理层级，加快信息流速率，提高感知、决策和应急效率，进一步增强防窃密、泄密能力。

信息网络好比作双刃剑，在方便工作的同时增加安全保密风险。而信息网络+智能化，将使这把双刃剑更加锋利。要持续推进安全保密管理中的智能化建设和运用，以有效应对和管控智能化发展运用中的安全风险，防范国家秘密安全可能遭受的威胁和侵害。

（二）注重信息化安全保密管理制度体系建设

1. 从更广的范围理解制度体系概念。这里说的制度体系，是指按照保密法律法规，结合实际制定的机关、单位保密管理制度的总称，应该包括管理规定和办法、技术标准、工作方案和有关规范性的通知、意见、决定等。就信息网络安全保密管理制度来说，应该包括网络建设运行和信息、设施、设备、用户及相关人员等内容的安全保密管理规定、办法；适应本机关、单位实际情况和具体需求的网络建设、人员选配、设备选型、系统研发等安全保密标准、规范；网络安全保密的各种工作方案、建设规划，甚至机构队伍建设规格、要求等。这样认识和理解制度建设范围，有利于从各方面、多角度构建完善的安全保密制度体系。这样理解并非说每个机关、单位的制度都要面面俱到，而是应当结合实际需要，依法制定繁简适当、分合相宜、贴近实际的系统化制度规范。

2. 把网络安全保密管理内容融入相关制度之中。一般来说，由于信息技术在机关、单位广泛应用，各项保密管理制度都应当充分反映信息化安全保密管理的特点和需求。信息技术和网络安全保密管理内容，不仅应当融入关于涉密事项、涉密设备和涉密人员的保密管理制度，而且应当融入相关的非涉密业务、设备和人员的管理制度。比如，在全员绩效考核和非涉密网络使用管理等制度中，应当规定任何人不得越权访问、非法攻击内部办公网络，不得在未按照国家保密规定和标准采取有效保密措施的情况下以任何方式将非涉密设备、网络与涉密设备、网络连接等内容。

3. 追求制度的完整性和互补性。制度完整性，一方面，是指每一项制度都应当具有系统的规范和内容，对相关重要事项和行为作出系统性具体规定。另一方面，是指由一系列制度构成比较完善的制度体系。比如，信息网络安全保密管理制度体系，应当由能够适应网络安全保密基本需求的各项保密制度组成。当然，制度体系的建构需要有一个根据实际情况逐步累积、完善的过程，相关部门（包括职能部门和业务部门）和人员对制度的制定、掌握也需要一个不断学习、认识、理解的过程。

制度的互补性，是指各项制度都应当有各自管理、规范的对象、目标和独特内容，相互之间尽量避免重复。同时，在各项制度设计上尽量使管理对象和规定内容等方面形成一种相互联系、相互弥补的关系。比如，关于涉密网络、涉密人员、涉密设备、涉密信息等，如果分别制定管理制度，既要避免重复，又要相互照应，以便协调一致地发挥作用。又如，如果在保密事项范围规定中将信息网络建设运行的某个事项确定为具体保密事项，那么，在制定相关的安全保密管理制度或者工作方案、规划时，如遇到该保密事项，就应当按照确定的密级和知悉范围等执行，包括必要时作出相应的保密管理规定，制定相应的安全保护措施。

4. 重视制度的先进性。这里说的先进性，主要指制度的设计和规定内容具有实用性，可操作性强，有利于实现高效率、低成本。制度的先进性往往涉及决策、执行中的制度创新问题。有个案例可以提供一些启示。2021年的时候，笔者有机会听了一个专题讲座。其中讲了一个案例：改革开放初期，某水电站建设工程公开招标，日本一家企业力压所有中外企业一举中标。这家日本企业只用30个正式员工，以低于中国企业一半的成本和一半的工时完成了工程建设。日本企业在中国以很低的工资招收临时工，只有很少的技术、管理人员是自己的正式员工。施工中执行阶段性奖励和激励机制，实施规范化管理。尽管当时还没有盾构机等设备，他们还是按要求、高效率完成了工程建设。若由我们的一些国有企业建设，按照当时的企业管理制度和机制，预计施工人员需要两万人，因工期长，家属就有三万人需要安置，并且，兵马未动，粮草先行。相比之下，势必成本高、效率低。这件事当时对国内水电建筑业冲击很大，迫使我们下决心进行企业经营、管理制度改革。这个案例说明，制度是否具有先进性，决定企业竞争力，关乎事业成败。

在安全保密制度建设上，只有把制度的先进性广义地理解为基于先进认识理念的关于资源配置、管理模式和方法的制度、机制、规范的科学设计和规定，才能着眼长远，从实际出发，不断有创新、发展、进步，使制度建设的出发点和落脚点及其贯彻执行进程不仅规范行为、确保安全，而且真正起到提质增效、促进发展的作用。例如，在信息化建设中，面临有限的安全保密管理力量，与不断增加的安全保密管理任务不相适应问题。怎么办？如果增加人员编制，受机关、单位编制总额有限和业务部门人员编制需求压力大等因素制约。其实，解决安全保密管理力量不足的办法，除了增加在编人员，还可以从制度设计上挖掘潜力，用创新、改革管理制度、管理方法提高工作效率。比如，改进和完善制度设计，全面推进规范化管理，包括尽量减少人盯人管理方式，大力推行用制度管人管事的管理模式和管理方法；广泛运用技术手段，实行智能化管理；进一步强化涉密业务部门、相关职能部门和涉密人员自我监督管理等。甚至可以尝试引进特定的外部力量和技术，在必要的监督管理下，担负相应的安全保密工作任务等。

5. 注重制度的修改完善。在制度体系建设上，对现有制度及时进行修改、完善很重要。要坚持定期梳理现有管理制度，过时的予以废除，不足的进行修订，缺少的及时补充。现有制度长时间不修订、完善，许多规定就会失去先进性、实用性，甚至因为实际情况发生变化导致制度落后、错位，进而出现制度性误导。比如，保密事项范围规定中有关信息化建设的具体保密事项，应当根据实际情况变化及时修订，避免有的内容不能适应网络涉密业务、应用系统、信息技术和国内外形势迅速发展变化的需要。又比如，关于涉密人员脱密期保密管理制度。由于改革开放深入发展加速推进人才流动，涉密人员离职、离岗逐步常态化。而且，涉密人员脱密期重新就业和不同形式的待业多样化。与此同时，信息技术和信息网络的发展，使脱密期保密管理情况复杂化，难度增加。因此，有必要建设具有动态化和信息化特点的脱密期保密管理制度，健全脱密期保密管理岗位责任制。对于具体岗位和人员脱密期限确定和脱密期保密监督管理方式方法等，适时作出相应调整和改进。制度修改完善的过程，就是构建制度体系的过程。不断建设完善保密管理制度体系，就可以将日常安全保密工作逐步纳入规则、制度范围，推进制度化、规范化管理。

(三) 加强安全保密管理的系统化建设

1. 追求保密管理措施的连续性。保密管理措施的连续性，要求通过实施一系列管理方法、措施形成多角度、全方位、相互衔接的管理链，有效作用于涉密业务、保密管理流程中的各个环节。比如，网络安全保密检查，要采取技术设备检查和必要的人工检查，线上、线下检查，普遍检查和有针对性的一定范围抽查等方法。定期和不定期对信息网络进行安全保密检查，务求整体检查工作突出重点、全面覆盖、不留死角，最大限度确保网络安全保密。需要注意的是，保密检查的连续性并非过于频繁地反复进行，而是根据网络安全保密需要确立量化标准，按需要开展检查。按照有关规定，机关、单位的保密自查自评一年开展一次，就是一个量化标准。网络安全保密检查可以参照进行，也可以二者兼顾，再根据需要适当组织开展专项检查等活动。又比如，对涉密人员的保密管理，要明确有关部门的职责分工和协作，采取相互衔接、全过程有效监督管理措施，确保从人员选配、岗前审查，到在岗管理（包括日常保密监督管理和定期复审），再到离岗审批和脱密期保密管理等环节，依法进行闭环式保密监督管理。

2. 建设系统化安全保密管理机制。建设基于信息网络的系统化安全保密管理机制，就是要形成有关部门各尽其责、齐抓共管，技术和管理多措并举，开展全方位安全保密管理的局面。从网络规划建设开始，到网络建成投入运行以后，都要对建构系统化安全保密管理模式有统一的考虑、设计和具体安排。这也符合网络基础设施与安全保密系统"同步规划、同步建设、同步使用"的"三同步"要求精神。在具体操作层面，一是要做好统筹规划。按照信息网络安全保密总体需求进行安全保密管理部署，明确机构、人员、岗位和职责、任务，建立工作运行机制，制定、落实安全测评、绩效考核、教育培训、监督检查等制度、措施，实施系统化安全保密监督管理。二是要做好总体协调。对信息网络安全保密管理这样一个时间跨度大、工作战线长、涉及部门多的系统性工程，应当注重总体协调工作，处理好各项涉密业务顺利开展与实时开展安全保密监督管理的关系，发挥好各业务部门、有关职能部门自觉履行安全保密职责与保密工作机构统一实施保密监督管理的作用，确保安全保密工作既分工又协作，形成各环节紧密衔接、相互配合、相互促进、相互监督。

3. 发挥层级管理和部门管理作用。做好机关、单位信息网络安全保密管理工作，需要充分发挥层级管理和部门管理的职能作用。具体讲，就是要在党委（党组）和保密委员会（保密工作领导小组）领导下，建立、完善以机关、单位党政领导和内设机构各部门、各级机构领导班子为领导体系，以保密工作机构和内设机构各部门保密工作小组或保密专员为监管体系的纵向安全保密领导和监督管理系统。同时，要充分发挥各职能部门、业务部门在保密监督管理中的监督、协调、配合作用，建立、健全以保密工作机构保密监督管理为主导，有关职能部门和业务部门各负其责、相互配合的横向安全保密监督管理系统。还要注重宣传、培训、督促涉密人员主动进行自我管理，建设、完善部门和个人自我管理的制度机制，促进各部门领导班子落实保密工作主体责任和保密工作管理责任，形成统一管理、层层负责的保密监督管理局面。

第四节 强化信息网络安全保密监督管理

按照谁主管谁负责、谁使用谁负责的要求，机关、单位信息网络安全保密监督管理是保密工作机构、技术管理部门、涉密业务部门及其他相关部门的共同职责、任务。

一、及时监督管理

（一）自觉履职，发挥监督管理的防范作用

1. 针对网络、信息安全面临的风险和威胁及时监督。

（1）网络运行中的及时监督。网络运行中的安全保密监督管理，一方面要密切监控，确保及时发现、应对病毒入侵、黑客攻击、非法访问等人为的安全问题；另一方面要注重及时发现、防范安全保密基础设施建设方面存在的漏洞和隐患。防止舍本逐末，只盯着各种攻击、入侵和非法访问，放松对基础设施中安全保密系统建设、完善工作的监督管理。需认清，再好的安全保密防护技术、设施和措施也不能做到一劳永逸，必须持续不断地查漏补缺、加强防范。比如，防火墙要按照安全保密具体需求进行配置和安全设置，而且，安全设置方案要根据安全形势和需求变化及时调整，增强防护力度和针对性；涉密计算机等信息设备的开机密码要按规定的长度和破译难度设置，并且要根据安全防护不同需求，确定不同的密码更新期限，定期更新。确保网络安全保密系统建设符合规定，能够安全、正常运行，并不只是网络建设初期的工作任务，而是伴随网络建设、运行维护全过程的工作任务，应当通过常态化严格监督和安全运维，形成网络安全保密系统的"检疫""防疫"制度机制。

（2）关于涉密网建设的及时监督。对于涉密业务和涉密人员较多、有必要建设涉密网，但由于种种原因，尚未建设涉密网的机关、单位，保密工作机构应当积极作为。

一是充分认识履行保密监督的职责。在确实需要但尚未建设涉密网的机关、单位，保密工作机构应当在充分调研基础上，积极建议、献计献策，主动履行保密监督职责，促进涉密网建设。保密工作机构依法担负涉密信息保密监督管理，维护国家秘密安全的职责，应当开阔视野，从全局出发思考、谋划国家秘密安全保护问题。在信息化迅速发展，网上办公、无纸化办公广泛实施，涉密业务上网压力日益增大的情况下，保密工作机构最应当深刻认识涉密网建设对于有效保护涉密信息安全保密的必要性和重要性。即使从发生泄密事件后问责的角度看，保密工作机构也应当努力促进涉密网建设。因为，不及时建设涉密网，就会增加涉密人员在非涉密网存储处理涉密信息的可能和风险。而防止在非涉密网处理国家秘密信息，除了涉密业务部门责无旁贷以外，保密工作机构首先负有统一保密监督管理职责，包括提出有效防范措施和工作建议。如果违规、泄密行为与保密工作机构保密监督管理不到位有关，则保密工作机构应当依法承担相应的责任。作为担负信息网络安全保密监督管理职责任务的部门，须防止以"谁违规谁泄密谁负责"为由推卸或消极对待保密监督管理职责的认识和行为，还须从主动追求既安全保密又方便快捷的目标、效果出发，思考、处置问题。

二是积极履职尽责。在网络建设运行管理仍然实行传统的分工和管理体制时，在亟须建设涉密网的情况下，保密工作机构应当积极作为，创造性地履行涉密网建设的保密监督管理职责。比如，深入调查研究在没有涉密网的条件下，涉密信息处理方式面临的安全风险和安全与便捷的矛盾，以及涉密网建设的重要性、紧迫性，依据保密政策法规和实际工作需要，向领导层提出加快建设涉密网的建设性意见建议。必要时，也可以向上级主管部门反映情况和面临的困难，争取支持、指导。还可以积极协调本机关、单位有关职能部门，想方设法克服困难，推进涉密网建设。要始终从有利于工作、有利于保密出发，坚持开展积极的保密监督管理，主动履行建议、宣传、协调、督促、引导职责，持续努力。

2. 要从全局出发开展全方位及时监督管理。

（1）发现问题要举一反三，积极整改。安全保密防护和保密监督管理，要防止陷入"头痛医头、脚痛医脚"的被动局面，要坚持防患于未然。一旦发现问题，要举一反三，及时分析研究安全形势，作出科学评估，采取相应措施，防止类似问题发生。比如，2017年5月12日在全球范围爆发的大规模勒索病毒网络攻击事件，短短几天内波及一百多个国家，数十万台电脑被感染，包括英国、美国、中国、俄罗斯、西班牙和意大利等国在内的众多国家网络遭到攻击。我国医院、教育、能源、通信、制造业、公安等以及政府部门在内的多个领域的计算机受到感染。① 在这样大规模病毒网络攻击事件后，我国有关主管部门和各机关、单位必然高度重视，立即组织开展网络安全保密检查和整改工作。但是，如果有的单位不能从中汲取深刻教训，不进行深入检查、全面整改，包括检查修补存在的漏洞，更新、升级密码，加强设备和应用系统配置及其安全检测，严格规范用户身份认证和安全保密管理等，网络就可能仍然存在被病毒入侵、攻击的隐患。何况，病毒在变异，病毒种类和攻击、入侵方式、方法、时间等难以确定。据报道，2021年5月7日，美国就又发生了震惊世界的最大燃油管道商遭勒索病毒网络攻击导致网络业务暂停运营事件。② 这表明，安全保密监督管理要积极防范，要善于举一反三，不断创新防范策略、措施，坚持网络安全保密防护系统化常态化，做到主动、动态监督管理，及时发现问题，堵塞漏洞。

（2）辩证理解突出重点，重视非涉密内部专网的及时监督管理。

---

① 《勒索病毒给全世界敲响了警钟》，载央视网，http://news.cctv.com/m/index.shtml?article_id=ARTIeOw1nHfdsTTQzkCjifYE170517，最后访问日期2024年10月25日。
② 《美国燃油管道商遭勒索病毒攻击事件分析及防范对策》，载微信公众号"宁夏网警"2021年5月12日。

说到内部信息网络的安全保密管理重点，都会首先想到涉密网。但是，用辩证的观点看问题，重点和非重点的身份、地位会随着情况变化而变化。机关、单位的涉密网和非涉密内部专网，以及互联网接入系统，究竟哪一类网络泄密的风险系数更大呢？这是难以简单回答的问题。因为，从理论上讲，由于网络业务应用及其敏感程度不同，相应的安全保密防护要求和用户身份及其管理等也不相同。因此，在不同性质和要求的网络中，违规行为发生的概率和容错度往往会有所差别。而窃密者往往会选择防护薄弱的地方作为突破口。在信息化时代，保密管理工作的重点和注意力不能局限于狭小领域。无论涉密网还是非涉密内部网，或者互联网接入系统，所面临的泄密风险和可能存在的泄密隐患都不可忽视。哪里窃密、泄密风险高，哪里就应该成为防范重点。实践中，许多情况下我们不能准确预判具体窃密泄密事件会发生在哪里。况且，问题往往出在看似不那么重要、容易被忽视的地方和环节。而在信息网络环境下，安全问题的"木桶"效应特点极为显著，各种网络、应用系统和操作行为的关联性非常强。一旦哪个网络、环节、部位安全防护出现漏洞或欠缺，就会被攻击、入侵，进而可能引起连锁反应，造成严重后果。鉴于一些机关、单位非涉密内部专网功能和安全防护方面的特殊性，以及内部网络之间和整体业务运行中的各种联系，应当高度重视非涉密内部专网的安全保密监督管理。

一是检查落实网络安全防护措施。包括安全防护技术、设备和策略是否符合要求，日常安全保密管理制度、措施是否完善，是否严格执行定期更换口令、更新设备安全配置等安全防护规定和要求。

二是加强上网信息安全保密检查和保密审查。防止已经确定和应当确定为国家秘密的信息上网，包括防止将标注国家秘密标志、尚未标注国家秘密标志和擅自删除国家秘密标志的涉密信息违规在网上存储、处理、传输，防止可能存在定密争议的敏感信息未经鉴定、审批违规上网。对于在网上流转、办理、审批过程中需定为国家秘密的信息，要及时删除、彻底清理。

三是落实网络环境下非涉密内部信息的安全保密管理制度机制。包括规范非涉密内部信息的定性、确定和网上存储、传输等，从制度层面加强和规范非涉密内部信息安全管理。

四是防止轻率降低非涉密内部专网的安全防护等级。对于重要涉密机关、单位集中存储处理非涉密内部信息的非涉密内部专网，在与互联网等公共网络实施各种形式的互联和跨网信息交换时必须慎重，应当按照国家有关规定和标准采取有效的安全保密防护措施，并按规定经过充分论证、严格审批。

(二) 完善监管制度机制，确保及时监督管理

在网络安全保密监督管理中，应当建立完善严格的监管制度机制。比如，建立完善岗位责任制，规定监管主体、对象、方法和程序等内容；明确在什么情形下采取什么防范措施，遇到什么问题和现象，应当实施什么样的预警和应急办法等。严格规范的管理制度机制对于确保及时监督管理至关重要。假如，网络用户终端或数据库终端出现莫名其妙的异常访问，若是没有具体明确的启动应急标准、处置方法、工作程序等规定，用户和负责安全运维的工作人员就会无所遵循，或者视而不见，或者一厢情愿地认为应该属于设备运行不正常，或是其他客观原因导致的内部访问异常，而自作主张不作及时应对。结果就可能贻误"战机"，不能防患于未然，或者不能把损害降到最低。实践中，许多想当然的误判导致违规行为和泄密事件发生的情形，往往与具体岗位保密管理制度缺失或者不严格执行保密管理规定有关。所以，网络安全保密工作必须建立严格的管理制度，形成职责明确、严格监督、层层抓落实的良性管理机制。安全保密监管人员、安全运维工作

人员要牢固树立积极防范、及时监督管理的安全保密意识，严格执行法律制度，确保网络安全防护工作立足预防万一。宁可十次落空，不可一时疏忽。

二、准确监督管理

（一）网络建设中的准确监督

鉴于网络建设尤其是涉密网建设，一般都会聘请专业机构负责工程监理，建成投入运行前，须经过法定第三方机构的安全检测、评估。因此，机关、单位网络安全主管部门对网络建设中的安全保密监督重点，应当放在安全保密系统建设方案制定及其重要内容实施上。在网络安全保密系统建设方案的编制中，无论是网络具体布局、应用系统研发，还是相关安全保密技术防护，或者是安全保密设备的选型、装备，都要从具体网络的安全保密需求出发，因地制宜、对症下药，在确保符合国家保密规定和标准的同时，注重方案的个性化特点和适用性。比如，在涉密网建设方案编制、审核中，要防止过多使用、装备安全保密防护技术设备，本来可以不配备安全防护设备的部位也要配备，本来只需要链路加密的环节，却要链路和应用双层加密；要防止过于注重运用中的方便快捷，忽视了某些重要环节的安全保密防护；要防止过多考虑网络建设中的安全保密，未能平衡好安全与便捷的关系。还要充分考虑到必要的经费节约。总之，要充分考虑机关、单位所使用的具体网络的实际情况和特殊需求。

准确监督应当具体体现在，准确指出方案存在的缺点和不足，及时发现方案实施中出现的重大问题，提出恰当的意见和建议，给出具体的方法和措施，避免含糊其词、模棱两可。要努力确保一开始就把安全保密防护的"篱笆"扎好扎牢，防止出现先天性安全保密缺陷和漏洞，防止网络"带病"投入运行。

在网络安全保密系统建设中，安全保密监管部门的人员要做到准确监督显然不易，当然需要掌握比较丰富的网络安全保密知识。但更重要的是具备强烈的责任意识、高度的保密意识和驾驭网络安全保密监督管理工作的能力。要深入了解实际情况和具体需求，努力向实践学习，向书本学习，向专家请教、咨询，虚心听取各方面意见，善于综合分析，作出准确判断。

(二) 网络运行中的准确监督

1. 网络安全保密检查中的监督。要提高网络安全保密检查中保密监督的准确性，一般需要注意做好三方面工作：

一是提前部署安排。保密检查的目的主要是督促自查自纠，发现问题、排除隐患。因此，要提前做好部署，对于有关检查内容、标准、要求、方法、步骤和自查、抽查的时间节点等做出具体安排。

二是开展动员培训。涉及范围大、内容多的保密检查，要采取适当方式进行动员，必要时就检查工具使用、检查项目和方法的理解等内容，对有关人员进行专题培训。

三是抓好检查落实。包括对自查工作进行督促、指导，开展检查验收，针对发现的问题组织进行整改，总结通报检查情况，查处严重违规行为等。保密工作机构组织的检查或叫抽查，一般应该会同网络技术管理部门进行，必要时可以抽调若干涉密业务部门保密工作小组成员或保密专员，组成若干小组开展检查。涉及所属系统的较大范围检查，可以抽调所属机关、单位保密工作专兼职人员组成检查组，开展交叉检查。对机关、单位检查（抽查）范围一般不低于内设机构的百分之五十，检查对象应当具有代表性，包括各类人员、信息、网络设备使用情况等。必要时应该普遍检查，防止自查不彻底、走过场。在所属全系统开展的保密检查，也应该按照全面自查、层层抽查的方法统一组织进行。

2. 网络扩展中的监督。要加强对扩大网络规模和增加各种应用的准确监督。比如，在跨网信息交换方案制定和实施中的安全保密监督管理。随着网络互联互通需求的迅速发展，国家主管部门也出台了相关的安全防护技术标准和信息交换安全防护规范模式。其中，有适合相同等级保护且与互联网等公共网络实行物理隔离的网络间使用的"安全隔离与信息交换系统"模式；有适合不同等级保护的网络间或者非涉密内网与互联网等公共网络间使用的"安全隔离与信息单向导入系统"模式等，并规定了相应的安全防护措施。但是，实践中，各个网络的具体情况不同，有些差别比较大，需要根据具体情况区别对待。既不能一味地生搬硬套、简单移植一般方案，也不能寻找各种理由不严格执行国家主管部门制定的规定和标准。在具体规划实施中，安全保密监管部门要坚持确保国家秘密和工作秘密安全的原则、底线，抱着积极支持、宽严相宜的态度，准确进行安全保密监督管理。既不应以安全保密为由，要求过于严苛；也不应放任过分追求方便、快捷，在安全保密问题上得过且过、睁一只眼闭一只眼。要结合跨网信息交换的具体情况和总体需求，积极协调配合有关部门，研究、提出既符合安全保密需要，又便利业务运行的工作思路和具体建议，并在方案制定、设备选型等方面进行与安全保密需求相关的监督、指导，促进建设安全、高效的跨网信息交换平台。同时，要研究推动制定专门的安全保密管理制度，对安全接入平台建设、设备设施安全检测和审批、保密监督管理和岗位责任等进行规范。

三、外包业务人员的保密监督管理

之所以对承接机关、单位外包业务公司的人员即外包业务人员的保密监督管理单独讨论，是因为这部分人员往往工作在机关、单位信息化建设等重要涉密岗位，且身份特殊，既有机会深度接触机关、单位的内部网络和涉密信息，但又并非机关、单位的直属人员。加强这部分人员的保密监督管理，对于确保机关、单位内部网络和涉密信息安全保密非常重要。

随着信息化不断发展，机关、单位涉密网和非涉密内部专网建设、运行维护和系统研发等许多涉密、敏感业务，由具有相应法定资质的公司承接，这些公司派到机关、单位工作的人员数量随着承接业务增加而增加，成为机关、单位信息化建设的重要力量。许多机关、单位的外包业务人员，有的常驻，有的常来常往；有时分属多个公司的人员承担同一个网络的业务，有时同一个公司不同部门的人员负责几个网络或项目业务。工作内容多、头绪多、环节多、服务对象（包括服务的部门、人员和承担的任务）多。同时，外包业务人员的流动性大，所承担的业务情况又会不断调整、变化，安全保密管理任务繁重、工作艰巨。对于外包业务人员的保密监督管理，重在预防疏忽大意、违规操作导致直接或间接泄露国家秘密，防止利用工作之便窃取、出卖国家秘密等。建议主要做好以下几方面工作。

（一）建立完善专门保密监督管理制度

机关、单位对外包业务人员的保密监督管理，要防止只以业务部门或者以项目为单位各自为政、多头管理，避免管理措施碎片化、不规范。宜实行集中统一、各负其责的规范化管理。机关、单位应当制定专门针对外包业务人员的保密管理规定，对于相关人员的业务范围、岗位职责、行为规范、考核指标、奖励处罚等作出明确规定。其中，对于承接涉密业务和非涉密内部业务的人员、长期驻场人员和临时工作人员的管理，应当规定相应的规范和监管措施。同时，可根据工作需要，由机关、单位有关外包业务主管部门和承接外包业务的公司，按照有关安全保密规定分别制定外包业务驻场人员、团队及其工作场所（包括机房和其他办公场所，以及使用网络和设备等）保密管理具体办法，并建立考勤和岗位责任制度。有了比较系统、可操作性强的保密管理制度、规范，机关、单位主管外包业务的有关部门和承接外包业务的公司及其有关人员才能有章可循，才能对外包业务人员开展有效的保密监督管理。

（二）采取系统的保密管控措施

主要应该包括六个方面的内容：一是按照有关保密规定，严格开展对外包业务人员特别是承接外包涉密业务人员的岗前保密审查，和长期驻场涉密人员的定期保密审查。二是加强外包业务人员出入机关、单位证件管理，包括对执行临时任务人员的出入证管理。将有关人员的活动时间、范围控制在工作需要的最短时间、最小范围之内。三是在重要涉密机房、网络设施、设备安装场所，装备必要的监控设备，进行实时监控录像。四是对于重要涉密业务活动，应派专人陪同，或者采取拍照、录像等措施，以备监督、核查。五是对于涉密设备和应用系统的维护等重要涉密业务行为，应当按规定履行审批手续，并将有关人员及其活动、操作情况记录在案，以备事后查证。六是加强涉密信息、非涉密内部信息安全保密管理，严格限制涉密信息知悉范围。对涉密信息知悉、接触、存储、处理和使用依法进行检查、审查、审批，并采取相应的安全保密管理措施，严防在未按照国家保密规定和标准采取有效保密措施的情况下，在非涉密信息设备存储处理涉密信息，或将涉密文档、资料擅自带出机关、单位，以及以其他任何方式擅自扩散、泄露。

（三）加强保密教育培训

机关、单位应当根据外包业务安全保密需要，对外包业务人员开展专门的保密教育培训。可以采取以下做法：

一是坚持外包业务人员岗前保密教育培训。要把岗前保密教育培训定为外包业务人员的必修课并要求测试合格。岗前保密教育培训可视情况由机关、单位有关外包业务主管部门、外包业务人员主管部门或者保密工作机构组织进行。

二是保密教育培训常态化。机关、单位对外包业务人员的保密教育培训应参照机关、单位涉密人员保密教育培训的有关规定统一安排。具体做法可由有关主管部门单独或会同保密工作机构，对外包业务人员集中进行保密教育培训，也可以视情况与机关、单位涉密人员一起培训。

三是丰富保密教育培训内容。保密教育培训内容可以参照机关、单位开展保密教育培训的内容确定，包括优良传统、理想信念、保密意识、保密常识、国内外形势、保密法律制度、警示教育等。重在不断提高外包业务人员的保密意识、保密常识、责任意识、法律意识，增强做好安全保密工作的主观能动性。

（四）建立甲乙双方协同监督管理制度机制

对外包业务人员的保密监督管理应当从机关、单位（甲方）和承接外包业务的公司（乙方）两方面发力。针对一些外包业务人员在甲方长期驻场服务，或者在所属公司处理甲方涉密业务的实际情况，甲方有必要会同乙方，建立双方协同对外包业务人员进行保密监督管理的制度机制。

1. 建立双重保密审查制度。对于外包业务人员的保密审查，先由乙方按照保密规定和甲方要求严格进行保密审查，然后，再由甲方外包业务主管部门、外包业务人员主管部门和保密工作机构（或会同组织人事部门）进行审查。甲方审查可以采取书面审查形式，必要时，甲方可以对有关人员进行面试或采取向有关方面发调查函等措施。对于长期驻场的外包业务人员，甲乙双方还应当按照有关涉密人员保密管理规定精神定期进行保密复审。

2. 协同开展日常保密监督管理。甲乙双方应当协同对外包业务人员加强日常保密监督管理。甲方有必要明确具体管理部门和责任人，负责外包业务人员的日常保密监督管理。外包业务人员因私出境，乙方应当严格履行审批手续并征求甲方意见。对于外包业务人员的脱密期保密管理，甲乙双方也需要密切配合。甲方除按规定和需要向乙方提出具体要求外，可以要求乙方定期通报涉密人员脱密期内的有关情况，必要时以适当方式定期回访，防止一走了事。

3. 建立奖惩基金。比如，可以从外包业务项目合同总金额中分出一定比例的数额由甲方掌握，作为对承接外包业务的公司及其驻场和相关人员奖励、处罚经费。甲方可根据有关人员的工作表现、绩效考核，按照制度规定和合同约定，对乙方公司和有关人员进行奖励或处罚。

4. 建立情况通报机制。明确规定，甲方可以根据外包业务人员和团队工作表现，定期向乙方通报情况，并就有关人员的职级晋升、表彰奖励和处罚等，向乙方提出建议；乙方在有关人员绩效考核、表彰奖励和职级晋升时，应当征求、听取甲方的意见。此项机制可在外包业务项目合同中约定，并在有关制度中规定，明确甲乙双方工作内容、权利义务，形成工作机制。

此外，有条件的乙方常驻甲方工作团队，可以成立临时党、团组织，与甲方主管部门的党、团组织共同开展学习交流活动，或者以适当方式、名义参加甲方主管部门的党、团和工会等组织开展的有关活动，以加强联系，增进相互了解。

甲乙双方协同监督管理制度机制的建立和执行，有利于从制度层面防止甲乙双方对外包业务人员的保密管理出现"两张皮"、两不管现象。目的是提高外包业务人员的保密意识和责任意识，增强其在认识上、工作中对甲、乙双方负责的一致性。

第六章

涉密资质单位的保密管理

涉密资质单位的保密管理，是关系国家安全和利益的一项系统工程，几乎涉及日常保密工作的各方面内容。本章结合实际，从取得涉密资质的意义、保密机构队伍和制度体系建设、风险管控和隐患排除等几个方面进行讨论。

第一节 取得涉密资质的意义和重要性

一、涉密资质及其管理改革的背景

根据《涉密信息系统集成资质管理办法》(国家保密局令 2020 年第 1 号)、《国家秘密载体印制资质管理办法》(国家保密局、国家市场监督管理总局令 2020 年第 2 号)等保密法规规定,涉密资质(也称保密资质)是指保密行政管理部门许可企事业单位从事涉密信息系统集成业务和国家秘密载体印制业务的法定资格;涉密资质单位(也称资质单位)是指依法取得涉密信息系统集成资格和涉密载体印制资格的单位;承接机关、单位涉密业务的企事业单位,应当依法取得相应的涉密资质。

党的十八大以来,以习近平同志为核心的党中央从全局出发,把转变政府职能作为深化经济体制改革和行政体制改革的关键。2015 年 5 月,国务院召开全国推进简政放权放管结合职能转变工作电视电话会议,实施"放管服"改革。"放管服"就是简政放权、放管结合、优化服务,是对依法行政提出的更高要求。之后,从 2017 年到 2019 年,国务院陆续召开会议,印发文件,持续推进"放管服"改革。在此背景下,国家有关部门按照党中央、国务院关于转变职能、深化"放管服"改革的部署和要求,结合形势发展和保密工作需要,进一步推进涉密资质管理改革。2014 年 1 月 17 日,《保密法实施条例》颁布,对涉密资质保密审查及其应当具备的条件等作出了明确规定。2012 年 8 月 15 日,国家保密局、原国家工商行政管理总局、国家新闻出版总署发布

《国家秘密载体印制资质管理办法》（国保发〔2012〕7号，已失效），2013年7月24日，国家保密局发布《涉密信息系统集成资质管理办法》（国保发〔2013〕7号，已失效），并于2019年对上述两项法规制度进行了修改，2020年又出台了新的管理办法，进一步扩大涉密资质申请范围，加强涉密资质保密审查。与此同时，国家保密行政管理部门不断改进涉密资质管理工作，为更多企事业单位申请、获得、延续涉密资质创造条件、提供服务，持续推进涉密资质保密管理制度化、规范化，使一批又一批企事业单位能够依法取得或延续涉密资质，可以为机关、单位涉密业务开展提供更多更好的技术支撑。2024年新修订的《保密法》和《保密法实施条例》，对涉密资质保密管理作了进一步规定，必将推进涉密资质保密审查和涉密资质单位保密管理工作规范化建设。

二、取得涉密资质的政治意义

（一）涉密资质单位的政治责任

按照保密法规规定，依法取得涉密资质的单位及其依法确定的涉密人员，在承接机关、单位的涉密业务中，可以根据工作需要直接或间接接触国家秘密信息，从事实际意义上的涉密业务。与此同时，这些涉密资质单位及其涉密人员也成为境外情报机构围猎、窃密的重要对象，面临着泄密的风险，增加了一份保守国家秘密的政治责任。在国际政治斗争尖锐复杂、窃密反窃密形势严峻的情况下，境外情报机构、间谍组织和黑客紧盯涉密资质单位承接的机关、单位涉密业务，千方百计寻找涉密资质单位保密管理上的漏洞进行窃密。或者伺机策反涉密资质单位涉密人员，利用其工作之便窃取所服务机关、单位的国家秘密；或者通过攻击涉密资质单位业务网络和借助于涉密资质单位泄露的敏感信息入侵机关、单位的涉密网络，窃取国家秘密和重要情报。2018年11月22日，为纪念《反间谍法实施细则》颁布一周年，中央电视台综合频道《焦点访谈》栏目播放了一部电视片，反映有3个国际间谍机构通过攻击入侵一家涉密资质单位的内部网络，窃取其所承接外包业务的某涉密机关内网的账号、密码、地址等信息，进而侵入该机关内部网络，窃取大量重要国家秘密。这一教训极其深刻！

面对保密工作的严峻形势和艰巨任务，涉密资质单位应当提高政治自觉。深刻认识涉密资质不是一般的市场准入资质，而是可以承接国家秘密业务的特殊资格，具有极强的政治性；深刻认识确保国家秘密安全对于维护国家安全和利益的极端重要性，不断增强政治意识、责任意识、保密意识和敌情观念，始终绷紧保守国家秘密这根弦。

（二）涉密资质审查的政治责任

正因为涉密资质是承接涉密业务的资格，具有极强的政治性，国家保密行政管理部门和涉密资质审查主管单位，从政治上高度重视涉密资质审查、审批工作，依法制定了一系列标准、制度和操作规程并不断修改完善，严格执行。不仅对涉密资质单位的基本条件、保密工作领导机构建设、保密工作机构设置、涉密人员保密管理、涉密设备配备、保密制度建设等作出了明确规定，而且对保密审查工作也作出了全面部署，提出了严格要求。就拿现场保密审查来说，参与审查的人员都必须经过严格审核审批，集中进行保密教育和业务培训，经常开展廉洁自律和反腐防腐教育。审查工作安排，包括审查组的组成，审查项目、程序、方法和标准，自动回避、保密承诺和廉洁自律等都要规定，安排得非常严谨、细致，并认真落实，确保现场审查严格按照规定内容、标准和程序进行，确保审查公平、公正，符合保密法律制度规定，确保现场审查达标的涉密资质申请单位切实符合承接涉密业务的法定条件和要求。

三、被授予涉密资质是国家的信任

(一) 依法授予涉密资质

在一批批经审查达标或不达标的涉密资质申请单位中，既有单一制国有企事业单位，也有民营和混合所有制企业；既有数千人的较大公司，也有几十人的小微企业。关于这些单位是否合格，是否授予涉密资质，在法律面前都一律平等。只要符合法定条件，国家保密行政管理部门都一视同仁，依法受理，依法审查、审批，依法授予涉密资质。同时，国家保密行政管理部门和涉密资质审查主管单位，利用各种形式、方法和机会对涉密资质申请单位积极开展有针对性的保密宣传教育、培训和指导。国家保密行政管理部门还依法组织对涉密资质单位开展"双随机检查"和"飞行检查"[①]，全面推进"放管服"相结合、一体化，充分体现了依法行政、依法治密的法治精神，充分体现了国家对涉密资质单位的充分信任和高度的责任心。

(二) 涉密资质单位应以保守国家秘密为重

从现场审查情况看，大多数单位的保密管理人员都能够认识到，被授予涉密资质，是国家政治上的信任和对单位保密工作能力的肯定，是为机关、单位开展涉密业务服务的机会。涉密资质单位不能仅仅把涉密资质当作承接机关、单位涉密业务、获取更多经济利益的"敲门砖""入场券"。要树立全局意识，正确处理维护国家安全和利益与为单位创造经济效益之间的关系，始终自觉地把保守国家秘密、维护国

---

① 双随机检查，指检查主体随机，检查客体随机，即企业事先不知道谁来，检查组的专家事先不知道去哪里；飞行检查，就是突击检查，不提前通知检查单位。

家安全和利益放在第一位。不能只关注单位的经济效益，更不能为追求经济效益不顾甚至不惜牺牲国家安全和利益。涉密资质单位如果不能始终正确认识取得涉密资质的重要意义，变得只看重取得涉密资质可以为单位争取大量涉密项目，创造更多经济效益，从而忽视了在为机关、单位开展涉密业务服务中，保守国家秘密、维护国家安全和利益的责任及重要性，就会不利于涉密资质单位不断提高安全保密管理水平，积极应对严峻的窃密反窃密斗争形势，很可能导致发生违反保密法规制度有关规定的行为和失泄密事件。

四、涉密资质单位应当全面履行保密责任

（一）注重保密能力建设和责任落实

《保密法》第四十一条规定："从事涉及国家秘密业务的企业事业单位，应当具备相应的保密管理能力，遵守国家保密规定。"涉密资质单位不仅是拥有承接涉密业务的资格，而且应当真正具备从事涉密业务的保密管理能力。同时，应当按照保密规定和相关要求全面履行保密责任，做到名副其实。正所谓资格与责任对等、权利和义务相当，承接涉密业务的资格与保守国家秘密的责任相统一。甲级涉密资质有甲级涉密资质的标准和责任，乙级涉密资质有乙级涉密资质的标准和责任，越是承接涉密业务范围广、密级高，越是要担负起更多更高的保密责任。涉密资质单位应当按照涉密资质标准和相关保密规定，做好保密基础建设，包括组织机构建设、保密场所和保密设施建设、涉密人员选配及其保密宣传教育培训、保密制度机制建设等，为做好保密工作提供人财物方面的保障。与此同时，涉密资质单位应当遵照保密法律制度规定和国家保密行政管理部门要求，切实做好保密管理工作，依法履行保密责任。

(二) 加强日常保密监督管理

值得注意的是，涉密资质单位无论是在承接涉密项目期间，还是在暂时没有承接涉密项目的情况下，都应该加强保密基础建设和保密监督管理工作。既不能因忙于承接完成涉密业务，放松日常保密基础建设和保密管理，也不能在没有承接涉密项目时，保密管理工作就无所事事，待承接涉密项目时才临阵磨枪、仓促上阵。不打无准备之战。只有平时做好保密基础建设和保密管理，做好必要的物质准备，建设一支思想政治、保密技术和法纪素质都过硬的保密队伍，才能具备承接、完成涉密业务项目，维护国家秘密安全的能力，更好地履行保密责任。涉密资质单位如果长期放松保密建设和日常保密管理，就很可能在延续涉密资质现场审查时不能达到法定标准，甚至可能在承接、完成涉密业务中发生违规行为，直至泄密，给国家安全和利益造成严重损害，也使单位形象和利益遭受打击，因此，务必保持高度警惕。

第二节 保密机构队伍建设

一、重视保密机构设置和人员选配

(一) 规范机构设置，明确职责任务

1. 必要性和重要性。根据《保密法实施条例》第四十七条和有关涉密资质保密规定，涉密资质单位应当有专门的机构或者人员负责保密工作。对于甲级资质单位和乙级资质单位的机构规格、人员配备等，

有关保密法规制度都有具体规定。这样规定具有明确的意图和针对性，就是要从组织机构设置和人员配备上确保强化保密管理，防止保密管理工作出现职责不明，力度不够或推诿、扯皮，也表明保密工作在涉密资质单位的重要地位。无论是初次申请涉密资质的单位，还是申请延续涉密资质的单位，只有按照规定和要求规范设置保密机构，配备管理人员，明确保密工作职责、任务的单位，保密工作基础建设和日常管理才能顺利开展，保密审查才能达到法定标准和要求，否则，就会出现这样那样的问题。比如，一个初次申请甲级涉密资质的单位，若是专职保密管理岗位负责人兼职过多，其工作精力和注意力必然分散；若是保密工作机构没有按规定单独设置，或者规格过低，且负责人又是兼职，势必导致保密管理职能不能有效发挥。在这种情况下，由于组织管理系统不畅通，很难在较短时间内为迎接保密审查做好繁重、紧迫的准备工作。尽管有的单位人员整体素质较好，日常业务工作扎实，但是，涉密资质审查是单位面临的政治性、专业性、技术性很强的新课题新任务，由于甲级涉密资质标准和法规制度对保密管理要求严格，审查项目多、内容具体，准备工作千头万绪，在保密机构不健全、保密管理职能受制约的情况下，难免顾此失彼，影响总体成绩。即使一个取得涉密资质多年的单位，若是不重视保密管理，保密机构长期不履行职责，不搞保密基础建设，不开展保密监督管理工作，处于名存实亡状态，则单位的保密管理能力就会逐渐削弱、丧失，日常保密工作就会出现问题、隐患。如果在这样的状态下接受涉密资质延续保密审查，势必出现有关负责人对所承担的保密管理职责、任务和单位保密工作情况不了解的情形，单位实际保密工作状况也难以符合保密规定和要求。

2. 原则性和灵活性。有个现象值得注意，就是许多企事业单位，特别是一些小微企业，对于内设机构和人员编制控制非常紧，加之一些单位对于设置保密机构重要性的认识一时不能完全到位，因此，有的涉密资质申请单位在保密机构设置和保密管理人员职责任务分工上，采取变通办法。比如，名义上是专职保密管理人员，实际上身兼数职；名义上按规定的规格配备保密工作机构负责人，实际上不够规格等。这样做，试图达到既能通过审查、取得资质，又能节省资源的效果。可是，涉密资质标准、条件和要求是经过全面、认真研究并依法制定的，是为了更好地适应窃密反窃密斗争严峻的形势，适应确保国家秘密安全、维护国家安全和利益的需要。涉密资质单位必须严格遵照标准和要求设置保密管理机构，明确、落实职责任务，这是刚性规定。当然，有时有些情况也并非完全绝对。比如，专职保密管理人员的兼职问题。关于设专职保密管理人员的规定，其立法精神应该是适应涉密资质单位保密管理实际需要，防止因兼职在时间、精力、注意力等方面影响日常保密管理工作。实践中，在特殊情况下专职保密管理人员是否可以有适当兼职呢？比如，在单位较长时间没有承接涉密业务，没有涉密项目现场保密管理任务等情况下，专职保密管理人员是否可以有辅助性临时兼职，短期内适当兼顾其他工作呢？这些应该具体情况具体对待。不过，只要涉密资质有效，无论何时，保密管理机构都不能空转，不能"名存实亡"，保密管理机构、管理人员工作的注意力和主要精力应当始终围绕保密管理，任何兼职应当以不影响正常保密管理为前提。好比和平时期没有战争，军队会奉命参加一些社会救助活动，但是，军队组织机构应当正常运转，战争准备、军事训练必须照常进行，始终做好随时打仗的准备。涉密资质单位不能因为一段时间内没有承接涉密业务，削弱、停止保密管理机构工作，放松日常保密监督管理。

（二）必须有得力的保密管理人员

1. 管理人员履职能力强至关重要。一般来看，凡是现场审查一次达标的单位，保密管理人员都比较得力。反之，没有达标的单位，大多存在保密管理人员不熟悉保密业务、保密管理不规范不到位等诸多问题。毛泽东同志曾指出："政治路线确定之后，干部就是决定的因素。"① 他还说过："政策和策略是党的生命，各级领导同志务必充分注意，万万不可粗心大意。"② 这深刻阐明了领导干部、管理人员履职尽责及其工作策略和方法的重要性。作为涉密资质单位，如果保密管理人员履职能力强，保密政策法规就能得到很好的贯彻执行，产生良好的效果；如果保密管理人员履职能力差，或者不作为、消极怠工，或者简单作为、乱作为，动不动搞绝对化、一刀切、走极端，不是具体情况具体分析、区别对待，不讲究工作策略和方法，保密政策、法律制度就得不到有效贯彻执行，或者会被执行歪了，产生更多负面作用。

涉密资质单位的保密工作第一责任人、专职保密领导岗位负责人、保密工作机构和涉密业务部门负责人等保密管理人员的整体素质好、履职能力强，尽职尽责，对于全面、高水平落实保密法规、标准和要求，做好单位的保密工作非常重要。保密工作第一责任人，要履行全面领导单位保密工作的职责，及时掌握重要情况，协调解决保密工作中的重大困难和问题，不能当甩手掌柜；专职保密领导岗位负责人，要担负具体领导单位保密工作的责任，对单位日常保密管理工作负总责，应当掌握总体工作情况，谋划工作思路，统筹保密法律制度落实；保密工作机构负责人，要具体承担单位日常保密监督管理职责；涉密业务部门负责人，要担负全面领导本部门保密工作的职责。其中，保密工作机构负责人是一个承上启下、协调各方的重要岗位。对上，汇报情况，反映问题，提出意见建议；对下，传达贯彻上级决策精神，

---

① 毛泽东：《中国共产党在民族战争中的地位》，载《毛泽东选集》（第二卷），人民出版社1991年版，第526页。

② 毛泽东：《关于情况的通报》（1948年3月20日），载《毛泽东选集》（第四卷），人民出版社1991年版，第1298页。

组织开展保密监督检查、保密宣传教育培训，对保密工作进行具体监督、管理和指导。涉密资质单位的保密工作要达标、规范、做得好，保密管理人员必须具备适应岗位保密职责的良好素质、综合能力并积极履职尽责。

2. 管理人员履职能力差的表现及原因。如果有一家涉密资质申请单位，先后两次甚至三次现场审查都未达标，而且，"整改"后的审查得分还低于前次审查得分，那么，该单位很可能存在重要岗位保密管理人员对有关保密法规制度内容不了解，对所承担的保密管理职责、任务不明确，或者对涉密项目保密管理、风险评估、涉密人员保密管理中许多具体工作不清楚等问题和情形。至于为什么"整改"后审查得分还不如"整改"前审查得分，那是因为每次现场审查，虽然规定的审查项目一样，但是，由于时间关系和许多审查内容广泛，具体到每项审查内容上有些只能抽查。每次抽查内容不尽相同，发现的问题也会不同，而且还会有老问题没有整改或者整改不彻底等情形。因此，"整改"后的得分不会必然增加。而"整改"后得分不如"整改"前，正说明主要的组织、管理人员可能存在职责不明、任务不清、能力不强等问题，整改工作难有成效。

如果一家申请延续涉密资质的单位，涉密业务部门负责人对部门保密管理工作责任落实不到位，没能按规定制定符合实际、可操作性强的涉密项目现场实施保密工作方案，对于涉密项目现场保密管理不规范、不严格；专职保密领导岗位负责人对保密业务不熟悉，连单位总体业务工作方案和涉密项目现场实施保密工作方案都分不清；保密工作机构负责人工作不严谨、工作效率低，对保密工作许多具体情况不了解，那么，保密工作整体情况就很难达到涉密资质法定标准和要求。

涉密资质单位（或者初次申请涉密资质的单位）保密管理人员管理能力欠缺，不能有效履行保密管理职责的原因，一般有以下三点：

一是时间紧、任务重，来不及学习提高。单位在初次申请涉密资质前，有关人员缺乏保密工作经历和保密管理经验。一旦有意申请涉密资质，又心情急切，在包括人员学习、培训、项目实施模拟训练等各项基本功课尚未认真做，准备工作不充分的情况下，就仓促申请，接受审查。虽然保密管理人员有了保密管理岗位和工作职责，但是，要达到基本理解、掌握保密法律制度和具备履行保密管理职责的综合能力，还有一定差距。

二是不注重日常保密业务学习和保密监督管理。涉密资质单位的保密管理人员，如果长期不注重保密知识学习，不参加保密教育培训，或者因为单位长时间未承接涉密业务，又不认真履行日常保密管理职责等因素，缺乏保密管理工作历练，日常工作中主要精力都放在了其他业务上，那么，保密管理人员的综合履职能力不仅难以持续提升，还会故步自封。等到申请延续资质面临审查时，如果不提前做充分准备，临阵磨枪，即使在保密管理岗位任职多年，其综合履职能力也不能适应工作需要。

三是选人用人不当。专职保密领导岗位负责人、保密工作机构负责人等，作为单位负责保密管理工作的重要人员，在单位保密管理中起着举足轻重的作用。人员的选配应当遵循涉密人员和保密管理人员法定的标准和条件，应当适应保密工作政治性、专业性、技术性特点和要求，应当熟悉单位的实际情况，具有做好保密管理工作的基本素质和综合能力。如果关键人员在重要方面有明显缺陷，势必对保密管理产生全局性影响。

3. 关于选配保密管理人员的几点建议。应当选配什么样的保密管理人员呢？除了具有良好的政治素质和品行，建议至少从以下三个方面给予关注。

一是热爱保密工作。起码愿意干，想干好。假如，某单位为申请涉密资质，加强保密管理，将其他业务部门的负责人强行调任保密管理岗位。而该负责人虽然在分管业务部门时表现得工作能力强，但是被迫、不得已转岗，或者嫌保密管理岗位收入低，或者是不热爱保密管理工作等，工作热情和积极性不高。这样，也不利于做好保密工作。

二是有责任心和事业心。保密管理工作是一项责任重大、任务艰巨，又不怎么显山露水的工作，加上企事业单位保密管理岗位的工资一般要比其他主要业务岗位工资低。因此，保密管理人员更需要有高度的责任心和事业心，要有一种为保密事业默默奉献的奋斗精神、牺牲精神。

三是有一定的组织管理能力。组织管理能力基于一些特定的素养，需要具备一些个人禀赋、资质和经过培养、锻炼形成的基础条件。如果缺乏组织管理能力，尽管负责保密管理工作多年，对保密规定、标准的理解和对保密工作情况的把握也难以准确、全面，保密管理方法、措施和力度也难以精准、到位。而且，这样的情况，也不具备短期内通过努力学习得到提高的良好基础和条件。基础条件不好，即使在保密管理岗位工作时间长、经历多，管理水平也难以显著提高，更何况形势在发展，情况在变化，正如逆水行舟，不进则退。

(三) 必须有一支合格的涉密人员队伍

1. 实际困难和问题分析。作为涉密资质单位，建设一支相对稳定、能够满足工作需要的涉密人员队伍，对于圆满完成涉密工作任务非常重要。涉密资质单位在涉密人员队伍建设上面临的一个突出问题，就是在紧急承接涉密项目时，现有涉密人员往往数量不足。主要原因如下：

一是为降低单位整体业务经营成本压缩编制。许多涉密资质单位，在平时涉密业务量不大的情况下，对于涉密人员的选配、确定数量会保持在工作需要的最低标准。一旦要承接工作量大的紧急涉密业务，短时间内依法招聘、确定足够、合格的涉密人员就会有困难。

二是涉密人员流动性较大。由于社会人才流动自由度增加，而涉密人员总体素质相对比较高，就业选择余地大，因此，涉密人员随时辞职另就业的比较多。

三是涉密岗位选人难度大。涉密岗位责任重，对涉密人员要求高、管理严，保密津贴微薄等，导致涉密人员选配、招聘难度大。

四是由于涉密人员数量应当限定在工作需要范围之内，而且管理责任大、成本高，单位也不会招聘、确定更多的涉密人员。

上述因素给涉密资质单位保持一支能够随时满足工作需要的涉密人员队伍增加了困难。其中，涉密资质单位承接涉密业务的不确定性又是重要因素。按照保密规定，确定涉密人员数量的原则是以岗定人。尽管涉密资质单位按规定确定了一定数量的涉密人员，但是，承接涉密业务的不确定性，会成为导致涉密岗位不稳定的重要因素。这种情况与具有相对稳定涉密业务量和岗位的机关、单位有很大不同。

涉密资质单位若不能保持一支随时满足涉密业务需要且相对稳定的涉密人员队伍，最突出的问题是增加完成临时承接涉密业务的安全保密风险和隐患。实践中，为了完成临时承接的涉密业务，有的单位会采取随时确定涉密人员的办法充实涉密人员队伍。特别是面对一些需要跨省异地驻场完成的涉密业务，通常会就地招聘批量涉密人员。有时，在任务紧迫的情况下，可能进行岗前保密审查和保密教育培训都很仓促。在这种情况下，如果一次性招聘、确定十多名甚至数十名涉密人员上岗承接涉密业务，单位只派一两名管理人员负责，那么，由于时间紧、临时招聘人员过多、准备工作不充分，就会增加安全保密风险和隐患。

2. 建议采取的应对措施。针对涉密资质单位临时确定、招聘较大数量涉密人员仓促上岗带来的安全保密风险问题，建议采取以下应对措施：

一是合理安排，确保依法完成岗前保密审查和保密教育培训。在时间紧、任务急的情况下，岗前保密审查、保密教育培训可以采取分批进行、陆续上岗的办法。或者先上岗从事不直接接触涉密业务的准备工作和相关非涉密业务，随着保密审查、保密教育培训完成，逐步介入涉密业务。需要注意的是，保密审查应当依法严格进行，保密教育培训应当按规定认真开展，不能敷衍了事。比如，岗前保密教育培训，要在较短时间内务求实效，内容应当包括保密形势教育、警示教育、保密法律制度和涉密业务流程及风险防控。有条件的还应当参与涉密项目现场实施模拟演练等。涉密人员的岗前保密审查和保密教育培训是刚性规定。要根据实际情况统筹安排，严格执行保密规定。如果保密条件不具备，宁可延缓承接新的涉密项目，也不能贪多嚼不烂、违规操作，不能凭侥幸，牺牲安全保密，一味追逐经济效益。

二是采取新老交替、循序渐进的办法。比如，在项目实施初期，可以适当选派较大比例有涉密人员资格的老员工。随着新招聘的涉密人员分批次上岗，在老员工传帮带中渐渐熟悉工作，再逐步减少老员工数量。这样安排，既可以缓解一次性招聘、审查、培训许多涉密人员带来的时间紧、工作量大等压力，也可以减少、避免因新手陡增过多，导致传帮带和保密监管任务重带来的工作困难、安全风险和隐患。

三是重视涉密人员预备队伍建设。涉密资质单位应当重视非涉密人员日常保密教育培训，从中培养涉密人员预备队伍。对部分重点培养对象，可以适当进行涉密项目实施模拟训练，采取一定的方式方法，定期开展类似保密审查性调查了解工作，做好随时确定为涉密人员的相关准备。届时，只需要履行基本审批手续即可达到上岗条件。开展涉密人员预备队伍建设，还可以推进全员保密教育，提高单位安全保密整体防范能力。

二、加强涉密人员保密监督管理

涉密资质单位加强涉密人员保密监督管理，应当注重以下几方面工作。

（一）以保密教育培训推进保密管理

1. 以深入开展保密教育培训提高安全保密防范能力。深入开展保密教育培训，对于涉密人员提高保密意识，学习保密常识，掌握保密技能，从而增强遵守保密法律制度的自觉性和防范违规行为、抵御各种诱惑的能力，具有重要意义。涉密资质单位的涉密人员，许多长年在外工作，有的在外省异地承接涉密业务，长时间远离本单位，又可能面临各种安全风险和诱惑。如果抱着心存侥幸，不求万无一失，但求得过且过的心态，没能想办法采取适当方式开展深入持久的保密教育培训，日常保密教育培训像蜻蜓点水、水过地皮湿，那么对于加强涉密人员自我安全保密管理能力、增强遵纪守法的自觉性非常不利。

实践中，许多违反保密规定甚至泄密的行为，都与自我安全保密防范能力差密切相关。比如，有的将标注国家秘密标志的文件删除密级标志后，在未按规定采取保密措施连接互联网的计算机上存储；有的在未采取必要保密措施连接互联网的计算机上起草、存储含有敏感信息的涉密文件的附件等。发生这类违规行为的个人原因应该有两方面：一方面，是缺乏保密意识和保密常识，不了解有关定密权限、定密职责规定和涉密载体、涉密信息保密管理规定，自以为内容不敏感、不必要定密，或者自以为删除国家秘密标志后存储在连接互联网的计算机上没有风险，就擅自为之；另一方面，是保密纪律性和保密责任心差，不知敬畏，遇有新情况新问题不请示不汇报，擅自作为。这些违规行为的有效防范，离不开深入扎实的保密教育培训和深刻的保密警示教育。

2. 以深入开展保密教育培训推进规范化保密管理。比如，按规定，涉密资质单位保密工作领导机构例会，应当坚持集中学习贯彻党和国家关于保密工作的方针政策及保密法律制度，避免只是针对申请涉密资质、保密检查等具体事项开会，就事论事；涉密资质单位保密工作机构，要组织保密管理人员和涉密人员认真、系统学习涉密资质保密标准和相关保密法律制度，使保密管理人员和涉密人员按要求理解、掌握相关的保密法规制度规定和要求。磨刀不误砍柴工。涉密资质单位在保密管理层和涉密人员中深入学习保密方针政策，开展保密教育培训，有助于提高保密管理人员和广大涉密人员的法治意识，增强保密管理人员、涉密人员贯彻执行保密政策、规定，制定落实保密制度的知识、能力，从而有利于推进保密管理工作制度化规范化，促进各项保密工作安全、高效、规范运行。而且，这个效应也会对提高单位非涉密人员的遵纪守法意识，推进单位其他业务规范化管理产生辐射作用和积极的影响。

3. 保密教育培训要全方位推进，主要包括以下几个方面：

一是保密教育培训要从管理层抓起。单位保密工作领导机构主要负责人要亲自部署，专职保密领导岗位负责人直接抓，保密工作机构统一组织协调，涉密业务部门抓好落实。担负保密管理工作的人员要带头学，做明白人。还要认真做好涉密人员乃至全体人员的保密宣传教育培训。只有领导层、管理层带头学，树立榜样，并认真履行深入开展保密教育培训的职责，单位的保密教育培训才会正常开展，保密工作才会顺利进行。

二是保密教育培训要讲实效，形式方法应多样化。要采取多种形式和方法，深入开展保密宣传教育培训，并使之常态化、规范化。可以聘请外单位保密管理经验丰富、保密法律制度理论研究功底深厚的专家授课，也可以选派保密管理人员和涉密人员参加有关部门组织的保密业务培训班，或者到有关保密学院举办的保密业务培训班深造，还可以请一些具有较高水平的安全保密咨询公司通过一定形式开展保密宣传教育。要注意培养单位自己的专家型保密管理人才，以便随时根据需要，结合实际给涉密人员授课。如果缺乏自己的专业管理人才，单位日常保密教育培训只是采取发短信、发视频等简单的方式方法，或者单位日常集中保密教育培训只是由缺乏保密管理经验、对保密法规制度缺乏准确理解或一知半解的保密管理人员授课，保密教育培训往往会成为照本宣科，收效甚微。

三是保密教育培训要全过程全覆盖，即对所有涉密人员，从岗前、在岗到脱密期，都要按照保密规定和要求开展保密教育培训。特别要注意，不可中止对较长时间没有承接涉密业务的涉密人员开展保密宣传教育培训。涉密人员在没有承接涉密业务的情况下，可以从事非涉密业务。但是，保密教育培训和相关的模拟训练不能长时间中断。至少每年规定的集中保密教育培训时间要保证，并做到保密教育培训保质保量。

(二) 日常保密监督管理要有针对性、讲策略

1. 针对涉密人员流动性大的特点开展保密监督管理。涉密人员流动性比较大，是许多涉密资质单位面临的问题。这给保密监督管理增加了难度和任务。建议采取以下措施：

(1) 严格把好涉密人员选配关。一是认真开展岗前保密审查，确保把政治可靠、思想稳定、事业心强的人员选配到涉密岗位。二是尽量从在本单位工作过一段时间、经考察确定思想比较稳定的员工中选配涉密人员。这样，有利于提高涉密人员队伍的整体素质，增强涉密

人员队伍的相对稳定性。

（2）严格控制涉密信息知悉范围。按照涉密信息知悉范围最小化原则，建立完善保密管理制度、机制，包括制定具体、操作性强的涉密项目现场实施保密工作方案和涉密信息保密管理办法，严格控制涉密信息知悉范围。这样，可以减少涉密人员流动带来的涉密信息安全保密风险。

（3）认真办理离岗、离职审批手续。一是在办理离岗、离职手续前，须经保密工作机构和涉密业务部门签字确认已清退所有涉密设备和涉密载体。二是根据实际情况依法确定脱密期。三是通过离岗、离职审查、审批工作，进一步掌握涉密人员离岗、离职的原因，思想状况以及知悉涉密信息的范围和程度，了解离职后去向和将要就职单位和岗位等情况，并及时做出必要应对。

（4）建立执行严格的涉密设备、涉密载体管理制度。严禁擅自将涉密设备、涉密载体带离涉密场所。明确规定，非确属工作需要并按规定经审批，不得持有或延期清退涉密设备和涉密载体。严防涉密人员在承接的涉密业务任务完成后不及时清退涉密设备，严防涉密人员在离岗、离职前不及时清退涉密载体。

（5）有针对性地开展保密教育。一是对于岗前因时间紧而导致保密教育培训存在不足的，要抓紧开展上岗后的保密教育培训，确保涉密人员尽快掌握应知应会的保密常识，提高保密意识。二是对于离岗、离职涉密人员，单位应当由所在涉密业务部门和保密工作机构组织开展专项保密教育。专项保密教育形式可以包括签订保密承诺书、开展保密提醒谈话等。管理层涉密人员离职的，应该由单位或主管部门负责人进行保密提醒谈话。

2. 针对涉密人员远离本单位的实际情况开展保密监督管理。主要包括以下内容：

（1）根据实际需要构建多层级管理体系。往往有这样的情况，有些涉密资质单位管理总部和主要保密管理机构及其管理人员，与所属的涉密业务部门相距较远，有的甚至不在同一省级行政区内，给日常保密监督管理带来许多不便。对于这类情况，建议适当建立分层级保密管理机构，配备相应保密管理人员。比如，可以视涉密业务部门承接涉密业务和涉密人员情况，在涉密业务部门建立二级保密工作机构，或者在涉密业务部门配备专职或兼职保密管理人员，与总部保密工作机构形成远近结合、协调一致、分级管理的保密管理体系，确保日常保密管理职责及时履行、保密法律制度落实到位。

（2）充分利用各方面条件实施综合管理。对于常驻甲方现场服务的涉密人员，特别是那些承接跨省涉密业务的驻场人员，要设法利用各方面条件，开展保密监督管理。

一是全面履行本单位保密监督管理职责。涉密资质单位应当切实履行对驻场涉密人员的保密监督管理职责。即使在甲方对驻场人员或团队实行严格保密管理的情况下，涉密资质单位也应当设法采取相应的措施履行保密监管职责。比如，由保密工作机构或涉密业务部门牵头成立涉密项目保密监督管理小组或者指派项目保密工作负责人；细化、强化涉密项目现场实施保密工作方案的制定和落实工作，明确、落实现场保密工作岗位责任制；商甲方同意后，以线上线下相结合的适当方式定期组织开展项目实施保密检查等，加强保密监督管理。

二是请甲方协助进行保密监督管理，包括请甲方协助进行保密教育培训、保密工作绩效考核、思想政治表现考察等。可以与甲方签订委托协议，必要时支付一定的保密管理经费。有的单位与甲方联合对驻场涉密人员进行考核，甲方打分比重占40%，定期反馈考核信息，效果比较好。有条件的单位还可以在驻场人员中成立临时党团组织，在单位直接领导下，与甲方党团组织一起开展有关活动。这方面具体内容，可以参考第五章第四节中的"外包业务人员的保密监督管理"。

三是特殊情况下请驻地保密行政管理部门帮助监管。比如，在因不可抗力而较长时间人员往来受阻的情况下，有特殊需要时，可以申请当地保密行政管理部门帮助，以适当方式对驻场涉密人员进行保密监督管理。

3. 注意处罚和物质奖惩的恰当性和效应：

（1）对违规违纪行为处罚应慎重。对于涉密人员违规违纪行为，应当批评从严，处罚要依法依纪慎重作出。如果是偶然且并非严重违反保密规定的失误、差错，或者并未造成失泄密后果的轻微违规违纪行为，轻率作出撤职、辞退等过重的处罚，则可能产生较大的负面作用。慎重处罚，要看所犯错误的性质、情节和员工的平时工作表现及思想、品质等因素，权衡立即辞退、解除合同与批评教育、扣发奖金等其他处罚，看哪种措施更符合制度规定精神，并对公司、对个人都更有利。还应当考虑具体的处罚措施是否会有后遗症，即是否会因断然辞退、解除合同等严厉处罚使员工过分受刺激、一时不冷静，做出严重违反保密规定的行为或其他意外事情。再有就是作为涉密人员，如果辞退，对其下一步就业方向，单位应当关注，其脱密期保密管理至少在重新就业之前单位应当负责。这些问题如何应对，单位都应考虑周全，不能一辞了之。保密监督管理是一系列工作部署、管理措施的连续过程，要依法依规进行，前后照应、平稳衔接。处罚作为保密管理措施的组成部分，应尽量避免和减少后患，防止"再生损害"。

（2）物质奖惩要适当。在保密管理中，尤其在企事业单位，适当采用物质奖惩办法是必要的。但是，物质奖惩要防止失当。假如，在面临上级主管部门涉密资质保密检查时，单位规定每个涉密人员保密知识测试成绩不及格者，罚款一万元；测试成绩90分以上者，奖励一万元。而单位的保密岗位津贴每月最高才四五百元，测试奖惩金额就显得有些偏高。对于涉密人员管理，应当主要通过保密教育培训和实践中培养锻炼，以及制度化、规范化的措施（也包括适当奖惩）逐步形成、确立涉密人员以国家安全和利益为重的思想觉悟、理想信念，以及遵纪守法的自觉性。如果过于依赖物质奖惩，久而久之，在一些涉密人员心目中，物质利益势必会在无形中挤压理想、信念的比重，导致物质奖惩的效果与初衷不一致。

（三）脱密期保密管理要认真履职

在本书第四章第三节，已经讨论了脱密期保密管理措施要有针对性等有关问题。下面，主要联系涉密资质单位的实际，谈谈在脱密期保密管理中的部门分工和履职，以及脱密期限确定等问题。

1. 有关部门分工可以内外有别。涉密资质单位对于涉密人员脱密期保密管理，首要是明确主管部门和相关部门职责。如果没有明确主管部门，保密工作机构、人力资源部门和涉密业务部门之间没有明确分工，那么，脱密期保密管理制度就难以有效落实。建议按保密规定并结合实际情况采取以下办法：

一是对于在本单位非涉密岗位就业的脱密期人员，其脱密期的日常保密监督管理，可以主要由保密工作机构负责，人力资源部门负责总体协调管理，所在部门协助管理。理由是，这样分工符合加强脱密期管理的有关规定精神，以及一般涉密资质单位人员、机构比较少，便于各部门相互协调配合等实际情况。对于这部分脱密期人员，保密工作机构和所在部门应当也容易掌握有关情况，可以发挥保密工作机构熟悉保密管理法律制度、专门承担保密监督管理职责和所在部门便于履职的优势。

二是对于离岗退休的脱密期人员和离职按规定应当由原单位负责脱密期保密管理的人员，其脱密期保密管理可以主要由人力资源部门负责，保密工作机构协助，有关涉密业务部门配合。理由是，这样分工，符合有关脱密期保密管理的部门职责规定精神，能够发挥人力资源部门掌握这部分脱密期人员的综合信息、方便对外联系等优势，也可以发挥保密工作机构和涉密业务部门的专业管理作用。

2. 脱密期限要依法确定。这里主要讨论针对一些特殊情况如何理解和执行有关确定脱密期限的法律制度。比如，对于刚入职工作不久，或者可能尚未实际承接涉密业务就离职的涉密人员，是否要按规定确定脱密期，进行脱密期保密管理呢？按规定，脱密期限应当根据涉密人员的涉密等级（即属于核心、重要、一般涉密人员哪个等级）确定，而涉密等级是根据涉密人员在岗时从事涉密业务的性质，以及依法应该且已经知悉或者可能知悉涉密信息的情况确定，并非依据从事涉密业务时间，或者是否已经直接从事具体涉密业务活动来确定。因为，在涉密资质单位工作的涉密人员，不仅可以知悉涉密资质单位的安全保密设施、设备部署和保密管理等涉密业务情况以及其他涉密信息，也有机会知悉与涉密资质单位有业务联系的机关、单位的相关涉密信息。因此，脱密期限确定要从实际出发综合考虑。凡是已经进入涉密岗位，按工作关系和权限可能知悉涉密信息的涉密人员，都应当按规定并根据实际情况确定相应的脱密期。遇有特殊情况，必要时，应当按规定在法定一般脱密期限基础上适当延长脱密期，依法进行脱密期保密管理，不得随意缩短或取消脱密期。

3. 脱密期保密管理要严格务实。涉密资质单位一般都是技术服务型企事业单位，脱密期保密管理要适应日常保密管理力量有限、企事业单位经营管理、人员流动性大等特点，充分考虑离职脱密期人员所处的具体环境。要注重实效，防止在管理制度落实方面出现漏洞、脱节。建议注重做好以下工作：

一是充分发挥保密工作机构的保密监督管理作用。无论是本单位和受外单位委托管理的脱密期人员，还是离职按规定应当由原单位负责脱密期保密管理的人员，保密工作机构都应当按照保密规定严格履行保密监督管理职责。保密工作机构作为专职保密监督管理机构，不仅要监督人力资源部门、有关业务部门担负的涉密人员脱密期保密监督管理工作，确保职责落实到部门、岗位，明确具体责任人，还要及时监督检查落实脱密期人员安全保密情况，包括离岗前涉密设备、涉密载体清退（特别是单方面离职和其他非正常离职、离岗人员持有涉密设备、载体的清退）、保密承诺书签订、保密提醒谈话、因私出境保密管理、就业状况、脱密期定期回访等。发现问题妥善解决，并按规定将有关情况和工作建议及时报告单位主管领导和管理部门，直至国家有关主管部门。

二是切实履行脱密期因私出境保密管理职责。要严格履行因私出境保密审查、审批程序。应该视情况由保密工作机构或人力资源部门审查提出意见，报专职保密领导岗位负责人或保密工作领导机构负责人审批。对于有关征求涉密业务委托方（甲方）意见的规定，要给予高度重视，严格按规定征求委托方意见。对于出境期间活动路线、接触人员和相关情况，应当掌握和审查，必要时给予适当限制。对于承接过高密级、高敏感涉密业务和属于因个人不良表现问题非正常离开涉密岗位的人员，要严格审查、审批，必要时应按规定限制、延期出境。

三是建立完善脱密期保密管理制度。涉密资质单位应当根据保密法律、法规规定，结合本单位保密工作实际情况，制定脱密期保密管理规定、办法，或者在涉密人员保密管理规定中专门作出具体规定，建立完善脱密期保密管理制度、机制。涉密资质单位制定脱密期保密管理制度，要针对转岗、退休、离职人员和受外单位委托管理人员脱密期保密管理的不同情况，作出具体规定。要防止过于简单、抽象，避免单纯照抄保密法律、法规条文；要体现保密管理责任明确、措施具体、可操作性强的特点，确保脱密期保密管理工作规范有效。

第三节 推进保密管理制度建设规范化

一、保密管理制度建设需要注意的问题

按照有关保密规定、标准，涉密资质单位应当建立完善的保密管理制度，而且，制度建设要规范、适应工作需要。我们知道，许多党政机关形成的保密管理制度体系，大多经过多年甚至几十年逐步建设、多次修订完善。即便这样，有的制度尚且存在缺陷和不足。对于一个新申请涉密资质或者获得涉密资质时间不长的单位来说，要建立科学、完善的保密管理制度体系，难度确实不小。但是，为实行规范化管理，确保国家秘密安全，保密法规只能也必须作硬性规定。实践中，申请涉密资质单位的保密制度建设一般会采取两种做法，一种是请咨询公司代为起草，一种是主要由单位自己起草。后一种情况可能相对比较少。两种做法需要注意的问题各有不同。

（一）请咨询公司起草保密管理制度应该注意的问题

鉴于咨询公司的专业技术特点，请咨询公司帮助起草的保密管理制度，在基本事项和原则精神等方面，一般都能符合保密规定和要求，在制度框架格式和章节设计上也会比较合理，条文安排逻辑性强，文字表述顺畅。但是，需要注意避免出现以下问题：

一是要防止制度条文程式化抽象化现象。好的保密管理制度，应

当联系本单位的实际情况和业务特点，针对保密工作中可能存在的风险、问题进行规范。要避免条文内容一般化、抽象化，防止出现那种看似放到哪里都能适用，实际在哪里都不能有效解决具体问题的规定内容。具体操作上，切忌脱离实际，完全由咨询公司闭门造车，或者是由咨询公司起草后，单位之间相互传抄、复制，搞成那种许多单位都一个模样，内容、形式包括章节划分和排序都相同的管理制度。

二是要防止篇幅冗长、内容繁杂。好的保密管理制度应当体现简明扼要、具体而不烦琐、精准而又全面的特点，便于涉密人员和保密工作者阅读、掌握。如果一个专项保密管理制度，洋洋洒洒七八千字甚至上万字，其中许多条文每条多达一两百字，大部分文字都是缺乏实用性的具体工作程序描述，那么，这样的制度，即使包含重要内容和规范，也会像大海捞针，不易找到，相信涉密人员看后也难得要领。恐怕许多人还会望而生畏，看不下去。

三是要防止缺乏规范性和可操作性。好的保密管理制度，应当内容比较严谨，又便于理解和遵照执行，是行为的准则、规范和指引。体现为既能够明确告诉人们应当怎样，也能够使人们明确禁止什么以及对违规行为的问责。制度，尤其是基层一线的管理制度，必须注重可操作性。请咨询公司起草保密管理制度，要按照有关法律、法规确定的原则和标准，紧密联系单位保密工作实际，作出切实可行的规定，体现制度的实用性。

（二）主要由本单位起草保密管理制度需注意的问题

本单位起草的保密管理制度，一般来说具有贴近实际、篇幅精干、文字简练，便于学习和掌握等特点。但是，本单位往往缺少熟悉保密法律、法规规定、善于制定保密管理制度的人员，特别是初次申请涉密资质的单位，需要注意避免出现以下问题：

一是防止照抄保密规定的条文内容。涉密资质单位制定保密管理制度，应该根据保密法律、法规规定的原则和精神，对本单位的具体涉密业务和涉密行为进行规范，即联系本单位实际，对保密法律、法规内容作必要的细化、扩展、延伸和创新规定。比如，《保密法》第四十五条规定："涉密人员出境应当经有关部门批准，有关机关认为涉密人员出境将对国家安全造成危害或者对国家利益造成重大损失的，不得批准出境。"涉密资质单位的保密管理制度就应当按照这个规定精神，制定具体的实施办法和管理措施，明确岗位、职责、任务和审批程序等，解决怎样做到严格审批的问题。切忌照抄法律条文了事。

二是防止制度内容不全面、条文过于简单。作为一项保密管理制度，一方面，需要规定的内容、应当规范的行为都要包含在内，防止丢三落四，导致出现无章可循的情形；另一方面，每一条文都应当针对具体事项和内容作出明确规定，防止过于简单，缺少具体保密管理措施和遵循。

三是防止内容混杂、结构不严谨。要按照有关保密法律、法规规定和制度建设要求，结合实际需要，科学合理设计制度体系建设布局。一般来说，涉密人员管理、涉密设备和保密设施管理、涉密信息和涉密载体管理等，应按要求分别建立制度，避免不同管理对象混杂在同一项保密管理制度中，难以清晰分辨。另外，在每一项保密制度的章节划分和条文安排上，也应按照总的要求、具体规范的内容和附则等制定制度的基本规则和逻辑规律，进行科学、合理的分类、排序，避免在结构、布局上显得杂乱无章，防止出现内容交叉重复等现象。

四是防止认识模糊、概念不清楚。起草制定保密管理制度，必须首先对有关保密法律、法规和保密管理工作内容有清晰的认识和准确把握。比如，要制定关于加强持续改进保密工作的管理制度，首先要准确理解、把握什么是持续改进、持续改进主要包括哪些内容。要认识到，持续改进是针对涉密业务、涉密人员等实际情况的变化和安全保密需求，不断改进保密管理工作的总体要求。如果不能全面、准确理解持续改进的内涵，而是将持续改进仅仅局限于某一方面的工作，那么，就会将加强持续改进工作的制度，定位在诸如开展保密检查等单一性工作方面，导致以偏概全的后果。

二、建立完善保密管理制度的方法和路径

（一）要善于借用咨询公司起草保密管理制度

请咨询公司代为起草保密管理制度，要防止完全依赖性和被动性。需要有一个反复深度沟通、研究、协商和修改完善、消化吸收的过程。可以从两方面做工作：

一是提前做好沟通、调研。比如，在请咨询公司起草制度前，涉密资质申请单位可以派员与咨询公司反复进行座谈、交流，介绍情况，提出需求，或者请咨询公司派员到申请单位实地考察、调研。在充分了解实际情况和具体工作需求的情况下，再着手起草制度文本。其间，还需要根据情况适时交换意见。

二是下功夫进行修改完善。制度文本起草完成后，涉密资质申请单位保密管理部门要组织有关人员，对制度文本进行审核、研究，针对存在的缺陷、问题提出修改意见。然后，由保密工作机构汇总修改，必要时，再请咨询公司或有关单位专家帮助进一步修改完善。这样反复多次，力求剔除糟粕、留其精华，充实内容、细化措施，形成符合保密法律法规精神、适应本单位工作需要、便于理解又好用的制度规范。制度修改完善的过程，同时也是消化吸收的过程，通过这个过程使有关人员逐步理解、掌握制度的内容和精神。

（二）可以借鉴机关和有关单位的保密管理制度建设经验

党政机关和有关单位起草制定的保密管理制度，虽然不像咨询公司起草的制度那样在形式、体例上更符合涉密资质保密规定要求，但是，许多党政机关和有关单位的保密管理制度体系，一般都是多年日积月累形成的，经过反复修改完善，具有严谨、规范和针对性、可操作性强等特点，很值得涉密资质单位在建设保密管理制度时参考借鉴。如果能够把机关、单位自己起草制定的保密管理制度与咨询公司起草的制度结合起来，联系实际进行修改完善，效果应该会比较好。值得注意的是，机关、单位有的保密管理制度具有敏感性或涉密，涉密资质单位在使用时，可由机关、单位进行必要的脱密、脱敏处理。

（三）注重培养自己的保密管理人才

涉密资质单位制定保密管理制度，是请咨询公司起草，还是主要由单位自己起草，要看具体情况和条件。无论采取哪种做法，归根到底，涉密资质单位必须培养、选配能够承担保密制度建设任务的保密管理人才。好比机关、单位开发信息系统应用软件，如果是自行设计开发，需要既懂需求又懂技术的人才；如果是委托开发，可以不懂软件设计和开发技术，但是，应当能够根据实际情况提出具体、合理的需求，并在系统开发中和上线运行后，能够提出进一步修改完善的意见。否则，很可能出现开发的软件与实际需求不相符的情况，存在不安全、不便捷等问题，导致上线后不好用，甚至许多人不愿意用。因为受托方对委托方具体业务、工作情况和需求的熟悉、理解、把握很难达到全面、深入、精准，而这是研发一套安全、实用、高效的应用系统所需要的。保密管理制度建设也是同样道理。只有培养、选配了既熟悉有关保密法律、法规规定，又了解单位保密管理具体需求，具有驾驭、修改保密管理制度能力的保密管理人员，才能有力地推进保密管理制度体系建设、完善。

第四节　风险管控和隐患排除

一、风险和隐患及其关系

厘清保密工作中的风险和隐患的特征及其相互关系，有利于正常开展风险评估、风险管控和及时发现、排除安全保密隐患。

（一）风险及其特性

风险，是指人们在生产建设和日常生活中遭遇能导致人身伤亡、财产受损及其他经济损失的自然灾害、意外事故和其他不测事件的可能性。① 风险，也简称为可能发生的危险。②

所谓保密工作中的风险，应该是指可能发生泄密隐患或泄密事件的危险。也可以理解为，涉及国家秘密的工作和相关行为会遭遇能导致国家秘密泄露进而损害国家安全和利益的各种意外事故和不测事件的可能性。比如，涉密人员出国，可能发生泄密、遭遇策反的危险；涉密人员使用互联网，有发生泄密的危险；建设使用涉密信息网络，可能会有窃密、泄密事件发生的危险等。

---

① 夏征农主编：《辞海》，上海辞书出版社1999年版，第1852页。
② 中国社会科学院语言研究所词典编辑室编：《现代汉语词典》，商务印书馆2016年版，第391页。

与其他方面的风险一样，保密工作中的风险具有以下主要特性：

一是普遍性和社会性。在人类社会中，风险，与人的行为密切相关。应该说，凡是有人类活动的地方都会有风险，风险无处不在，这是风险的普遍性。风险的社会性，应当是指风险造成的危害与人类社会的相关性。当某类风险的后果可能对社会造成更大损害时，对此类风险的识别、管控就具有更重要的社会意义。随着窃密反窃密斗争遍及社会各个领域和国家总体安全的重要性日趋凸显，保密工作中风险的普遍性、社会性进一步增强。可以说，凡是产生、存储、处理国家秘密的机关、单位、网络、场所、设备、设施和接触、知悉国家秘密的人员，无不存在安全保密风险，而每一种风险都可能危害国家秘密安全，可能给国家安全和利益乃至社会稳定发展造成损害。

二是客观性和必然性。风险的客观性，是指风险的存在不以人的主观意志为转移。比如，在保密工作中，知悉、处理涉密信息的涉密人员存在泄密的风险，涉密信息网络存在被攻击、窃密的风险。风险是必须面对的客观存在。我们应该做而且可以做的，就是管控风险，在追求更大收益的同时，把危险发生的可能性及其损害降到最低。所谓风险的必然性，是指人的行为中风险一定会发生、不可避免的趋势。任何行为必然带有或面临一定的风险，即必然面临一定危险发生的可能性。保密工作中风险的必然性也是相对于偶然性而言。比如，我们知道任何信息网络都会发生安全风险，这是必然性。但是，就具体的信息网络、特定的时空而言，将会发生何种危险，则具有偶然性。按照辩证法逻辑，偶然性是必然性的表现和补充。

三是不确定性和相对性。风险的不确定性，一般是指某种风险事件发生的具体时间、地点、范围等难以确定，这也是风险偶然性的表现。风险的不确定性还表现为风险可变性。一方面是风险形态变化，随着环境、人员和技术等相关条件的变化，风险的存在形态会发生变化，或者旧风险被新风险替代。比如，涉密信息纸质载体被电子文档取代后，纸质载体泄密风险就变成电子文档泄密风险。另一方面是风险大小变化，有时，可以把某一风险评估为低风险，可是，在一定条件下它会变成高风险。比如，对某个涉密场所的风险评估，在正常安全保密环境和防护条件下，可能将风险等级确定为低风险。但是，如果发生经常性突然停电、场所周边环境变化等意外情况，可能导致监控、防护设施失能和安全条件恶化，风险评估就应当将风险等级确定为高风险。风险的相对性，是指某个行为获取收益和遭受损失的可能性并存，且收益和损失的大小难以确定。风险的相对性也可以从两方面理解：一方面，风险与机会、成功概率相联系；另一方面，风险与危险、损失和破坏相联系。所谓机遇与挑战并存，就如同机会和危险并存。比如，我们常说，信息网络好比双刃剑，在方便工作、生活的同时，也带来安全保密风险，而这种风险是必须面对的，风险管控就是要防止危险和损害发生。

四是可识别性和可控性。虽然某一方面风险何时会发生什么样的危险、事件具有偶然性、不确定性，但是，根据经验和依靠技术知识，风险危险、事件发生的总体趋势和可能性是可预测的，具体危险、事件的特征是可识别的。因此，只要及时采取恰当有效的措施，风险是可以管控的。特别是在现代科学技术广泛应用的条件下，可以综合使用信息技术、大数据分析等方法，对安全保密风险事件发生的趋势、可能性等进行数据统计、综合分析，研究风险形成、事件发生的条件和规律及其特征，从而作出科学判断和决策，采取有效的风险管控措施。

许多情况下，风险的一些特性不为人们所重视。比如，在外散步锻炼、增强体质的同时，必然面临身体扭伤、各种碰撞等风险，这就是风险的客观性、必然性和不确定性、相对性。但是，在相对安全的环境下，人们一般不太在意风险的存在和发生。这与人们的认识与心理预期密切相关。但是，风险是依然存在的。保密工作要求预防为主、积极预防、以防万一，因此，必须按照法规制度规定对风险进行认真分析、研判和识别、管控。

(二) 隐患及其危险性

隐患，是潜藏着的祸患。① "隐患"一词，作为安全管理上的术语，是指在生产经营活动中可能导致事故发生的人的不安全行为、物的不安全状态和管理上的缺陷。2007 年 12 月 28 日，原国家安全生产监督管理总局颁布《安全生产事故隐患排查治理暂行规定》，其第三条将"安全生产事故隐患"定义为：生产经营单位违反安全生产法律、法规、规章、标准、规程和安全生产管理制度的规定，或者因其他因素在生产经营活动中存在可能导致事故发生的物的危险状态、人的不安全行为和管理上的缺陷。

保密工作中的隐患，应该是指违反保密法律、法规、制度、标准规定，或者法律制度尚未作出具体规定的行为、因素，导致国家秘密面临可能发生泄露后果的潜在祸患。随着保密法律制度体系的基本建立和各项法律制度不断完善，日常工作中除了不可抗力可能导致的泄密隐患之外，绝大部分泄密的隐患都与违反相关保密规定和要求的行为有关。这种违规行为可以是不作为，比如，在涉密信息网络安全保密系统建设中，或者在涉密设备、涉密场所保密管理中，某些安全保密防护措施不到位、不符合有关保密规定和标准，尽管尚未发生泄密事件，但是，已经存在泄密的隐患；也可以是作为，比如，违反保密规定，在涉密计算机等涉密信息设备上使用无线鼠标、无线键盘，尽

---

① 中国社会科学院语言研究所词典编辑室编：《现代汉语词典》，商务印书馆 2016 年版，第 1566 页。

管尚未发现有窃密、泄密事件发生，但是，由于发生涉密设备违规外联行为，已经存在泄密的隐患。

（三）风险和隐患的关系

保密工作中隐患的产生，一般都与对存在的风险不管控或管控不当相关，即不按保密规定和要求对安全保密风险进行及时、有效的管控，导致违规行为发生，或者使涉及国家秘密的网络、信息、载体、场所、设备、设施等处于不安全状态，从而出现泄密的危险和祸患。比如，对涉密载体保管可能失控的风险，没有按规定采取专人保管、流转登记签字、安全存放等管控措施，导致涉密载体管理失控，使涉密信息面临知悉范围扩散，进而发生泄密事件的隐患。又如，对于存储涉密信息的设备可能发生泄密的风险，没有按规定采取必要的安全保密管理和技术防护措施，使涉密设备在使用管理中出现安全保密漏洞，如设备丢失、失控和违规连接互联网等，导致泄密事件发生的隐患。因此，对风险不管控或者管控不当，就会成为隐患，即风险+不管控/管控不当=隐患。可见，风险评估以及风险识别、管控的重要性。

风险，作为一种危险发生的可能，有必要且可以进行管控，防止危险发生或者把危险发生的可能性及损害降到最低。但风险作为一种客观存在，总体上不可能排除。比如，对信息网络进行的分级保护、等级保护，就是有效的风险管控措施。然而，即使严格采取了分级保护、等级保护措施的信息网络，也不能设想把信息网络面临的风险消除掉，除非把信息网络拆除、不用。

隐患，作为一种潜在的祸患，不是管控的问题，也不必再进行风险评估，而是要防止发生和及时发现、排除。比如，涉密计算机不按规定安装安全保密防护系统、涉密场所不按规定安装监控设施、涉密人员因私出境不按规定进行审批等各种违规行为造成的泄密隐患。

二、风险管控要精准施策

（一）风险点识别要精准

1. 什么是风险点。风险点，是指伴随风险、可能发生危险的具体部位、设施、场所和区域，以及在特定环境下人的具体行为和作业流程。保密工作中的风险点，应该是指保密工作中可能发生泄密危险的工作环节、岗位、场所，或者可能诱发、产生违规情形或泄密危险的某个工作流程、行为、状态等。比如，在涉密网络使用中，可能发生违规和泄密危险的信息传输、跨网信息交换等行为、环节；在涉密设备使用、管理过程中，可能发生失泄密危险的设备存放场所、设备专管人员发生变化时，以及设备出现故障送修过程中等。

保密工作中的风险点应该同时具备三个要素或特征：一是在涉及国家秘密的工作和相关行为中处于相对较小的范围和较具体的环节、岗位等；二是具有直接遭遇和发生危险的可能性，这体现了识别风险点的重要性和风险管控的必要性；三是遭遇具体危险的情节、时空等不确定性。在实际工作中，风险点不是一成不变的，而是相对而言的。比如，相对于"涉密人员参加社交活动具有泄密的风险"，则"涉密人员出境"可以作为风险点；相对于"涉密人员出境具有泄密的风险"，则"涉密人员因私出境"可以作为风险点。具体做法应根据实际情况和工作需要而定。一般来说，风险点识别、确定得具体、准确、全面，有利于风险管控。

2. 准确识别风险点的重要性如下：

（1）风险评估的首要任务是准确识别风险点。开展风险评估工作首先要进行风险分析，即确定都有什么风险。这项工作的落脚点就是认真排查、准确识别风险点。因为，只有风险点才是可以有效管控的具体目标、对象和要素，而风险分析的目的应该是准确把握风险和确定风险点。如果风险识别把主要精力都放在对一般、抽象的风险概念和风险种类及趋势等内容进行分析研究上，那么，对于实施具体、精准的风险管控就会缺乏实际操作层面的意义。假如，一个风险评估报告将"涉密人员使用互联网"当作风险点，由于使用互联网的行为内容非常广泛，包括接收、发布各种信息、浏览各个网站、组织和参与各类活动等，显然有用一般的风险分析代替风险点识别之嫌，是用某一方面的风险替代了具体风险点，没能深入分析、聚焦风险的"点""位"等具体目标、环节。这样，会导致风险点一般化、不精准，抓不住风险的具体所在和关键。如果对上述风险分析结果再结合实际情况进一步识别，将风险点识别为"涉密人员在互联网自媒体发布与工作有关的信息""涉密人员使用互联网和其他公共网络办公"等，这样就触及或者更加接近风险的点、位。

（2）准确识别风险点是精准施策的前提。在对各类涉密活动的风险及其总体趋势和危险性等进行分析、评估的过程中，只有对各个风险点作出准确识别，才能为制定风险管控措施创造条件、提供素材，便于风险管控对症下药、精准施策。假如，风险评估中只是一般地将"涉密人员出境"确定为风险点，不作进一步分析、识别，则这个"风险点"确定得就有些宽泛，覆盖范围过大。因为，涉密人员出境有因公因私之分。因公还有国事访问、出国考察、调研、经济文化交流等。其中，又有组团出境和个人出境之别。如果一概而论，要相应地制定简要精准的管控措施就比较困难。而且，受这种粗泛的思维和认识影响，给出的管控措施还可能是"签订保密承诺书，遵守有关规定"之类的一般性规定。这种风险点和管控措施都过于一般化。如果换一个思路和认识角度，进一步把注意力延伸到涉密人员因私出境期间面临泄密和被策反风险,又缺乏必要的保密监督管理等方面,从而将风险点识别为"涉密人员因私出境"等比较具体的范围,相应的管控措施按照如何严格履行审批手续等思路制定,包括审批部门、保密承诺、保密谈话,必要时给予适当限制等。这样,风险点就比较突出、具体,相应的风险管控措施也会比较精准。

(3) 准确识别风险点是实施积极防范的有效抓手。由于受各种因素影响,保密工作中具体危险的发生具有不确定性、可变性。比如,在大数据、区块链等信息技术逐步推广应用于涉密业务和办公网络的情况下,传统的网络物理隔离和信息安全保密策略、安全保密理念势必受到冲击,增加风险管控的任务和难度。需要及时进行风险评估,强化防范措施,有效管控风险。这既是涉密资质单位自身保密管理的内容,也是承接机关、单位相关涉密业务中面临的任务、难题。而通过风险评估,仔细排查、准确分析、识别、确定新的风险点,明确危险发生时可能出现的新情况新特点和诱发新危险的具体因素,可以避免风险管控的盲目性、被动性,增强风险管控的及时性、准确性和防范效应。

3. 风险点排查和识别要从实际出发。主要包括以下几点:

(1) 风险点必须是本单位实际存在的。本单位保密工作中都有哪些风险,各类风险中都有哪些风险点,应当是在风险评估中通过实际排查识别来确定。既不能照搬外单位的风险点,也不能凭主观拟定,人为地增加或者减少风险点。如果为了显示风险评估认真、有成效,而确定过多的风险点,看上去面面俱到,实际上,其中许多风险点并非本单位实际存在的,那么,势必导致风险管控失去明确的目标、对象。相反,如果是应当确定的风险点没有确定,则不利于甚至会失去对现有风险的管控。比如,"涉密人员使用未按规定采取必要保密措施连接互联网的计算机办公",一般都应当确定为风险点进行管控,防止在互联网上存储处理涉密信息导致泄密。但是，如果因疏忽大意没有被确定为风险点，或者认为"禁止在互联网上存储处理涉密信息"，是大家都清楚的基本常识和要求，不必列为风险点，就会使风险管控陷入被动、危险的境地。须注意，某一行为、节点、部位和因素是否确定为风险点、是否需要管控，关键要看其是否存在发生危险和泄密的可能性，而不是人们知道不知道等其他因素。

（2）要准确确定风险点的风险等级。风险点的风险等级反映风险的危险程度。确定风险点的风险等级，是确定风险管控等级和管控措施的重要依据。而确定风险点风险等级的依据，应当是有关保密规定和一旦危险发生将会对国家秘密安全造成的实际危害程度，也即可能给国家安全和利益造成的损害程度。风险点的风险等级不应该依据发生危险的概率来确定，尤其不能凭主观估计的可能性大小来确定。比如，以发生泄密的可能性很小为理由，将"涉密人员通过互联网自媒体和个人邮箱发布、传输与工作相关的信息、资料"可能导致泄密的风险等级确定为低风险。这样的风险等级偏低，理由也站不住脚。因为，这种危险一旦发生就涉嫌直接泄密。而且，知悉范围会迅速扩散，难以控制。当然，过高地确定风险等级也不对，那样，势必分散保密精力、浪费管理资源，使风险管控失去重点。

（3）防止错定和假冒风险点。风险评估中，要注意防止将那些似是而非的具体违规行为和问题、隐患错定为风险点。例如，"涉密人员上岗前保密审查不严格，无相关记录"应当属于具体违规行为，属于问题和隐患的范畴，不是风险点。类似的现象还有，"未对涉密人员进行保密教育培训""在连接互联网计算机上存储处理涉密信息"等。这些都不属于风险点。需要注意风险点的要素和特征，即比较具体的环节和岗位、具有直接遭遇和发生危险的可能性、遭遇具体危险的情节和时空等不确定性。比如，将"涉密人员在互联网办公可能有泄密危险"作为风险点,其中,可能遭遇的直接危险就是泄密。但是,这种危险只是可能,并非已成事实。而且,究竟会不会发生泄密和会在何时泄密等具体情形是不确定的。这正是风险趋势可预测性和具体风险意外性、不确定性的体现,也是风险管控措施需要体现全面性、预防性的原因所在。在风险评估中,准确识别风险点,防止错定、假冒风险点非常重要。如果将上述"未对涉密人员进行保密教育培训"等违规行为和隐患错误地识别为风险点,就会使风险评估走偏,容易把风险管控的注意力从管控可能发生的各种意外问题、隐患和不测事件,引向已经发生的某个具体问题或隐患,改变风险分析、管控的方向和目标,不能有效发挥风险管控的防范作用。

(二) 风险管控措施要有实效

风险管控措施应当具有以下特性:

1. 管控措施具体可操作。风险管控措施要紧密结合风险点实际和可能发生的危险,按照保密管理要求制定,避免笼统抽象、泛泛而谈,增强可操作性。比如,对于像"在互联网网站发布信息"这样的风险点,如果对应的管控措施是"在互联网网站发布信息要严格审批,加强管理",那么,这样的管控措施还不够具体,没有明确岗位职责,可操作性不强。如果将管控措施规定为"在互联网网站发布信息应当经过某部门保密审查、审批",或者再具体些,"在互联网网站发布涉及某业务部门工作的信息应当经该业务部门审核并报某部门或领导进行保密审查和审批",就比较具体和可操作,明确了岗位和职责,便于检查落实。实践中,具体如何规定风险管控措施更有效,还应当根据单位实际情况和需要而定。

2. 管控措施到位。风险管控措施到位应该包含两层意思,即所制定的管控措施够用和监管力度够强。管控措施够用,是指应该采取的措施一条不少；监管力度够强，是指应该哪个部门监管，采取何种办法监管，不能降低规格和标准。比如，针对风险点"涉密人员在连接互联网的计算机上办公可能发生泄密的危险"，与之对应的管控措施可以包括这样一些内容：采取有效的安全保密技术防护措施；明确规定、严格控制上网的具体业务范围；由保密工作机构、涉密业务部门组织开展信息安全保密教育培训，并定期进行保密检查等。

3. 管控职责明确。应当在管控措施中或者风险评估报告里明确实施风险管控措施的岗位和职责。有关人员一看就明白应该由哪个部门、哪个岗位负责，有利于确保责任落实到人。比如，将与单位总部和职能管理部门不在同一办公区域，或者相距较远的专用涉密场所确定为风险点，由于距离单位遥远，日常保密监督管理不便，风险管控措施特别应当明确、落实负责日常监管的具体岗位和职责。如果是与公安部门或其他合法第三方联防，还应当明确双方职责、任务，以及本单位负责监管和工作协调、衔接的部门、人员等。

（三）风险评估工作要规范

风险评估工作要规范，是指应当制定、实行符合保密管理法律制度规定和风险评估实际需要的风险评估制度，包括风险评估组织机构、参与人员、标准等级、方法程序等内容和运行机制。

1. 成立组织机构，选好参与人员。风险评估是涉密资质单位有效管控保密风险、防范安全隐患、防止泄密事件发生的重要工作，应当在单位保密工作领导机构统一领导下进行。单位范围的风险评估，应当成立由专职保密领导岗位负责人主管，以保密工作机构人员为主，有关部门人员参加的风险评估机构；涉密业务部门内的风险评估，应当在保密工作机构监督指导下，由涉密业务部门组织进行。值得注意的是，风险评估是具有前瞻性的工作，专业性、技术性比较强，需要按照保密法律制度规定，结合保密工作实际情况，对可能存在的风险进行分析、预测、评估，作出判断，形成具体工作报告及风险管控工作方案。因此，风险评估需要有工作经验、有相应工作能力的人员参加。可以在单位内部一定范围征求意见，但是，没必要全员参与风险评估工作。

2. 明确风险条件和等级标准，确定风险评估方法步骤。明确风险条件和等级标准，就是按照保密法律制度规定，特别是根据涉密资质保密标准要求，结合单位保密工作实际情况，制定确定风险及其风险点和风险等级的条件、标准。比如，符合什么条件，具备何种情形、因素的工作环节、场所、岗位等，应当确定为风险点；根据不同类型风险一旦发生危险后可能给国家安全和利益造成的威胁、损害程度，确定不同的风险等级及其标准。

风险评估方法步骤，一般应当包括五个工作环节：一是统一部署安排风险评估工作，必要时应当对参与人员进行工作动员、业务培训；二是各有关部门或承接涉密业务的项目组，针对工作中存在的风险进行分析、排查，识别风险点，拟定风险等级、管控措施，层报主管部门汇总；三是主管部门汇总情况后，组织进行分析研究，起草形成风险评估报告初稿；四是征求意见；五是根据各方意见对风险评估报告进行修改完善后上报审核、审批。

3. 认真履行风险评估程序，确保规范操作。在上述明确风险条件和等级标准、确定风险评估方法步骤工作基础上，严格按照规定程序和标准，认真开展风险评估工作，形成科学、严谨，具有规范和指导作用的风险评估报告。这里需要强调两点。一是风险评估是预防性工作，应当按照保密规定和工作需要定期进行，不能延期评估或者事后评估。二是风险评估报告应当具有前瞻性，充分发挥准确识别、管控风险，预防问题、隐患发生的作用。

做好风险评估工作不但方法要科学，而且过程要扎实。特别要认真做好排查、识别风险点和制定风险管控措施等基础性工作。由于实际情况不断发展变化，对于可能存在的各类新、旧风险，每一次风险评估都必须进行认真排查、识别、评价，根据新的情况确定风险点和风险等级，提出相应管控措施。要严防脱离实际、闭门造车，或者照抄照搬其他单位的风险评估报告；严防不顾实际情况变化，违规操作、弄虚作假，几次风险评估的风险点和风险管控措施一成不变；严防无中生有、张冠李戴，为风险点凑数。

4. 严格审核审批，切实遵照执行。对于涉密资质单位来说，风险评估报告既是对保密工作现状的分析评估，更是风险管控工作的具体实施方案。因此，在风险评估报告初稿形成后，主管部门要认真履行审核职责，经过去粗取精，修改、补充完善后，再提请单位保密工作主要负责人审批。单位保密工作主要负责人应采取适当方式研究审批，必要时召开保密工作领导机构成员会议审定。不可以马马虎虎、不经必要的审核，有关负责人签字了事。

风险评估报告的实施、执行是风险评估工作的落脚点，应当在单位保密工作领导机构统一领导下，由专职保密领导岗位负责人亲自指导，保密工作机构具体组织实施，监督执行。需要指出的是，风险评估报告所确定的工作方案和管控措施，是贯彻、执行保密法律制度的具体措施，要结合有关保密法律制度规定贯彻落实，包括宣传、教育培训，同相关保密法律制度一起监督执行，达到实施风险管控措施与贯彻执行保密法律制度协调一致，相互促进。要把风险评估报告执行情况作为定期开展保密检查的具体内容，并列入单位绩效考核，认真抓落实，严防束之高阁，变成一纸空文。

实践中，不乏由于没有认真开展风险评估和有效风险管控而遭遇危险发生，造成严重损害的惨痛教训。保密风险没有管控好，保密管理工作就会处于被动境地，就容易产生安全保密祸患，导致泄密窃密严重后果，直至给国家安全和利益造成严重损害。所以，认真组织开展好风险评估并抓好风险管控措施的落实，是非常重要的保密管理工作。

三、高度重视解决重点难点问题

准确把握、及时解决保密工作的重点难点问题，对于做好风险管控和隐患防范、排除工作，对于防止泄密事件发生或者把泄密危险和损害降到最低点，具有重要意义。通常所说的保密工作中的问题，内涵广泛，应该包括困难、事故和风险、隐患等。保密工作的重点难点问题，一般是指保密队伍和保密制度及保密基础设施建设、涉密网络和涉密设备以及涉密信息安全等方面的一些重点、难点问题。比如，关于提高涉密人员做好保密工作的综合素质问题，关于有效防止使用非涉密信息设备违规存储、处理涉密信息问题，关于确保涉密项目现场实施工作安全保密问题等。实际工作中，各单位情况不尽相同。有的可能因涉密人员流动性大，面临如何保持涉密人员队伍相对稳定问题；有的可能遇到人员紧缺，难以按时完成承接的涉密业务，面临业务转包或临时招聘涉密人员中的安全保密管理问题。应该说，保密工作的重点难点问题，往往都涉及面广、具有全局性影响。一旦把握不准、处置不当，就会导致风险管控不好，隐患防范、排除不及时，可能产生难以挽回的损失和严重后果。作为涉密资质单位的保密管理人员，对于本单位保密工作中的重点难点问题，应该有具体了解，要做到工作任务和重点明确，工作思路清晰，工作方法得当有效。怎样才能准确把握、及时解决保密工作中的重点难点问题呢？至少应该强调以下三点。

（一）高度的保密意识

保密管理人员，只有具备高度的保密意识，才能积极主动地去思考、研究、应对保密工作面临的新形势新挑战，才能树立忧患意识、责任意识，才能不断增强有效管控风险、及时防范隐患发生的敏锐性。

实践中，如果保密管理人员保密意识淡薄，保密工作的一些重点难点问题可能会受其他一些因素影响，而不能得到应有的重视和及时解决。比如，因为企业增加经济效益的任务重、经费紧张等，挤占了用于保密管理工作的精力、资源和经费，导致该选配的涉密人员没有及时选配，该划拨的保密经费没有足额到位，该装备的专用设备没有配齐，该开展的保密检查没有如期进行等，成为风险管控不力、隐患不能预防和及时发现、排除的重要原因。还可能由于保密工作的一些重点难点问题往往处于潜在或未发现造成后果的状态而被忽视。比如，在未按照国家保密规定和标准采取有效保密措施的情况下，使用连接互联网的信息设备存储、处理没有标注或者删除国家秘密标志的涉密信息，在涉密计算机上违规使用无线鼠标、无线键盘等问题，由于没有及时开展严格的保密检查，未被发现，以致放任违规行为自流。此类情况的发生，往往与保密管理层和相关涉密人员保密意识淡薄、保密认识不到位密切相关。没能深刻认识到，必要的保密基础建设是确保国家秘密安全的重要物质条件；没能充分认识到，违规行为或者潜藏的祸患可能导致泄密的严重后果。比如，在连接互联网的计算机上违规存储、处理涉密信息或有关敏感信息，应当属于涉嫌泄密的严重违规行为。其中，有的涉嫌直接泄密；有的涉嫌间接泄密，即给窃密者提供窃密目标和线索，或者为国外情报机构跟踪、窃密提供便利、条件。在大数据技术迅速发展和广泛应用的条件下，国际情报机构在互联网上很容易发现、搜索到泄露的相关信息，或者使用信息挖掘技术,对其中的蛛丝马迹进行分析研究,进而获取对实施窃密有价值的内容,包括涉密资质单位承接的涉密业务特征和与之相关的涉密机关、单位的工作性质、网络性质等重要信息,从而确定窃密方向、方位,进一步定向跟踪、找到窃密目标或进入机关、单位涉密网的桥梁、渠道,甚至锁定策反对象等,成功窃密。正因为这类问题的严重危害性,《保密法》第五十七条将"使用非涉密信息系统、非涉密信息设备存储、处理国家秘密的"行为,规定为涉嫌泄密性质的行为并依法追责。然而,如果保密意识不强,保密认识不到位,就会盲目认为此类违规行为不会导致泄密,或者认为泄密的可能性很小,心存侥幸,从而不严加防范,不及时监督检查,甚至漠视违规行为发生。因此,涉密人员,尤其是保密管理人员,不断提高保密意识,对于准确认识和及时解决保密工作中的重点难点问题非常重要。

(二) 强烈的责任意识

保密工作的责任意识,也是一种担当意识、主人公意识。涉密资质单位只有不断增强保密工作责任意识,主动履行保密管理职责,才能准确把握、及时解决保密工作的重点、难点问题,有效防范泄密事件发生。涉密资质单位在承接机关、单位涉密业务中,虽然是乙方,但在保守国家秘密安全上,没有主次之分,双方都依法负有相同性质、相同标准的相应保密责任和义务。

从认识上讲,涉密资质单位不可以认为甲方对于承接涉密业务的乙方人员有了严格的保密管理规定和要求,就可以放松或者减轻自己应当担负的保密管理责任。实际上,许多情况下甲方不可能始终全面有效监督管理乙方承接涉密业务的人员及其知悉、掌握的甲方涉密信息。道理很简单,这部分人员属于乙方单位人员,受乙方指派,听乙方调遣。甲方对他们的监管不具备像监管本单位人员所有的必要条件。

那么，甲方监管不到或监管不了的环节、内容等谁来监管呢？答案是：乙方。所以，才有乙方的保密管理职责，才有涉密资质审查、审批和资格授予，才有甲乙双方签订保密协议，才有乙方的风险评估和涉密项目现场实施保密工作方案等。如果乙方不能充分认识并自觉履行保密管理职责，过多依赖甲方的保密管理，就难以避免泄密事件发生。

从实践来讲，涉密资质单位也不可以因为甲方对承接涉密业务的乙方人员和有关涉密信息、设备实施了极其严格的保密管理，而不依法依规履行或疏于履行自己担负的制定、实施保密管理措施的职责、义务。比如，即使甲方已经明确规定并实施了严格禁止乙方人员将涉密信息、设备带出现场的措施，也禁止乙方人员将自己的信息设备带入现场，涉密资质单位仍然要依法依规制定并实施严格的保密管理措施，按规定对承接涉密业务的人员进行保密审查、保密教育培训，制定、完善并严格落实涉密项目现场实施保密工作方案，在涉密人员因故离开涉密现场期间和进入脱密期内，加强保密监督管理。同时，要防止因甲方可能疏忽大意、保密监督管理不到位等，发生乙方承接涉密业务的人员违规接触、处理涉密信息，或者违规将信息设备带入、带出现场，或者违规操作各种设备设施等行为。

(三) 积极的防范意识

主要强调以下两点：

一是积极发现、解决现实存在的重点难点问题。对于可能已经存在但尚未发现或者尚未引起重视的重点难点问题，要通过组织开展全员自查、普遍检查和深入调查研究，及时发现，统一组织整改，设法重点解决。要确保检查工作有目标，解决问题有重点，整改措施有针对性。要使保密监督管理常态化，以利于及时发现、解决保密工作的重点难点问题。专职保密领导岗位负责人、保密工作机构和涉密业务部门负责人，在抓日常保密监督管理的同时，还要深入实际、调查研究，充分了解、掌握本单位、本部门保密管理工作的具体情况，包括保密制度建设情况、保密制度落实情况，以及保密工作的重要需求等，及时发现、研究、解决保密工作的重点难点问题。

二是积极预测、防范可能出现的重点难点问题。这一类问题也是属于风险评估中的重点难点问题，需要重点防范和做好应对准备。可以通过风险评估和调查研究等方法进行分析、预测、把控，采取重点防范和管控措施。在风险评估中，可以通过对各类风险中的重要风险点进行识别、排查，从中确定风险管控工作的重点难点问题，进而采取相应的管控措施。比如，涉密人员工作、生活等活动中存在的保密风险。其中，重要风险点可能是因私出境期间、在互联网或非涉密设备上办公和存储、发布与工作有关的信息等方面。又如，有的涉密资质单位因办公条件所限，专用涉密场所的安全环境可能不够理想，按规定进行实时安防会有一定难度，这也可以通过风险评估和调查研究，对风险作具体分析，对风险等级进行准确鉴别，进一步明确问题的重要性，必要时确定为保密工作的重点难点问题，采取相应管控措施。

准确把握和及时解决保密工作的重点难点问题，是涉密资质单位的重要任务、职责所在，也是贯彻落实保密工作方针、政策、落实保密法律制度的具体要求。要从实际出发，严格践行求真务实、依法治密的原则精神，努力实现保密工作以点带面，保密管理精准、及时、高效。

后 记

和平时期的保密工作，看起来比较平凡。然而，党和国家的保密事业和保密工作的责任是神圣的。做好保密工作需要高境界、宽视野，高标准、严要求；需要胸怀全局，脚踏实地；需要敬业精神和执着追求。

谈到敬业精神和执着追求，笔者想起几年前曾经看过的一则李博士的演讲视频。这位当时已是头发稀疏花白的李先生，在20世纪90年代，为攻读医学博士，辞去上海某医院妇产科大夫的工作，自费赴日本留学。留学期间，李先生在一家按摩中心勤工俭学。在给一位60多岁女士按摩治疗腰痛时，他以妇产科大夫的专业直觉，怀疑该女士腰痛是妇科疾病所致。经手诊，初步判断可能患卵巢癌导致腹水。他以强烈的医者责任心，几次建议患者做妇科检查，但患者未接受他的建议，最后也拒绝他提出留下联系电话的请求。然而，李先生并未因此放弃，他诚恳地说服了按摩中心老板，从那里记下患者电话，坚持每天打两次电话建议患者做妇科检查。长达51天的劝说，终于打动患者，经妇科检查，确诊为卵巢癌中晚期。在医院建议患者手术时，李先生又综合分析患者病情和年龄，建议她保守治疗。可是，患者最终还是做了手术，术后不久就去世了。患者去世前，让律师把李先生请到病房，对他表示了深深谢意并将自己的积蓄680万日元（相当于当时的40万元人民币）捐赠给他，供他求学深造。之后，李先生考取日本医学博士，又赴美讲学，先后取得多项重要医学发明，2008年回国。这个故事感人之处，应该是李先生表现的那种敬业精神、职业诚恳和执着追求。尽管他最终没能挽救那位患者，然而，患者临终前终于被他感化。他表现了医者仁心的崇高精神，对工作对事业的执着和坚持，取得了非凡的成就，为医疗事业做出了突出贡献，服务大众、造福人类。做好党和国家保密工作更需要这样的敬业、诚恳、执着和坚持。做好保密工作要有高度的保密意识，而高度的保密意识来源于忧患意识，来源于实际工作的锻炼和修养；做好保密工作要有强烈的责任意识，而保密责任意识来源于政治意识、全局意识，来源于对党和人民的忠诚，来源于以确保国家秘密安全为己任的情怀；做好保密工作要有求真务实的精神，而求真务实的精神应该体现在工作中联系实际、实事求是，精益求精、创新进取，体现在为党和国家保密事业发展执着的追求和不断的坚持。

保密工作关系国家安全和利益，需要我们一代接着一代地持续努力、默默奉献。这种奉献精神应当体现为工作中坚守岗位、一丝不苟，发奋努力、潜心钻研；这种奉献精神应当是一定专业素养、技术能力和创新理念的持续展现；这种奉献精神源于坚定的理想信念、大局意识和事业心、责任心、使命感，与物质待遇和职级待遇高低没有直接关系。

本书的创作修改历时三年多，期间，赵荣山、郭骅旻、张方韬、刘延东、刘凤娇、孟倩等帮助提供有关资料，郭金梅、赵荣山、景凤启、王卫东提了很好的修改意见，李怡然协助制作有关图形，刘洁一如既往给予支持。在本书出版过程中，刘金平、王京涛、王卫东、傅铭剑、李振国、姜峤、田永丰、潘力铭等多方关心、帮助，90 岁高龄的家母从山西老家专门发微信表示关切。本书出版，得到中国法治出版社大力支持，有关同志对书稿内容完善给予指导、付出辛劳。书中所引参考资料令人受益匪浅。在此，一并致以衷心感谢！

李书明

2025 年 6 月 5 日于北京

图书在版编目（CIP）数据

怎样做好保密工作 / 李书明著. -- 北京 : 中国法治出版社, 2025.6. -- ISBN 978-7-5216-5100-3

Ⅰ. D631.3

中国国家版本馆 CIP 数据核字第 20258Z2A31 号

责任编辑：靳晓婷	封面设计：杨泽江

怎样做好保密工作
ZENYANG ZUOHAO BAOMI GONGZUO

著者/李书明
经销/新华书店
印刷/三河市国英印务有限公司
开本/710 毫米×1000 毫米　16 开　　　　　　　　印张/ 16.5　字数/ 175 千
版次/2025 年 6 月第 1 版　　　　　　　　　　　　2025 年 6 月第 1 次印刷

中国法治出版社出版
书号 ISBN 978-7-5216-5100-3　　　　　　　　　　　　定价：68.00 元

北京市西城区西便门西里甲 16 号西便门办公区
邮政编码：100053　　　　　　　　　　　　　　　　传真：010-63141600
网址：http：//www.zgfzs.com　　　　　　　　　　编辑部电话：010-63141827
市场营销部电话：010-63141612　　　　　　　　　印务部电话：010-63141606

（如有印装质量问题，请与本社印务部联系。）